中国工程院院士
是国家设立的工程科学技术方面的最高学术称号，为终身荣誉。

中国工程院院士传记

岑可法传

李 鹏 汪晓彤 著

科学出版社

人民出版社

内 容 简 介

本书以深入浅出的方式记述了中国工程院院士岑可法跌宕起伏、波澜壮阔的人生历程和科研经历。受到曾经留学法国并获得博士学位的父亲的影响，以及日本侵略者铁蹄之下的颠沛流离的童年，让岑可法从小就树立了科技报国的决心。在半个多世纪的科研和教育生涯中，他带领团队不断攀登科研高峰，取得了一项又一项沉甸甸的科技教育硕果，也让自己成了一个具有超常思维和视野的战略科学家。

本书适合广大科技工作者、大专院校师生，尤其是能源工程、环境工程等领域的科技人员阅读。

图书在版编目 (CIP) 数据

岑可法传 / 李鹏, 汪晓彤著. —— 北京：科学出版社, 2025. 4.
（中国工程院院士传记）. —— ISBN 978-7-03-081990-1

Ⅰ. K826.11

中国国家版本馆 CIP 数据核字第202520M2D7号

责任编辑：范运年 / 责任校对：王萌萌
责任印制：师艳茹 / 封面设计：有道文化

科 学 出 版 社 出版
北京东黄城根北街 16 号
邮政编码：100717
http://www.sciencep.com
北京中科印刷有限公司印刷
科学出版社发行　各地新华书店经销
*
2025 年 4 月第 一 版　开本：720 × 1000 1/16
2025 年 4 月第一次印刷　印张：26 1/2　插页：6
字数：536 000
定价：98.00 元
（如有印装质量问题，我社负责调换）

中国工程院院士　　岑可法

岑可法留苏联期间留影

岑可法办公室工作照

1995 年，岑可法（左）与瑞士苏尼世大学教授交流

1999 年，山东兖州煤矿现场　　2000 年，参加第 21 届 SEE 国际会议

2002 年，岑可法、沈珞婵夫妇与外孙女幸福合照

2001 年，岑可法（右三）与路甬祥院士合影

岑可法（右一）与加利福尼亚大学前任校长田昌林教授合影

2002 年，岑可法在加拿大交流访问

2006 年，岑可法（右一）参加中国区域污染物排放清单开发会议

2006 年，岑可法俄罗斯故地重游

2010 年 6 月 28 日，温家宝总理考察浙江大学并与岑可法、学生交流

2010 年，岑可法（右一）向浙江大学教育基金会捐赠仪式

岑可法、孙慧珍夫妇伉俪情深

2011 年，岑可法（左一）向记者介绍二噁英实验室

2011 年，岑可法（左一）参加中国工程热物理学会燃烧学分会学术年会
并获"杰出贡献奖"

2013 年，浙江大学热能所团队照片

2019 年，岑可法（中）等 18 名教师荣获庆祝中华人民共和国成立
70 周年纪念章

2022 年 5 月 27 日，岑可法参加全国科技工作者大会并做报告

2023 年，岑可法给学生们上课

中国工程院院士传记丛书

总　序

　　20 世纪是中华民族千载难逢的伟大时代。千百万先烈前贤用鲜血和生命争得了百年巨变、民族复兴，推翻了帝制，肇始了共和，击败了外侮，建立了新中国，独立于世界，赢得了尊严，不再受辱。改革开放，经济腾飞，科教兴国，生产力大发展，告别了饥寒，实现了小康。工业化雷鸣电掣，现代化指日可待。巨潮洪流，不容阻抑。

　　忆百年前之清末，从慈禧太后到满朝文武开始感到科学技术的重要，办"洋务"，派留学，改教育。但时机瞬逝，清廷被辛亥革命推翻。五四运动，民情激昂，吁求"德、赛"升堂，民主治国，科教兴邦。接踵而来的，是国民大革命、10 年内战、14 年抗日战争和 4 年解放战争。恃科学救国的青年学子，负笈留学或寒窗苦读，多数未遇机会，辜负了碧血丹心。

　　1928 年 6 月 9 日，蔡元培主持建立了中国近代第一个国立综合性科研机构——中央研究院，设理化实业研究所、地质研究所、社会科学研究所和观象台四个研究机构，标志着国家建制科研机构的诞生。20 年后，1948 年 3 月 26 日遴选出 81 位院士（理工 53 位，人文 28 位），几乎都是 20 世纪初留学海外、卓有成就的科学家。

　　中国科技事业的大发展是在新中国成立以后。1949 年 11 月 1 日成立了中国科学院，郭沫若任院长。1950—1960 年有 2500 多名留学海外的科学家、工程师回到祖国，成为大规模发展中国科技事业的第一批领导骨干。国家按计划向苏联、东欧各国派遣 1.8 万各类科技人员留学，全都按期回国，成为建立科研和现代工业的骨干力量。高等学校从新中国成立初期的 200 所增加到 600 多所，年招生增至 28 万人。到 21 世纪初，高等学校 2263 所，年招生 600 多万人，科技人力总资源量超过 5000 万人，具有大学本科以上学历科技人才达 1600 万人，已接近最发达国家水平。

新中国成立 60 多年来，从一穷二白成长为科技大国。年产钢铁从 1949 年的 15 万吨增加到 2011 年的粗钢 6.8 亿吨、钢材 8.8 亿吨，几乎是 8 个最发达国家（G8）总年产量的 2 倍。水泥年产 20 亿吨，超过全世界其他国家总产量。中国已是粮、棉、肉、蛋、水产、化肥等第一生产大国，保障了 13 亿多人口的食品和穿衣安全。制造业、土木、水利、电力、交通、运输、电子通信、超级计算机等领域正迅速逼近世界前沿。"两弹一星"、高峡平湖、南水北调、高公高铁、航空航天等伟大工程的成功实施，无可争议地表明了中国科技事业的进步。

党的十一届三中全会以后，实行改革开放，全国工作转向以经济建设为中心。加速实现工业化是当务之急。大规模社会性基础建设，大科学工程、国防工程等是工业化社会的命脉，是数十年、上百年才能完成的任务。中国科学院张光斗、王大珩、师昌绪、张维、侯祥麟、罗沛霖等学部委员（院士）认为，为了顺利完成中华民族这项历史性任务，必须提高工程科学的地位，加速培养更多的工程科技人才。中国科学院原设的技术科学部已不能满足工程科学发展的时代需要。他们于 1992 年致书党中央、国务院，建议建立"中国工程科学技术院"，选举那些在工程科学中做出重大的、创造性成就和贡献、热爱祖国、学风正派的科学家和工程师为院士，授予终身荣誉，赋予科研和建设任务，请他们指导学科发展，培养人才，对国家重大工程科学问题提出咨询建议。中央接受了他们的建议，于 1993 年决定建立中国工程院，聘请 30 名中国科学院院士和遴选 66 名院士共 96 名为中国工程院首批院士。于 1994 年 6 月 3 日，召开了中国工程院成立大会，选举朱光亚院士为首任院长。中国工程院成立后，全体院士紧密团结全国工程科技界共同奋斗，在各条战线上都发挥了重要作用，做出了新的贡献。

中国的现代科技事业比欧美落后了200年。虽然在20世纪有了巨大进步，但与发达国家相比，还有较大差距。祖国的工业化、现代化建设，任重道远，还需要有数代人的持续奋斗才能完成。况且，世界在进步，科学无止境，社会无终态。欲把中国建设成科技强国，屹立于世界，必须持续培养造就数代以千万计的优秀科学家和工程师，服膺接力，担当使命，开拓创新，更立新功。

中国工程院决定组织出版"中国工程院院士传记"丛书，以记录他们对祖国和社会的丰功伟绩，传承他们治学为人的高尚品德、开拓创新的科学精神。他们是科技战线的功臣，民族振兴的脊梁。我们相信，这套传记的出版，能为史书增添新章，成为史乘中宝贵的科学财富，俾后人传承前贤筚路蓝缕的创业勇气、魄力和为国家、人民舍身奋斗的奉献精神。这就是中国前进的路。

2012 年 6 月

序 言

今年是岑可法院士九十周岁寿诞，也是他从事科研教学工作七十周年，《岑可法传》的出版无疑具有特别的意义，我有幸应邀为本书作序，像自学读书者一样，边读边记。回忆父亲与我两代人几十年和岑可法先生的交往，拜读这部传记的过程，仿佛在攀登一座"智山"，畅游一片"慧海"，跌宕起伏，汹涌澎湃。

"智"，形容聪明、明智、机智、睿智。"合抱之木生于毫末，九层文台起于累土"，"智"成为山，就不仅是天生的聪明了，而更在于很强的认知能力、思维能力和应对能力，既可以做到"知者不惑"，又表现为"大智若愚"。岑可法先生早在初中时就琢磨小蒸汽机，对能源动力有了启蒙；17岁上大学，23岁留学苏联，并设法主动转校师从著名学者；在漫长的学习、工作生涯中，"记忆力惊人，择优而记、记以致用"；获得副博士学位后，不选清华选浙大，不做"凤尾"做"鸡头"，甘当"旷野中的一棵树"；既有当主角的付出，又有当助手的胸怀……如果说，这些都是源于岑可法天生聪明的话，那么，从煤低温燃烧的炉渣中提取铀、二氧化碳作为核潜艇的动力介质、劣质煤高效燃烧、水煤浆洁净燃烧、异重流化床洗煤泥燃烧、垃圾流化床焚烧、发电为主的煤炭分级利用多联产……直到推动生物质能源化利用，布局太阳能发电、储能、氢能……无一不是他明智、机智和睿智的生动体现。

"慧"，往往与"智"组词为智慧，形容聪明，有才智。岑可法先生不仅聪慧，有慧心，具慧眼，眼力敏锐，慧眼识珠。他不仅凭借敏捷的思维、战略眼光，带领团队从亲为到践行，从部署到落实，从术有专攻到交叉创新，取得丰硕的科研成果并实现转化应用，从1978年获全国科技大会奖至今共获得18项国家科学技术三大奖；而且以身作则、掌握前沿、授课解惑、启发思考、鼓励创新、共攀高峰，从1981年合作培养博士生倪明江算起，至2024年已培养博士研究生262名、硕士研究生621名，其中全国百篇优博论文作者7人、长江学者7人、杰青9人、"973"计划首席科学家4人。倪明江、骆仲泱、严建华、高翔、姚强……这些能源动力界的"明珠"无一不是出于具有慧眼、唯才是举的伯乐老师——岑可法。

大智慧成就大先生，首先要有大爱，大爱之首是爱国。岑可法院士赤胆忠心，热爱祖国，他牢记留法博士父亲的教导，"国外再好，也是人家的，中国再穷，也是自己的！"并把这一段谆谆教导，写作座右铭"我愿为祖国的现代化奋斗一辈子！"记在心中，付诸行动。岑可法院士建团队、爱团队。他坚信"一根筷子，再坚硬也会被折断，而一捆筷子，折断很难"。他"像煤一样，燃烧了自己，照亮了别人"，以身作则，甘为人梯，认为"兵熊熊一个，将熊熊一窝"。从70岁"古来稀"的第一代到30岁"而立"的第五代，他率领的团队成为鲜有的"五世同堂"，被誉为浙大能源"梦之队"。而他本人，在浙大工作的前20年，是老教授团队的助手，中间20年是团队的带头人，最后20年又回归为团队的助手，这种"老当益壮，宁移白首之心"，"心定而后结音，理正而后摛藻"的明德之爱，才使团队日益壮大，活力长存！岑可法院士爱教育、爱学生。他不仅慷慨解囊，在70岁时为浙江大学热能工程研究所捐款25万元，设立教育基金，奖励资助优秀师生，在75岁时又捐资浙江大学350万元设立奖学奖教金，而且深谙教学真谛，"纸上得来终觉浅，绝知此事要躬行"，将自己和团队的科研成果融入教材，传道解惑，感悟创新，并循循善诱，严格要求。

"物有甘苦，尝之者识；道有夷险，履之者知"，岑可法院士教过的学生和他一样明白这个道理。他的大爱，还表现在对家庭的爱，无论是相濡以沫42年与前妻沈珞婵女士的生死离别，还是现妻孙慧珍女士15年的形影不离，一向光明磊落、内心坦荡的岑可法院士对她们都充满了真诚而深沉的爱。虽然"世间的苦啊，爱要离散雨要下"，但岑院士的这种爱使家庭再次回到春天，助其事业再次绽放鲜花。"书山有路勤为径，学海无涯苦作舟"，岑可法院士的大智慧与他酷爱读书分不开。留苏4年的400多本书，回国时竟然装了5大书箱，而他获副博士的论文"旋风炉内湍流结构的理论和试验研究"就是源于他苦读其导师克洛列博大精深、经世致用的名著《炉内燃烧过程》数遍，转而求助拜克洛列为师完成的。师古不泥古，读书万卷学以致用，勤于探索，勇于创新，成就了他和他的团队取得一系列兼具学术价值和实用意义的创新性成果。

《岑可法传》不仅仅是一本传记，更是一部共和国能源科学技术发展的历史见证。它生动记录了岑可法先生的大智、大慧和大爱，记录了他如何从一名莘莘学子成长为科学巨匠的历程，同时也展现了中国能源与动力工程领域半个多世纪迅猛发展的历史。

这本书不仅仅是他个人的奋斗史、记叙史，更是对一个时代、一个领域的深情回望，也是中国科学家群体不懈追求科学真理的一个缩影。它让我们看到了科学技术发展的艰辛与辉煌，也让我们对未来充满了期待。愿每一位读者都能从这本书中获得启示，以更加坚定的步伐，走向科学技术的殿堂。

这本书的编撰是对岑可法先生一生对国家、对学校，对科研、对教学方面杰出贡献的肯定，也是对中国科学家群体的致敬。这本书的出版，旨在传承和弘扬岑可法先生勤学思辨笃行的科学精神，让更多的人了解他的生平和贡献，激励后来者在从业路上勇往直前。

继为《岑可法文集》作序后又有幸为其传记作序，再一次获得了向岑可法院士学习的机会。为人师表，人生如炬。智山慧海，真火已燃。愿随前薪做后薪，以岑可法院士为榜样，向岑可法院士学习，既是本人拙笔作序的初衷，也是对从事同专业早年就与岑可法先生结识的父亲一个交代。

谢克昌

乙巳年春分于北京

目　　录

第一章

执手相看泪眼

人世间，有的爱情是刻骨铭心的，对有的人而言，越是到了老年，才能更加真切地感受到这一点。

岑可法的这种体验来得有些猝不及防。

"愿得一心人，白头不相离"，"愿为双飞鸟，比翼共翱翔"，曾经在西子湖畔，岑可法与夫人沈珞婵许下了共同的誓言。

世事难料。正当可以过上舒服的日子时，沈珞婵病倒了。

从 1962 年 6、7 月份相识，到 2002 年 7 月沈珞婵病倒，岑可法与沈珞婵携手与共刚好 40 年。岑可法还想着等着自己闲下来后，再与妻子重温当年在西子湖畔的浪漫时光，仔细回忆他们一路走来的风风雨雨。但是时间不等人，时间没有给岑可法这个机会。

沈珞婵得的是急性脑膜炎，发病后，她住进了杭州市第一人民医院。这种病常常来势凶猛，多数时候一发病便无法逆转。沈珞婵的意识很快就模糊起来，她几乎都不认识人了。

当时岑可法还在韩国出差，一向刚强的他闻讯后感觉就像天塌了下来，顾不得处理手头的事情立即往回赶。

在飞机上，岑可法的心纠结着，回想起妻子的点点滴滴，眼泪在他的眼睛里打圈。怕别人看见，岑可法强忍着要流出来的泪水。他心底的波涛翻滚着，他只想飞机能飞得再快一点儿。

下了飞机，岑可法径直就往医院跑。他的心悬着，他不知道妻子还能不能说话，还能不能认识他。

听到丈夫声音的一瞬间，已经对外界几乎没有什么反应的沈珞婵突然恢复了意识，她非常缓慢地伸出手，用微弱的声音说："可法，你可回来了！"

听到这句话，岑可法的心一下子就碎了。摸着妻子的手，他的眼泪情不自禁地就流了下来。再刚强的男人这个时候也难以控制住自己的感情，和妻子在一起的一幕幕场景就像放电影一样出现在岑可法的眼前。

岑可法与夫人沈珞婵，是浙大的一对金童玉女，他们一个获得过苏联副博士学位，一个本科毕业于清华大学。在浙大玉泉校区这个科研氛围浓厚的地方，经人牵线搭桥，1963年两颗心连到了一起。

他们的爱情不是一颗心去敲击另一颗心，而是两颗心在共同的事业和理想中撞出了火花。

从此，老和山下、宝石山上、西湖岸边，都留下了两人的身影。风中、雨中、花前、月下，抑或云雾氤氲的日子，雪映湖光山色的日子，他们的呢喃细语，缠绵着湖水在微风中轻轻泛起的波浪，荡漾在时光的河流里。

40年里，岑可法与沈珞婵相濡以沫，相互扶持，在我国能源工程领域的研究前沿绽放和教书育人，书写出了夫妻二人在浙大的美丽诗篇。他们在共同的领域中研究出多项成果，也培养了大量的栋梁之材。

绝大多数时候，沈珞婵都是站在岑可法背后默默支持的人，为了丈夫的事业，她甘愿做出牺牲。

到了晚年，沈珞婵终于可以好好享受生活了，她甚至都已经做好了等岑可法退休下来一起安度晚年的规划。命运仿佛和她开了一个玩笑，病魔突然之间就降临到她的头上。

在岑可法的细心呵护和医生的精心治疗下，沈珞婵的病情逐渐有了好转的迹象，慢慢地也能够下床活动了。

经过一段时间的稳定观察以后，沈珞婵被岑可法接回了家。想着妻子受了很多罪，岑可法天天无微不至地照顾着她。

那时，除了去学校上班和偶尔出去开会，其他的时间岑可法都用来照顾和陪伴沈珞婵，上班或开会一结束他就急忙往家赶。以前都是妻子无微不至地照顾他，现在是他好好照顾妻子的时候了。

孰料，只在家里住了大半年的时间，2003年8月沈珞婵的病情再次告急。这次岑可法把妻子送到了浙江省医疗水平最好的浙江大学医学院附属第二医院(简称浙大二院)，他的想法是到了治疗条件更好的地方，妻子有可能恢复得更好，免得以后再出现反复。

万万没有想到，沈珞婵这次在浙大二院加护病房一住就是 4 年，她逐渐失去意识，只能以鼻饲维持生命，护士打针时，仅剩一点痛觉。

沈珞婵两次住院的过程中，岑可法只要不到外地出差，每天都去医院看望妻子。曾在浙大热能所进修过的东北电力大学能源与动力工程学院教授解海龙清晰地记得，那时候岑可法的工作特别忙，他有一次来找岑可法，刚好赶上岑可法中午的休息时间要去看沈老师。

"解海龙，现在下班了，咱俩打个车，我们一边走一边聊，去看沈老师。"

岑可法并没有等解海龙回复，说完放下手中的工作就拿起包朝门外走去。解海龙知道岑可法是个急性子，就赶紧跟在后头。

那两年，担任岑可法助理的朱燕群负责给岑可法开车，浙大二院知道岑可法天天要过来，被他的精神所感动，就特意给他留了一个固定停车位。

但沈珞婵病倒的前两年，朱燕群还没有学车，每次岑可法都是自己坐公交车或者是打出租车去看沈珞婵。后来热能所担心岑可法长期这样往返不安全，才让朱燕群学好车后接送他，总算解决了岑可法每天探视沈珞婵不方便的大难题。

走进病房，解海龙看到沈老师基本上是植物人的状态，不由得悲从心来。但岑可法就坐在沈老师身边，拉着沈老师的手聊天，聊他这一天干的事情和一天的所见所闻。

岑可法跟沈珞婵说话，就好像是在和正常人一样交流。也很奇怪，有时候沈珞婵甚至还会喊一声，但她平时是什么都不知道！

解海龙记得从病房走出来后，岑可法对他说："解海龙，我们就在外面简单吃一口饭。"解海龙早就饿得饥肠辘辘，而岑可法直到这时候才想起来自己饿了。

解海龙后来回忆说："那时候岑院士的日子过得很难，晚上常常有事走不开，但他再忙，每天上午下了班都要趁着中午吃饭和休息时间再去看沈老师。"

浙大的俞自涛教授回忆，沈老师的加护病房里放了一道隔挡，有时候岑院士就在隔挡外面给学生开会。

浙大热能所于2005年被评为能源清洁利用国家重点实验室，自此科研条件上了一个台阶。这种节骨眼儿上，岑可法工作上的事情更是一点都不敢松懈。

"当时岑老师既当院长，又当教育指导委员会主任，那时热能所为了科研攻关，大家都要齐心协力拼命加班，岑老师也不例外。创业太不容易了！"俞自涛说。

"沈老师住院那4年，岑老师都始终如一地照顾沈老师，除了有事情，看望沈老师从不间断。"朱燕群说，"中午别人都已经吃完饭了，岑老师自己才去吃饭。"

岑可法对沈珞婵的感情打动了周围的很多人。医生护士们都评论说，很多人碰到另一半是这种情况，最多坚持半年，半年以后就来得稀少了，这样的他们见得很多，但岑院士是风雨无阻，始终不离不弃。

时光流逝，沈珞婵的病情越来越严重，因为神经系统受到严重侵害，她对外界的反应也越来越少。

岑可法却始终认为，尽管妻子已经不能动弹，她的心底依旧还有感觉。为了尽量减轻妻子的孤独，岑可法每天都和妻子说说一天的工作情况。对岑可法来说，妻子只要还在，他的情感便仍有寄托。

然而意识清醒的那个人，才是承受人世无常的人，也是更心痛的人。

岑可法觉得沈珞婵为了他年轻时一直过得很辛苦，他想给妻子一个幸福的晚年，他也曾经幻想着沈珞婵能够有一天醒来，哪怕就是只能陪他说说心里话也好。

奇迹并没有发生，岑可法始终没有等来这一天。

2006年"十一"假期，俞自涛和夫人打算回浙江衢州老家，10月2日车行半路，忽然传来沈珞婵过世的噩耗，俞自涛夫妇以及岑可法的其他弟子们急忙调头赶回浙大……这时的岑可法，依旧还在外出差……

妻子的过世，让岑可法非常痛苦，更深深自责：如果他给家里多分配一些时间，妻子的状况或许更好一些；也许她根本就不会生这场病，即使躲不过，突发疾病时他也能够照料在跟前。但他又怎么做得到呢？

每个人的人生旅途并不长，最多也不过百十年的光景。一辈子除去幼年和老年时期，就算是高寿之人真正能用于干事业的时间最多也不过四五十年，再减去吃饭、睡觉等必不可少的时间，每个人一生拥有的能够工作的时间最多也只有二十余年，故而每个人拥有的能够干事业的时间极其有限。

自古以来，但凡能干出一番大事业的人，绝大部分都是把握生命中极其有限的工作时间，和时间赛跑，心无旁骛地把主要精力都投入到最主要的事业之中。在这个过程中，只有部分人能很幸运地让自己的人生在时代的潮流中激荡出美丽的浪花。

从投入工作的第一天开始，岑可法就把自己交给了祖国的科研事业，他争分夺秒地发展能源工程，培养能源工程方面的人才……最终，他得以站在中国能源工程领域的高峰之上，受到无数人的敬仰和爱戴。但又有多少人会想到，在这背后，他也失去了很多、很多。

岑可法与沈珞婵相知相爱，却不能相守终生，沈珞婵就像一颗遥远的星星，已经处在世界的另一头。

沈珞婵过世以后，在很长的时间里岑可法都没有缓过神来。他的心底知道，他的成就也得益于妻子数十年如一日的默默付出。

多年以后，有时在深夜里，已经八九十岁的岑可法经常思绪翻转，久久难以入眠。在对沈珞婵的思恋之中，他回忆的镜头拉得很远很远，他常常回忆起和妻子在一起的点点滴滴，他们的相识、相恋，他们一起品尝或耕耘的酸甜苦辣的人生路……

回忆中，岑可法思维的镜头有时甚至会一直延伸到他的童年，他在孩童时代仅仅待过几个星期、记忆中已经变得十分模糊的故乡，他的父亲、母亲，他的兄弟姐妹，还有他的祖辈以及他们世代繁衍生息的土地……

第|二|章

家世与变革
激荡

1935年1月15日，民国二十四年腊月十一，岑可法出生在广东省南海县九江镇南方乡（今佛山市南海区九江镇南方社区和儒林社区），父亲岑藻芬曾经留学法国，并获得法学博士学位和化学工程师学位。母亲名叫曾琼仙，没有读多少书。

岑可法的祖父是一位老中医，也做些中药材生意。再往上的祖辈，也与中医中药材有关。在古代中国，这种谋生手段或是技艺的家世传承，是十分常见的事情，在九江这个长期商业经济繁华的历史重镇更是如此。

岑姓是南海九江连续繁衍数百年的大族。在全国范围内，岑姓并不太常见，很多人也搞不清岑的含义是什么。《中国姓氏·三百大姓》一书中，关于"岑的名义和图腾"这样写道："岑，本义是山，小而高的山曰岑。岑人以险峻的山貌为氏族的原始图腾，并以之命名氏族和族徽。"

岑姓现在是一个典型的中国南方姓氏，北方岑姓人很少。在我国的新百家姓中未进入前一百大姓。不过，宋代时期岑姓曾经位列百家姓第67位。岑姓是一个十分古老的姓氏，据传出自姬姓。

唐代及以前，岑姓昌盛于南阳郡之棘阳（今河南省南阳市南部），尤其是汉、唐两代，棘阳的岑家人才辈出，出将入相，地位十分显赫，子弟备受朝廷重视。岑姓也俨然是当时的名门望族。

宋代时期，岑姓的人口主要集中于四川和河南。北宋末年金兵南侵，岑姓逐渐向东南迁徙，到明朝基本奠定了主居东南沿海的分布格局，再后来主要繁衍于浙江、广东、广西三省。

如今祖居地在广东、福建以及旅居海外的岑氏族人，大多尊奉岑彭的后人、宋朝名人岑尧俊为世祖。根据广东岑氏家谱记载，岑尧俊字正叔，生于宋宁宗嘉定十年（公元1217年），世居河南南阳邓州。岑尧俊在宋理宗端平二年（公元1235年）也就是18岁之时考中进士，曾先后在翰林院、枢密院、政事堂任职，后赐柱国上卿（原为武官名，常用来授赠立下大功之臣，为勋官，柱国上卿即上柱国）。

因权臣贾似道专政,后来岑尧俊去官南迁,举家从河南南阳邓州出发,下湖北沿汉水南下到达长江,经江西、湖南入广东,始居古冈州岑边村(今台山市台城镇岑边村)落户,并在这一带及周边区域开枝散叶。具体到岑可法这一支系上,大概率明清之际一直世居今天的南海区。

南海区位于广东省中南部,隶属于地级市佛山市。一百多年之前,南海要比佛山显赫得多。佛山得名在唐朝,直到清朝时期仍是南海县的一个镇。南海历史文化源远流长,是珠江文明的发祥地之一,在相当长的历史时期,南海也要比今天的南海大得多。公元前214年,秦朝统一岭南,在岭南地区设置桂林、象、南海3郡,其中南海郡辖境是东南濒南海,西到今广西贺州,北连南岭,包括今粤东、粤北、粤中和粤西的一部分,因临近南海故有南海郡之名。南海郡辖番禺、龙川、博罗、四会4县(据《汉书》记载),郡治番禺(广州城)。今广东省的大部分地区属南海郡。而后的历史变迁中,南海郡行政区域多次发生变迁。唐代以后南海郡消失在历史的长河中,但隋开皇十年(590年)以番禺县地置南海县,属广州总管府,南海县政区建置自此走上历史舞台。后来南海县地域不断缩小,但南海之名一直非常显赫。中华人民共和国成立之后,佛山在行政区划变动中一步步崛起,南海行政区划和级别几经变动后,在2002年12月8日成为佛山市的一个区。

南海是岭南文化的典型代表,自秦朝置郡起,现在的南海区所在地域一直处于岭南政治、经济、文化的中心地带,是广府文化的核心区域。经济发展之后,这里的人们非常重视教育,一种长期在这片热土深深扎根的"学而优则仕"、读书成才、立志报国的教育观念,以及对这一观念的坚守与弘扬,令南海自古以来就文风昌盛,人才辈出。这里的文化精英纷纷走出水乡,金榜题名者众多。《南海院士风采录》主编张莹说,据地方志所载,南海历史上产生过3位文状元,占了广东的1/3,另外还出了50多个翰林、480多个进士。这里也一直是岭南历史文化的灯塔，底蕴深厚的文化因子滋养出众多文人志士。

变革激荡与科学的洗礼

岑可法祖辈所居住的南海九江，素有儒林之乡的美誉。

九江镇位于南海区南端，有着桑稻鱼茶之饶。每当清晨，白茫茫的晨雾弥漫在田畈山冈上，乌瓦白墙的人家渐次升起炊烟，屋前屋后鱼塘映日连溪，桑树团团如盖。在当地这样的模式是一种十分成熟的农村经济形态，已经至少持续了三四百年的时间。

这里的桑树栽植促进了养蚕业、缫丝业发展。清末民国初年，九江的缫丝多以家庭形式出现，九江圩设有较大规模的丝行进行生丝交易。时有"一船丝茧出，一船白银归"之说。蚕茧业成为九江当时农业经济的又一大支柱产业。

清宣统元年（1909 年），九江开办了永新利民织布厂，引进火力发电及织布机械，开办了苎麻纱厂。民国年间，开办有普光电灯有限公司、练麻制纱厂、大民国火柴厂、丝线厂等。

根据《南海市九江镇志》记载，到民国二十年，九江的私营商业达 703 家，可见当地商业之兴旺发达。

九江历来就有兴学育人的传统，商业经济的发展更让这里重视文化教育。明清时期，这里社学、私塾、书院、学堂遍布各村，最兴盛时期社学达 28 所，书院 18 所，当地学风之盛可见一斑。九江也因此英才辈出，明清两代，九江有 34 人考中进士，209 人考中举人。

商业经济的繁荣让九江当地人的交集范围不断扩大，不少人开始放眼全球，清乾隆五十年即有乡民开始移居国外，主要侨居于东南亚一带。清末民国初年，九江人的足迹已经遍布世界各地，这让九江成了著名的侨乡。正是在这种背景下，岑可法的祖辈也曾经活跃在东南亚。

1840～1842 年中英第一次鸦片战争以后，西方列强纷纷欺压中国，前所未有的国家危机和民族危机让中国越来越多的知识分子开始觉醒，纷纷寻找救国救民之路。包括九江在内的南海众多精英更是开眼看世界，他们不仅在东南亚等地拓展商业，开展南海、广州与东南亚一些国家的贸易，也开始让自己的孩子接受更为先进的西式教育。清朝末年，一些南海的学子纷纷走上了出洋留学之路。这样南海这片古老的土地较早地受到了近代西方科学的洗礼，不断厚植当地科学的土壤，这在潜移默化中对岑藻芬的父亲和岑藻芬本人都产生了很大的影响。

如果没有近代西方思想的洗礼，岑藻芬大概率会像父亲一样成为一名中医或者药材商。

广东这片土地自古以来就拥有深厚的中医文化底蕴。南海则被誉为广东的"医生街"，南海所出名中医数量之多令人瞩目。岑可法的祖父医术如何，缺少相关文献的记载，应该也是一位资历较深的中医。清晚期、民国早期他在南海九江当地还经营有一家叫作保平安的中药材商铺，他曾经希望儿子岑藻芬能够继承自己的衣钵。接触到西方先进思想和科学技术以后，岑藻芬的人生发生了大拐弯，开辟了一条全新的人生轨道。

南海这片土地上的众多科学或者思想的先驱，他们要么投身于科学探索或近代工业实践，要么传播先进思想，甚至是直接投身于推动中国政治和社会变革的浪潮之中。他们形成的合力，早早给南海这片土地种下了西方近代科学和技术的基因。

生长和生活在这里，岑藻芬和他的父辈完全不受影响是不可能的。尽管他的父亲只是一名老中医兼药材商，因为生意的原因他可能曾经长时间活跃在南海和东南亚国家之间。和其他众多的南海有识之士一样，他的思想早已冲破了中国漫长封建社会和闭关锁国所形成的精神枷锁。在西学东渐、救亡图存和师夷长技以制夷的时代背景之下，岑藻芬在父亲的支持下最终走上了留学法国之路。

父亲留学法国之路

父亲岑藻芬幼年及早年的事迹，岑可法所知甚少。自懂事以后，岑可法和父亲待在一起的时间很短。在他的印象中，父亲总是很忙，加上父亲的严厉，他平时也不太敢和父亲有太多的交流。父亲早年的很多事情，他还是听跟他父亲相处时间较长的侄子说的。

岑可法的这位侄子名叫岑建兵，这是他哥哥的儿子。岑建兵年幼时经常和岑藻芬待在一起，岑藻芬偶尔也会给他讲讲自己早年留学的事情。不过关于岑藻芬早年一些重要时间节点的信息，侄子只能记得一个大概。

岑藻芬具体是什么时间，是从哪里踏上留学法国的求学之路的，因为岑可法及周围的其他亲人早年并没有认真地向父亲了解，又缺少相关文献的记载，并不是特别清晰。

根据侄子岑建兵的说法和推断，岑藻芬大概是 1912 年前后到法国留学的。1912 年是中国一个划时代的历史节点。1 月 1 日，孙中山在南京宣誓就职临时大总统，改国号为中华民国，定 1912 年为民国元年，并成立中华民国临时政府。2 月 12 日，清末代皇帝溥仪退位，颁布了清帝退位诏书，中国历史上的最后一个封建王朝——清朝 268 年的统治宣告结束。睡狮已醒，一个全新的时代已经开始。

岑藻芬的留学目的地是法国的里昂大学（法文：Université de Lyon）。里昂位于法国东南部，是法国罗纳-阿尔卑斯大区的首府，有着外省首都的称号（在法国除了首都巴黎都是外省）。20 世纪初，里昂的科学技术已经非常领先，比如电影的发明者吕米埃兄弟、物理科学领域的天才安培、医学领域的克洛德·贝尔纳和马塞·梅里埃多就诞生在这座城市。

汇集此前已经成立的科学院、文学院、医学院和法学院，1896 年成立的里昂大学是里昂科学技术研究的中心，20 世纪初期就成为法国继巴黎大学之后另外一所重要的综合性研究型大学，并且当时也是欧洲最具声望的大学之一。

在岑藻芬进入这所大学学习之前，这所大学已经诞生了两位诺贝尔奖获得者。其中一个获奖者是法国化学家维克多·格林尼亚（Francois Auguste Victor Grignard，1871～1935 年），因发明格氏试剂①与他的同事保罗·萨巴捷一起获得了 1912 年度诺贝尔化学奖。另一个是法国外科医生、生物学家亚历克西·卡雷尔（Alexis Carrel，1873～1944 年），因为在血管及器官移植研究领域的突出贡献，获得了 1912 年的诺贝尔生理学或医学奖。

诺贝尔奖 1901 年才第一次颁发，到 1912 年全世界范围内获奖的科学家也没有多少人。可 1912 年里昂大学就出现了两个诺贝尔奖获得者，由此足可以看出里昂大学在当时的实力。

岑可法对父亲在法国留学的具体情况知道得也很少，他只记得父亲曾经告诉他在法国总共获得了两个证书，除了法学博士学位②，另外一个是化学工程师职称。

那个年代，中国学生在法国获得学位是极其困难的，获得博士学位更是难于上青天。这主要是因为留法的学生水平参差不齐，大多法语不过关，加之勤工俭学遇到的种种困难，使得只有很少一部分学生真正在法国完成了学业并获得了学位。

华裔美国图书馆学家、目录学家袁同礼（1895～1965 年）的统计显示，1912～1925 年在法国完成论文答辩毕业的中国学生总共只有 31 个人③，更多的学生进入了初中、高中和职业技术学院，这表明当时留学法国并且能够获得学位的人几乎屈指可数。这个在当代人看来非常滑稽的事实，在当时却是可以理解的——毕竟 20 世纪 20 年代，中国的现代教育体系才初露端倪，在国内能接受初中或高中教育之后留洋本身就是一个莫大的机遇，至于学校的级别倒在其次，一些人也不太重视自己留学最后是否会获得学位，甚至有相当一部分同学并不是抱着获得学位的目的而来的，而是将留法本身当作了一

---

① 格氏试剂是一种金属镁与卤代烷在乙醚溶液中反应生成的镁的有机化合物——通常称为烷基卤化镁。

② 岑可法侄子岑建兵说是法学博士学位，岑可法的记忆中父亲说的是经济学博士学位，但岑可法认为，可能自己记错了，侄子的说法应该更靠谱一些，因为他父亲后来的人生经历并不像学过经济学。

③ 因为信息获取的不足，统计数字可能存在较小幅度的偏差。

个学习的机会。

中国留法学生获得学位的屈指可数，还与当时他们的境遇有关。勤工俭学生的工作压力很大，所以学习往往只能安排在工余时间里。曾经在法国参观过学生工作工厂的徐特立在一篇报道中写道工厂中的学生利用休息时间学习的状况："彼（学生）等桌上有法文书、日文书、中文书，固彼等有曾留学日本，或中学及甲种工业学校毕业者，故种种学问皆有人研究"。在钢铁厂做工的勤工俭学生王若飞在日记中表示，"每日做工八点钟，读书五点钟……一天读五点钟的书，已经是很多很多的了"。

因此，岑藻芬能够获得两个含金量都很大的证书在那个时候是极其不容易的。不仅当时拿到博士非常不容易，就是拿到化学工程师职称难度也很大。

当时法国在大学已经开始实施的工程师职称是一种特殊的学位，没有学士、硕士和博士之分，学业合格了，就直接颁发工程师证书。但是这个职称同样对学生的要求很高，如果不努力学习，并具备良好的实践能力，则很难拿到。只要拿到了工程师证书，则意味着进入高薪阶层。

岑可法隐隐记得自己小时候曾经看到过父亲的学位证书，由于都是法文，他完全看不懂。后来，战乱中的一次又一次逃亡，家里的很多东西都丢了，他再也没有看到过父亲的博士学位证书及工程师职称证书。

壮志未酬的父亲

法国留学的日子里，尽管岑藻芬身上穿的是洋装，吃的是西餐，他的心却始终是中国心。在他那依旧贫穷、落后的故乡，祖先的灵魂在那片土地上飘散、凝聚，化成风，化成雾，沉在南海九江的广阔的田野，这是他的根，无论他走多远，这里才是他心灵的故乡。岑藻芬最终下定决心回国。

学成回乡时，九江地方政府为岑藻芬举行了隆重的仪式——走"三元桥"，以彰显其才学地位，并弘扬九江儒林之乡崇尚教育的风尚。

岑藻芬是什么时候回国的，准确的时间很难考证。不过能够根据一些信息判断出大概的时间段。

民国二十一年也就是 1932 年的春天，南海的九江中学开办。因为被秉持着康有为"开创新学"精神以及朱九江先生的"礼山兴学"教育风范所感染，岑藻芬还曾经在自己的家乡九江参与竞聘九江中学的首任校长。尽管他最后并没有竞聘成功，但当时的报刊记录了他参与竞聘这一事件。这表明 1932 年的春天，学业有成的岑藻芬已经回到了南海九江这片生他养他的地方。

岑藻芬年轻时的照片

在岑可法的记忆中，母亲大概比父亲小两岁的样子。父亲在法国留学时，母亲也一直在等他。

岑藻芬回国以后，和曾琼仙完婚成为顺理成章的事情。

此后，四个孩子陆续出生，岑可法排行第三，除了比他大2岁多的哥哥，上面还有一个大1岁多的姐姐，下面有一个小他3岁多的妹妹。其中，包括岑可法在内3个大一些的孩子出生在南海九江，最小的妹妹出生在广州。

母亲曾琼仙早年的历史岑可法同样知之甚少，他只知道母亲自从和父亲结婚以后，主要就是料理家务，后来就是照顾陆陆续续出生的四个孩子。养家糊口的重担全部落到了父亲身上。

岑藻芬回国之后在南海九江当地谋职和工作可能并不是特别顺利，不久以后他就到和南海紧邻的广州谋生。岑藻芬在广州没有购置房产，抗战前后一直都是租房子住。从岑可法记事起，他和家人一直住在广州文德南路厂后街51号。

对于岑藻芬获得的博士学位和化学工程师职称而言，如果他想从事教育事业，当时完全够资格到国内任何一个地方，或者是广东本地比较著名的大学任教。岑可法侄子岑建兵说，岑藻芬回国以后可能在中山大学担任过教授，然而查询中山大学20世纪30年代早期的信息，并没有查到岑藻芬的名字。

岑藻芬回国以后，很有可能因为在广东没有官宦背景，长时间在国外的他也缺乏较好的人脉关系，他职业生涯开始的起点应该不高。不然，以岑藻芬留学的资历，他可以有更好的选择，至少进入广东的任何一所大学任教都是绰绰有余的，而不是去竞聘九江中学校长的职位。

竞聘九江中学校长失利以后，岑藻芬到广州谋职，得以进入1933年创办的广东省立第一职业学校①(后来简称"省广职"，广东轻工职

---

① 1933年6月创建的广东省立第一职业学校校址在广州的三元里，1935年3月更名为广东省立第一农工职业学校。1936年，更名为广东省立广州农工职业学校。1938年10月，更名为广东省立云骏广州高级工业职业学校。1946年1月，更名为广东省立广州高级工业职业学校。1950年1月，更名为广东省立广州高级工业技术学校。2024年6月，升格为广东轻工职业技术大学。

业技术大学前身)等学校任教。能够进入"省广职",与校长黄巽有很大的关系。

黄巽(1898～1987年)是广东番禺化龙人,1917年考入广东高等师范学校数理化部,1921年毕业后留校任教务员兼附中数学教师,并于当年公派法国留学。黄巽是1921年在里昂创办的里昂中法大学第一批127名注册的学生之一,1921年9月注册入校。在里昂中法大学学习了一段时间的法语以后,1922年黄巽又到法国里昂大学理学院学习,曾先后考取数学、物理学、工业物理学的高等证书。1926年黄巽获得法国教育部科学士文凭和里昂工业学院电力工程师职称。同年8月黄巽回国后任教于中山大学。

黄巽的年龄和岑藻芬差不多,但是去法国留学比岑藻芬要晚很多年。他们同是里昂大学的校友,也许在留学时两人就认识。因此岑藻芬到黄巽担任校长的"省广职"谋取教职并不令人例外。根据岑可法的说法,岑藻芬在"省广职"曾经担任教务长之职。

抗战胜利以后,岑藻芬又进入广东省立海事专科学校任教。新中国成立后,广东省立海事专科学校停办,部分学科被合并到其他高校。岑藻芬又在中山大学和华南工学院教授了一段时间的课,最后直至退休。

岑可法的父母都在20世纪70年代过世,母亲先病倒并于1972年去世,1975年父亲也生病去世。岑可法从大二起就开始远离家门,此后和父母一直离多聚少。虽然母亲、父亲最后病重的时候,他也请假回家亲自照料,直到母亲、父亲分别安葬完毕。但他心里始终装着不小的遗憾,关于他的父母亲,他知道他们的故事实在是太少了。

因为一直忙于工作,岑可法把他有限的时间绝大部分都投入到教学和研究工作之中。加上长期生活在不同的城市,岑可法和哥哥、姐姐、妹妹以及妻子那边的家人也来往不多。年幼的时候,岑可法对自己的祖籍地南海也是比较陌生的。用他自己的话来说,自懂事以后他在南海家乡总共停留的时间还不到一个星期。所以此后对家乡的印象一直比较模糊，和老家的族人和亲属也没有什么来往。随着老一辈及和他同辈亲人们的相继故去，他祖辈和父母亲的有关信息也逐步湮灭在时间的海洋里，而战乱之中的颠沛流离，他父亲曾经的成就和荣光，也不知所踪。

如果岑藻芬地下有知，他知道自己的儿子岑可法后来在科学技术上取得的成就时，他一定会是极度自豪的。山河破碎之际，他远渡重洋，去法国学习先进的理论和科学技术，目的就是发展自己的祖国。因为时局的动荡，岑藻芬在自己人生的黄金岁月并没有能够发挥出最大的能量，尽管他在动荡时期也培养了一大批学生，有的学生甚至后来还成了为国家效力的顶尖人才，但他自身的发展却受到了很大的限制，在学术上并没有取得太大的成就。

岑可法则是幸运的，他的人生发端于南海及广州这片文脉深厚的土地。近代以来，当这片土地迎来科学的洗礼和思想的变革激荡时，他的祖辈得以开眼看世界，他的父亲岑藻芬更是远涉重洋，和其他无数优秀中华儿女一样，走上了出国探索中国强国的道路。思想的浇灌和先进科学技术的学习，岑藻芬已经超越和他同时代的绝大多数人。站在父亲的肩上，岑可法站得更高，看得更远，最终在自己的科学技术事业中取得重大成就。

从某种程度上说，是南海和广州这片土地使岑藻芬、岑可法父子二人得以在思想的激荡与科学的洗礼中接续，在开眼看世界的思潮中浸润，最终促成了岑可法的绽放。

第|三|章

动荡岁月里的
成长

岑可法出生不久的 1937 年 7 月 7 日，震惊世界的卢沟桥事变突然发生，中国抗日战争全面爆发。自此以后，在中国广袤的土地上，人不分老幼，地不分南北，到处都是抗日的烽火。

因为军事实力不济，在战争的开始阶段，中国一直处于劣势，大片土地都被日寇占领。

1937 年，日军开始轰炸广州，长时间的狂轰滥炸也让战火蔓延到学校，为保存有生力量，时任"省广职"校长的黄巽决定转移到其他地方继续办学，从此学校开始了长达 8 年总共 3000 多公里的护校苦旅。

1937 年 9 月，"省广职"被迫迁入顺德大良镇。1938 年 6 月，日军入侵广东，10 月占领广州，此后广东沿海地区相继遭日军占领。在危急中，学校先是 1938 年 10 月迁至中山，学校也更名为广东省立云骏广州高级工业职业学校。为了便于及时撤离，学校把实验室设在澳门，另有部分单元设在香港。出于家人安全的考虑，在"省广职"任教的岑藻芬把一家 7 口人(其中一个是岑可法母亲的堂妹，帮着照看孩子)几经辗转都搬迁到了澳门。此时，岑藻芬的小女儿刚刚出生不久，3 个大一些的孩子也都非常年幼，最大的才 6 岁，在战乱中搬家逃亡是一个巨大的挑战。

搬迁到澳门是当时一个无奈但又比较明智的决定。广东沿海1938 年被日军占领以后，香港和澳门成了两个没有被占领的弹丸之地，但在当时的形势之下，澳门比香港更安全。

1938 年，岑藻芬把家人在澳门安置好以后，就得考虑孩子们上学的事情了。岑可法当时才 3 岁多，父亲除了给勉强可以上学的哥哥找了一所学习的小学以外，岑可法和家中的其他两个孩子一起暂时被放置在家里，由妻子和妻子的堂妹帮着照看。第二年，为了让岑可法在战乱时期尽可能多接受一点学校的教育，才 4 岁多的岑可法就被岑藻芬安排就读于澳门鲍思高粤华小学一年级。

准确地说，这所学校当时还不能称之为小学。它此前一直是澳门慈幼会会士收容葡裔孤儿的一所孤儿院，兴建校舍还是1941年的事情，教学条件也比较有限。但在当时的情况下，岑藻芬能够给岑可法找到可以上学的地方已经很不错了。

1940年4月，中山沦陷，岑藻芬所工作的学校被疏散入澳门，而后借用鲍思高及圣约瑟中学的教室继续给学生上课。岑藻芬夫妻俩和其他老师们都下定决心，一定要在战乱中照顾好众多学生和年幼的孩子们。

但澳门的形势在不断恶化，由于大批广东民众与社会精英逃往澳门避难，很多人和地下组织也在这里从事抗日活动，日军于是在澳门扶持汉奸，囤积物资，导致澳门物价飞涨，很多生活物资短缺得厉害，澳门饿死人的现象也越来越多。这样的背景下，没过多久包括岑藻芬所在的学校在内一些迁入澳门的学校在澳门就待不下去了，只能另选他途。在澳门刚刚念完小学一年级的岑可法正常的学业被打断了。

此时，香港还没有被日军占领。部分人建议学校迁移到香港，然而此时香港已经不安全，日本将会很快占领香港的消息一直在流传。出于长远计，1940年广东省一些迁徙到澳门的学校决定避开日军迁往粤北。

粤北逃亡

一直拖到1940年8月，"省广职"才最终决定迁往粤北。这里一个至关重要的背景是粤北已经取得了两次会战的胜利。

听到第一次粤北会战胜利的消息，黄巽、岑藻芬和整个学校的师生们激动得日夜睡不着，这越发坚定了他们在困苦环境中坚持的信心。

年幼的岑可法虽然还无法充分感受父母和师生们的喜悦，但从他们的脸上，他也感受到了一种巨大的力量。

那时还在澳门的岑可法和哥哥、姐姐经常都会听到周围的人在讲述日本鬼子在粤北被打得鬼哭狼嚎的一些故事，他们只恨自己年龄太小，无法到前线去杀敌。

两次粤北会战的胜利，激励了成千上万的广东军民。黄巽、岑藻芬等"省广职"的老师觉得，学校要坚持长期抗战，粤北可能是更好的选择。他们的分析一点都没有错，当时粤北已经成为广东抵抗日本侵略的中心，这片土地也成了广东众多学校的迁徙地。1938年广州沦陷之前，以岭南大学、广东省立文理学院为代表的华南地区中高等学校和众多中小学就已经纷纷内迁至粤北多个地方，开始了烽火办学的艰苦岁月。"省广职"迁往粤北，一点都不孤独。

岑藻芬决定带着家人随同学校一同长途迁徙逃亡。四个孩子都还小，他们都还没有独立生存的能力。做出这样的决定并不容易，因为当时的战局下，谁也不知道他们将会逃亡多长时间。岑藻芬曾经想过将家人们全部转移到香港，随着局势的发展香港已经战云密布，将家人留下并不安全，他们的日常生活来源也没有办法得到保障。随学校一起迁徙虽然风险也很大，但家人们在一起毕竟还有一个照应。

"我们一家子不能分开，一直要在一起！"曾琼仙搂着几个孩子，对丈夫岑藻芬说，她的脸上挂满了泪水。她也怕他们和丈夫万一分开了，从此再也见不到了。

大热的夏天，有时烈日似火，逃亡到粤北是一段艰辛的旅程。岑可法一家子和"省广职"的师生们先是从澳门坐船到香港，接着乘船迂回进入广东，而后在广东的大地上躲开日军继续北上。

包括师生、家属及雇佣农工在内，岑藻芬所在的学校是一支近200人的队伍。人多目标大，容易成为日本鬼子的袭击目标。为了减少人员集中度，学校采取了部分老师运送设备先行出发，其他老师和学生自己选择方式前往，汇合后立即教学的方式。迁徙的过程中，除了运送的机器设备，几乎所有成年人大部分时段都是徒步行走。走不动的小孩子，就用箩筐挑着赶路。

"我们兄弟姐妹几个都还小，走的路多了，比我大1岁多的姐姐和小我3岁多的妹妹就走得慢了，尤其是妹妹，有时就累得不想走了，父亲就请老乡用箩筐一头挑着姐姐、一头挑着妹妹一起逃。"每次向人讲述童年时，岑可法都会清晰地回忆起逃难时的诸多细节。岑可法和哥哥倒是不怕走路，很多时候他们总是跑在队伍的前面。

北上需要跋涉超过千里的路程，为了躲避日本鬼子，有时他们就得日夜兼程。最危险的是要穿过日军的封锁线，为了不被日本鬼子发现，学校就采取化整为零、队伍分散组合北上的方式。岑可法和哥哥在穿越封锁线时尽管有些紧张，却一点儿都不害怕。

岑可法他们偶尔也会遭遇危险。有一次日本兵在后面开枪，岑可法他们就在前面逃，身后的枪声听得清清楚楚。他跟着一些大哥哥大姐姐们一直跑了很远，才把日本鬼子甩掉。

"省广职"师生们在逃亡的路上，有时甚至还会遭遇日军的主动袭击。有一次日本兵的偷袭把队伍冲散了。袭击中有人受伤，有人不幸失去了生命，还有人失踪了。慌乱之中，岑可法在内的几个小孩子跟父母走散了。时间长了，岑可法他们肚子饿得呱呱叫，只好向沿路的农民讨吃的。兵荒马乱之中，当地农民大多也在逃难，好不容易遇到一家农户，快揭不开锅的他们只剩了些前两天躲避日本兵还没有来得及喝完的大米粥。这些粥长时间捂在锅里，满是发馊的味道，即使是这样的食物也成了美味佳肴，岑可法他们吃得很香。

沿途，他们时常会遇到逃难的居民，很多人不愿意被日军掳去当苦力，也走上了逃亡之路。他们看到这些居民们都纷纷逃离自己祖祖辈辈生活的家园，噙着眼泪拖家带口地奔波在路上。

历经种种艰险，岑藻芬他们所在这支大部队终于安全到达粤北韶关。韶关地处五岭山脉南麓，北江中上游地区，内联珠三角，外接湘赣，是中国南方的交通要冲，素有广东的北大门之称。1938年10月广州沦陷后，日军占领了广州及外围的一些地区，广东省政府改组撤到韶关，广州当地的其他很多政府机构、学校和社会团体、工商企业及众多市民也迁往韶关。从此，韶关作为广东战时省会和抗战中心长达6年。

岑可法他们到达的韶关并不安全。因为韶关成了广东的战时省会，日军对韶关的轰炸也更加频繁，几乎每次轰炸都会造成不少人员伤亡，建筑毁损也很严重。

为了安全，带着师生离开韶关城区是更好的选择，因此在韶关小驻一段时间以后，岑可法他们随学校继续北上乐昌。

1940年9月，学校迁移到乐昌黄村（现已更名为屋背村小组）。黄巽决定让师生们停下来休整一阵子。经过长时间艰辛的长途跋涉和对日军的躲避逃亡，师生和民工们早已疲惫不堪，的确需要歇息一下。黄村没有一处能够接纳100多号人，师生们只得分开居住。当时黄村集中人数最多的地点是草头庙，这里成了大家休整几天后集中学习的地方。黄巽说学习还得继续，越是艰难的时刻，更得抓紧时间学习本领，正是祖国需要大家学好技能支援前线的时候。

由于黄村并不具备长时间学习教学的条件，黄巽、岑藻芬和其他一些老师开始寻找新的落脚点。经过仔细打听和实地考察，还真找到了一处地方，这就是乐昌北乡的上丛村。粤北山区的这个小山村水源充足，安全性比较好，暂时日军也很难到达这里，学校可以在这里稳定教学一段时间，于是1940年底，师生们又搬迁到上丛村。

小山村一下子涌入100多号人，吃穿住用都成了问题，在没有外援的情况下，自力更生就成了最好的办法。师生们砍山上的树木、竹子，搭成架子，再铺上杉树皮作屋顶，竹编席子作墙，这样简易房屋就建好了。师生们很快就建好了几十座类似的房屋，分别成为学生宿舍、教室、食堂、图书馆、实习工厂、教师宿舍等，形成一个简易建筑群落。这里的谢氏祠堂——宝树堂，也成为师生们上课的地方，部分房间还被用作教师宿舍。

岑可法年纪小，跟着父母住在简易房屋中倒没有觉得有多么艰苦，眼前的一切对他而言反而都是新鲜的。只是他们这群孩子的教育依旧是个大问题，因为即使稳定下来了，岑可法他们在小山村中也难以进行系统的学习。只能是他的父亲等一些老师教大哥哥大姐姐，大哥哥大姐姐来教他们。

岑可法学习几乎没有课本，作业本都是用买来的草纸订制而成。他们的书桌都是用长条木板钉成的，每张桌子长 3 米左右，可安排 4 个人，坐的也是粗糙的木条凳。那时最怕的就是下雨，由于住宿的地方和教室都是泥土地板，下雨时就变得一片泥泞。天一放晴，大家就得在泥水中与成群的苍蝇和蚊子为伍。但不管怎么说，也要比屁股后面被日本鬼子追着强多了。

很幸运，当时这里居然还有一台给全校提供电源的发电机。这是因为学校在 1936 年全国职业学校评比中名列前茅，获得一笔奖金，黄巽校长将此款项购买了一台 100 马力的德国内燃发电机。从此之后，这台发电机便派上了大用场。学校逃亡的过程中，这个宝贝疙瘩更是一直被携带并被师生们精心呵护着。到上丛村安顿好以后，这台发电机将世世代代都没用过电灯的村庄的很多地方都照亮了。在电源的驱动下，一些机器也有了动力来源，实习工厂可以更好地进行教学和进行一些产品的生产。当年的艰苦条件下，这台发电机所凸显的作用越发巨大，它在很多人的心中都有着巨大的分量。对岑可法而言，当时他才五六岁的年纪，对内燃发电机完全没有任何概念，但在他脑海中，一定闪现过"电到底是怎么产生的"这样的问题。也许是冥冥中注定，他以后一辈子所从事的事业，居然就和发电有关。

在上丛村，岑可法时不时就能够听到日本轰炸机的声音，他们也要做好防空，但真正的危险并没有降临到他们这里。韶关城区和粤北的其他部分县城就没有这么幸运了，日军的飞机时不时就光顾轰炸，到处是残垣断壁，人员伤亡也很多。

上丛村逃难的这一段日子，也给我国的水泥机械工业著名专家、天津水泥工业设计研究院原副总工程师容永泰留下了难以磨灭的印象。容永泰是广东中山人，1924 年 10 月生于香港，1950 年 7 月毕业于之江大学机械系，毕业后即投身水泥行业。他是我国早期从事水泥机械研究的专家，他也曾有一段跟随岑藻芬等老师在"省广职"学习的经历。

1941 年，容永泰 17 岁。这一年的 12 月 25 日，香港沦陷，自此香港人就生活在日寇的刺刀之下。容永泰和他的五哥商量逃回内地，一心想继续读书的他几经辗转找到了迁徙在粤北的"省广职"，自此，这个学校就和他结下不解之缘，成为他人生路上的转折点。

那时，岑藻芬等一些老师坚持在轰鸣的炮火中讲课，在颠沛流离的动荡中办学，支撑这一行为的理念只有一个：陷于苦战中的国家更需要人才。虽然他们的学校不如西南联大、中山大学等迁徙中的大学那样声名在外，但他们奉行的是同一种精神，践行的是同一条道路。他们以理论和实践密切结合为办学特色，学生既要在课堂听老师讲课，又要到校办仪器厂或实验室劳动实习，时间比例为 3∶1，故而每个学生都有很强的动手能力。

容永泰后来回忆说在学校任教的老师，既有留学归来的教授，又有从国内著名大学毕业的高才生，每个老师都有各自的特点。岑藻芬老师是留学法国的教授，他讲授化学等课程时常常是边讲边写，学生则边听边用简单符号速记，晚上再整理成讲义，如此手脑并用，对加强科目记忆尤为有益。陈启明老师主持校办工厂的生产，产品供应战时广东全省教学仪器，为学校获得经济效益。他的讲课也很好，特点是左右手都能板书，且书写漂亮，成为学校观摩一景。吴家驹老师精简三角函数公式，易学易记，多年后当年的学生还用他教的公式绘制施工图，可见印象之深。张希澜老师不仅化学教得很棒，英语也是一流，他还经常利用业余时间辅导学生英文……在烽火连天的抗战岁月中，"省广职"的许多学生能够顺利升入大学，很显然这些依然心怀报国之志、决心为国育才的老师们功不可没。

容永泰在此学习土木科不到一年，因日寇南下，学校避难至连县，他从连县又到了上海，"省广职"学习才告一段落。然而在"省广职"的学习，使他受益终身。解放初到东北各水泥厂测绘、制图，他得心应手，游刃有余，都是在"省广职"打下的基本功所致。

从容永泰的回忆中可以看出，尽管"省广职"是在流亡中办学，但办学依旧讲究章法，成效也不错。另外容永泰回忆也印证，岑藻芬在抗战胜利以后进入广东省立海事专科学校之前，有较长时间曾在"省广职"任教。尽管还没有查到岑可法说的岑藻芬在该校曾经担任教务长的有关记载，但从岑可法幼年的记忆中能够感觉出，那时他的父亲也的确要管学校学生教学和行政等方面的一些事务。

年幼的岑可法和哥哥，跟着父亲与一批大学生哥哥姐姐一起边逃难边读书，听他们聊国家大事。虽然很多事情岑可法还听不太懂，他也常常听得津津有味。有时候，大哥哥大姐姐们组织抗击日本侵略者的一些活动，岑可法不仅积极参与其中，甚至也激动得热血沸腾。

"省广职"在上丛村办学整整坚持了 2 年多的时间。上丛村靠近粤汉铁路，随着战局的发展，日军对粤汉铁路的轰炸变得更加频繁，上丛村的危险变得越来越高。1943 年 7 月，学校不得不西迁连县（现为广东省连州市，邻接湖南省）西岸乡及县城。

连县本是粤北一座普通的县城，地处山区，交通闭塞，文化落后。危急时刻，这里因地处偏僻，远离粤汉铁路线和其他交通要道，反而使其少受日军侵扰，成为一片不可多得的避难之地。并且这里地势险要，西、北、东三面诸多山地形成拱卫之势，易守难攻。加上这里北面与湖南交界，长期是联系湖南和广东的商贸中转站，物产丰饶，商贸繁荣，能为大量涌入人口提供基本的生活与学习物资保障。这些有利条件让连县多次成为广东省政府的临时驻地。1938 年 10 月下旬、1939 年冬、1941 年秋、1942 年 7～8 月和 1944 年 6 月，广东省政府当局众多机构都曾迁入连县。每次时间或短约数月，或长至半年。为躲避战火，广东省立文理学院、广东省立仲元中学、广东省立艺术专科学校、广东省立粤秀中学、国立中山大学分教处等学校也都相继迁入连县办学。抗战期间，广东省先后有 70 个县市沦陷（70%陆域面积），连县是 28 个没有沦陷的县城之一。故而，当时的连县成为抗日战争时期广东省极为难得的"避风港"。省政府的迁抵，因部门随迁人数众多，加上众多学校、商业机构的迁入和文化人士的涌入，遂使连县不仅一时成为广东省的政治、经济、军事中心，也让这里成为一个文化中心，其一度出现的文化繁荣的景象让这里有着"小广州"之称。

这里的条件要比上丛村好很多，尽管岑可法几兄妹依旧无法有一个地方长期稳定地学习，但他们在战乱时代也收获了巨大的精神财富。在团结各界爱国人士和师生的推动下，各种抗日社团，如雨后春笋般在连县蓬勃兴起，掀起了抗日高潮。连县到处可听到奋勇抗日、保家卫国的呼声，每次遇上这样的场景，岑可法兄妹几个和大学生们一样热血沸腾。

逃亡、沦陷与胜利

1944 年，抗日战争处于一个关键的转折时期，形势变得越来越明朗。此时太平洋战争已至末期，日本全线败退。

为支撑残局，扭转在整个亚洲战场的不利局面，日本决定对中国抗战力量给以致命打击。

粤北形势危急，不少政府机关、企业和学校都在四处逃亡，向更为安全一些的西部、西南部转移是主要的方向。学校决定继续向广西贺州迁移。出于安全考虑，岑藻芬把家人和部分学生带到了与肇庆相邻的广西梧州。很幸运，这次从粤北向西南的长途迁徙还算平安。民国时期的梧州，人口稠密，工商业繁华，是两广地区的政治、经济和军事要地。这里也时常遭受日军的轰炸，但风险还是比已经变成前线的粤北地区要安全很多。

和粤北一样，为了扩大抗日救亡宣传，支援和配合前线作战，梧州的各种抗日宣传活动进行得如火如荼。

"我们是广西青年学生军，我们是铁打的一群，在伟大的时代里担负起了伟大的使命，我们抱定勇敢、坚强、战斗、牺牲的精神，我们要和前线战士、全国同胞誓死克服我们的敌人。我们为国家争取独立，为民族争取生存，为人类申正义，为世界求和平，在伟大的时代里担负起伟大的使命，我们是铁打的一群，我们是广西青年学生军。"当广西学生军唱着嘹亮的《广西学生军军歌》从岑可法兄妹面前走过，幼小的他们也激动得心潮澎湃。

"打死日本鬼子！打倒日本鬼子！"兄妹几个也跟着激动的人群一起呼喊。有时他们还在后面追着人群跑，母亲怕他们跑丢了，就在后面追。

随着战局的发展，日本准备大举进攻广西，梧州被日军地面攻击的风险越来越高，这里的轰炸也变得越来越频繁。1944 年 7 月，日军反复侵袭轰炸梧州，频繁向居民区、工业区、学校、医院投弹或低飞扫射，大片房屋被毁，大批学生、平民被炸死炸伤。

岑藻芬已经听到日军很快就要发动对广西进攻的风声，梧州是一个重要的被攻击目标。

接着再逃往哪里？岑藻芬犯了难。他们夫妻二人连着好几个夜晚都没有合眼。几年的逃亡中，岑藻芬所带领的学生有的已经毕业，有的在战乱中退学了，还有的和学校的其他学生合并到了一起。最后，一直和岑藻芬在一起的只剩下一家人。反复思考后，他们决定还是返回广东。和梧州相连的德庆县，暂时还没有被日军占领，于是岑藻芬将一家子从梧州市转移到德庆。但安定下来还没有多久，这里就沦陷了。已经无路可去的岑可法和家人们只能生活在日本人的铁蹄之下。

不久以后，岑藻芬听到粤北也陷落了。

因屡次搬迁，学校和政府相关管理部门时常都会失去联系。为了便于学生在逃亡中继续学习，岑藻芬让政府给他们出一个公文，大概意思是他可以带学生跑到任何没有战事的地方，工资照发。这个要求得到了批准。而后，国民政府给这些迁址的学校都颁发了一份文件，兵荒马乱联系不上时，学校就可以拿着这份文件跟乡政府预支工资，但农村地区没有地方买米，他们就只能向地方上的乡政府借米度日，生活极其困难。岑藻芬一家 7 口人，每天要吃饱肚子并不容易。

进入敌占区日子变得更加艰难，但生活还得继续。为了让孩子们的学习条件更好一些，尔后不久岑藻芬一家又搬到了肇庆。虽然这里已经被日军占领，但因暂时无大的战事，也不是日军重点经营的区域，岑藻芬判断谋生栖居的风险不是太高。就这样，他们一家在敌占区安定下来了。

但岑可法终生难忘抗战时期艰苦的逃难岁月。6 年的时间里，为了逃避日本鬼子，他和家人在父亲的安排下从广州到澳门，经香港到韶关，又转进乐昌、连县，最远到过广东、湖南两省交界的山区，其中大部分时间都在岭南的穷乡僻壤度过。岑可法全家人像飘零的树叶一样，跟着父亲的学校在粤北与江西和湖南等省交界的山区到处流浪漂泊。

因为逃难的缘故，岑可法提早学了一些跟同龄孩子在一起学不到的东西，这里面好的、不好的都有，所幸岑可法这棵小树苗在复杂的社会环境中并没有长歪。这里面要感谢他有一个好父亲和好母亲。父亲知识渊博，慈祥而且和蔼，他和他的学生们给岑可法兄妹几个树立了人生的正确航向。母亲虽然没有读什么书，但她勤劳，性格温柔，在逃难的过程中尽量帮助大家想办法弄吃的。岑可法记得他们在一个地方停留得比较长时，母亲就向当地农民讨点种子，种点能很快长出来的蔬菜解决一些蔬菜供应。有时，她甚至还煮点稀饭当早餐卖，帮助父亲补贴一下家用。岑可法他们兄妹几个在这时候也就成了妈妈的重要帮手，帮着摆碗筷就成了他们的重要任务，有时还和客人聊得很欢，附近的人见他们这么勤快乖巧，也愿意经常光顾他们的摊位。也正是这种幼年时代逃难的经历，使得岑可法很早就得以和社会底层密切接触。

不经历挫折，怎知道路之坎坷；不经历磨炼，怎知意志之坚强。对很多人的成长而言，只有在人生道路中与苦难争锋，才知苦难也是一种财富。从某种意义上讲，这种逃亡的苦难不停地磨砺着岑可法，也悄悄为他日后的成长积蓄着能量。

逃难途中因为经常都在跑路，虽然岑可法的个子长得不高，但身体却锻炼得非常结实。岑可法自从上小学以后，每到一个新的地方就在当地插班或者临时组班就读，所以常常需要快速适应当地不同的风俗习惯和方言，尤其奔波在粤北山区和广西境内的时候，基本上每经过一个村子都有变化。这种地理变迁带来的变化不仅开阔了他的视野，也锻炼了他的思维。

岑可法思维活跃，勤于思考，每到一个新的城镇时，就喜欢到街边的书摊看各种书籍，时间长了，都和一些书摊的摊主混成了熟人。

在肇庆时，已经在逃亡中断断续续学习了小学 5 个年级课程的岑可法被父亲送到一所小学上六年级。岑藻芬告诉岑可法和他的哥哥，不管在什么情况下，都要想办法学习，这对他们将来的发展和建设祖国大有用处。不过，日军强迫小学更改课本的做法让他和很多同学们十分气愤。

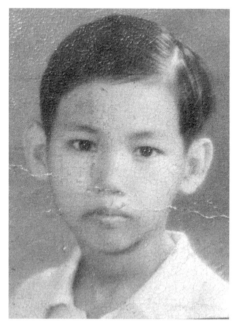

儿童时代的岑可法

岑可法也目睹或者听到了日军的很多暴行。抢劫强奸妇女、粮食、财物，强征挑夫，焚掠民宅并滥杀平民，这样的事情不时就在肇庆城乡上演。担心几个孩子的安全，岑藻芬夫妇几乎每天都叮嘱兄妹四个千万不要乱跑。

岑可法兄妹几个心里恨透了日本鬼子，年龄尚幼的他们无法付诸实践。但岑可法的心底经常还是振奋着，因为这片土地上依旧活跃着大量英勇不屈的中华儿女。虽然守军西撤，但大量的本地民众没有放弃自己的家乡，他们拿起土枪、大刀、锄头、木棍等土兵器，不时就对日军发起偷袭，让驻守的日军头疼不已。

1945 年夏，10 岁的岑可法迎来了小学毕业。战乱的岁月中，他和其他一些孩子的整个小学学习生涯基本没有系统地学习过，不过他们不光学到课本知识，同时也学到不少课外知识。虽然他没有上过完整的小学，但从某种程度上讲，他所学到的人生经验和家国情怀，已经点亮了他人生的色彩。

此时，国际国内形势都在发生巨变。随着日本帝国主义在各个战场都在遭受失败，他们的末日来了。饱受日本侵略者长期蹂躏欺辱的中华民族终于迎来了扬眉吐气的时刻！

肇庆这座古称端州的古城，平时街巷清寂，日本侵略者占据之后更是如此。8 月 15 日这一天，日本宣布无条件投降的消息一传来，街上顿时人山人海，锣鼓喧天。

胜利的消息让岑藻芬夫妇激动万分，岑可法看到，父母的眼泪情不自禁地流下来了。岑藻芬夫妇都是性格比较内敛稳重的人，但在这样的国家大喜的日子，有谁能抑制得住自己的感情呢？

长达 7 年四处流浪的日子终于结束，这是一段刻骨铭心又不堪回首的记忆。"省广职"的一些学生不是死于战火，就是死于疟疾等疾病，还有的学生在逃亡中走失，从此再没有任何音信。

庆幸的是，经历过一次又一次死亡的威胁，岑藻芬一大家人都还活着，一个都没有少！他们是幸运的。

岑可法兄妹几个虽然此时还不完全明白，这个重大胜利对中国、对中华民族的重大意义，但他们知道，从此以后，他们再也不用东躲西藏，中国人再也不能在自己的土地上被日本鬼子欺辱了。

岑藻芬夫妇和孩子们也迅速加入庆贺的人群中，再也没有比这更值得让人高兴的事情了！

顽皮与狡黠

岑可法一家和众多长时间流浪的师生们终于可以安定下来了。回到广州后，岑可法被送入私立的教会学校圣心中学读初中。岑藻芬之所以把岑可法送进圣心中学读书，跟这所学校与法国有着十分密切的关系是一个重要因素。

创建于 1860 年的圣心中学也与法国有着密切的关系，圣心中学的前身是圣心书院，圣心书院的前身是丕丛书院，该书院原附属于法国领事馆，由于外国领事馆等外事机构需要培训人才充当译员，因而在领事馆内开设了一间以学外文为主的书院，培养翻译工作人员。后来法国领事馆迁往沙面，丕丛书院也迁至过去称为约瑟路（即现市三中的校址）的地方，兴建了一间颇具规模的学校，命名圣心书院。圣心书院校长最初由法籍黎神父担任，后来中国政府明文规定要由中国人担任校长职务，书院才改为普通中学。

后来，广州市沦陷，书院被迫停办。抗战胜利后，当地的教会决定复办圣心书院，并改名为圣心中学。岑藻芬把岑可法送到这里，大概是他想着岑可法有朝一日也能够走上和他一样的赴法国留学的道路。

静下来了，年纪尚幼的岑可法反而无法静下来读书了。由于学校西式教育风格，管理比较松散，岑可法那时读书并不太认真，反倒是非常贪玩，和今天人们所说的"牛娃"不沾边。

那时，抗日战争刚刚结束，百废待兴，学习之外并没有多少文艺或者体育方面的娱乐活动。文艺方面没有他感兴趣的，体育方面只有打篮球和游泳。打篮球方便，岑可法时常和伙伴们玩得大汗淋漓，中等身材的他打篮球时身高并不占优势，但是他精力旺盛，一上场就生龙活虎一般，并且异常灵活，打篮球的伙伴们都很喜欢他。岑可法喜欢游泳，那个时候他们都是野泳，居住地附近的大小河流就是他们的乐园。有时候，他和初中的其他 4 个伙伴背着家长，居然偷偷跑到珠江中学习游泳。珠江河面宽阔，水势大且深，一般家长都是不会让孩子们私自下珠江游泳的，但岑可法和几个伙伴凭着自己识得一点水性，决定不告诉家长，在珠江偷偷学游泳，无疑这是非常冒险的行为。以今天的眼光来看，也是绝对不能支持小朋友有下河野泳的行为的。但岑可法他们那个时代，城市中哪里会有现在这么方便的游泳池呢？那时野泳一直是学习及喜欢游泳人士的常态。

但岑可法说他们到珠江中游泳倒不是蛮干，他们知道这条河流的危险，知道哪里水急水缓，懂得规避危险。时间长了，他和几个小伙伴已经可以自由自在地在珠江中游泳，还学会了各种姿势。

旺盛的精力让岑可法有时忘记白天和黑夜，他们在顽皮中见识大自然的壮观与辽阔，为了逃避责罚，岑可法从来不敢跟家人讲自己在外面是怎么无法无天地玩耍的。

那个时候的岑可法也对麻将和桥牌产生了兴趣，由于脑瓜子聪明，很快他就把自己练成了一个小高手。尤其是打麻将，岑可法可谓是颇为娴熟老到，抓牌时已经练成了良好的触感，不看牌就能摸出是什么牌，多年以后他依旧保持着这样的本领。

父亲那时也给他定了一条规矩：不能参与赌博。岑可法也严格遵守了这一点。

打麻将和打桥牌并不是坏事情，关键在于怎么利用他，使用得好，对成长中的少年也是一种历练。年幼的岑可法喜欢赢牌的感觉，这也培养了他的好胜心。但是他坚决不搞背后小动作，喜欢光明磊落地赢，这种心胸和眼界也在日后为他科研生涯一个又一个的突破埋下了伏笔。

岑可法和几个小伙伴那时也会有儿童的狡黠，甚至还有"干坏事"的时候。

有时他们几个小伙伴想看电影，家长不在而他们自己口袋里又没有钱，他们的办法就是跟在大人的后面，个子不太高的他们假装是那些大人带进去的小孩儿。因为大人可以带一个小孩，小孩不要钱。

"我们几个小伙伴都这么跟着一起进去了，电影院其实也不满座。"每当想到童年时代的这种狡黠，岑可法的脸上就充满了欢乐，有时他甚至兴奋得像个孩子。

岑可法并不认为顽皮就是一个坏学生。

"我一直认为，顽皮不是不好的事情，顽皮可以让小脑袋瓜得到锻炼和磨炼。一个小孩儿顽皮，说明他的脑袋瓜灵活，这样的人只要走上正道，工作以后独立自主的能力强，也会比较有想法。"每每回忆起儿时的学习，岑可法仿佛就回到了无拘无束的少年时代，他也坦率地承认，因为逃难，他接受的学校教育基础差，但他认为对他的成长而言，这并不是坏事。

"这种情况反而让我更认为学习主要靠自己学，而不是靠老师灌输。坏事也会变成好事。"

少年时代干的"坏事情"，岑可法并不认为就是正确的行为。回忆起初中时"坏主意"不断的自己，岑可法也幽默自嘲很调皮捣蛋的他曾是个"混混"，只是后来的新中国把他从一个旧社会的混混变成了院士。

岑可法认为，年幼时干几件对他人没有什么伤害的"坏事情"并不是什么坏事，这种"坏事情"的历练甚至在人的成长过程中还能变为好事。他也认为，这几件"坏事"对他的思维活跃度还是有帮助的。

孩童时代是一个人思维最为活跃的时代，也是天性释放最为充分的年龄阶段。从顽皮捣蛋的孩童到成长为出色的科学家，这似乎是偶然，但其实有的时候都藏着必然。

我们纵览古今中外众多科学家的成长轨迹，凡是能够取得巨大成就的，很少有小时候不调皮活跃的。

儿童顽皮对成长有什么好处？儿童顽皮，是天真烂漫、活泼好动的天性体现。在许多人看来，顽皮可能是个贬义词，但如果我们换一个角度，深入探索儿童顽皮的背后，就会发现顽皮对儿童的成长具有诸多好处。

仔细探究岑可法少年时代的经历，可以发现顽皮也是他探索世界的一种方式。在这个过程中，他学会了如何解决问题，如何与人相处，如何适应环境。这种探索和尝试的过程，实际上是一种宝贵的学习经历，对他的智力、情感和社会能力的发展都起到了积极的推动作用。他在顽皮中所展现的创造力和想象力，也为他日后的发展打下了基础。

孩童时代是一个人思维最为活跃的时代，这个观点深深扎根于我们对人类心理发展和社会化过程的理解之中。从生理角度看，孩童的大脑如同一块未经雕琢的璞玉，其神经元连接和突触形成正在以惊人的速度增长和变化。这种生长过程不仅为未来的学习和认知奠定了基础，更使孩童的思维具有极强的可塑性和适应性。

岑可法坚持认为，儿童少年不要死读书、读死书，要学会在玩中训练思维，要不断开阔自己的视野。只要人的品质不变坏，小时候的"坏事"在一个人成长过程中大概率会变成好事。

刚上初中时，虽然岑可法没有将学习怎么放在心上，但他也展现出了对理科的偏爱，尤其是对自然界的现象十分感兴趣。比如：为什么天空是蓝色的？为什么水的颜色在不同的环境下不一样？……在探索和寻找答案的过程中，他也在悄然中锻炼着自己的思维。

此刻，外部的大环境却在急剧变化。

岑可法和家人回到广州以后并没有过上几天舒心的日子，不久内战就爆发了。广州也没有平静多长时间就又陷入了混乱的状态。在动荡和不安之中，大人挣扎谋生，教师无心教学，学生们也无心读书，岑可法他们一群初中生呼朋引伴，像脱缰了的野马，在天地间撒欢。

游泳依旧是他们最大的爱好之一，天气暖和的日子里，只要天气晴朗，很多时候他们都把时间打发在珠江之中。他们一会儿从船上扎个猛子跳进珠江，在风急浪高的珠江忽隐忽现，一会儿又坐在沙子都被晒得发烫的河滩上打扑克牌。被晒热了，就又扎入江水之中……

"在这样的环境中，虽然书读得不怎么好，但是我们锻炼了体魄，锻炼了思维，我的思维也变得更加敏捷。"岑可法说。

动荡与父亲的压力

因为战乱，岑藻芬任教的"省广职"一直处于迁徙动荡之中。为了躲避日军的炮火和继续坚持办学，1944 年 9 月，流浪中的"省广职"迁至罗定。1945 年 1 月，学校又迁徙到肇庆南部的云浮腰古继续办学。2 月，广东省立工业专科学校(现今的华南理工大学源头之一)迁至腰古，黄巽同时兼任校长。"省广职"加上广东省立工业专科学校新招收的学生也不多，总共也就 200 人左右。这样，都以黄巽为校长的"省广职"和广东省立工业专科学校就在一处教学。从1945 年抗战胜利后开始撤离，一直到 1946 年，这两所学校才完全撤回广州。

学校的这种变迁中，岑藻芬作为"省广职"的一个具有管理职责的老师吃尽了苦头。他带着部分学生、家人在逃亡的过程中时分时合，很多时候最基本的薪水也没有，基本的生存问题没有保证，只能自己想尽各种办法才解决基本的生存问题。

日本投降了，民生凋敝，学校依旧没有多少薪水，一家人填饱肚子都还困难。迫于生计，一家人迁回广州以后，岑藻芬又在条件和待遇更好一些的广东省立海事专科学校谋了一份教职。

广东省立海事专科学校是一所刚刚成立的学校，创校于1945年秋天，是当时全国唯一的一所既培训商船驾驶、轮机管理、造船、港务和管理，又培训水产捕捞、养殖、加工制造等各方面专门人才的综合性大专学校。1945年8月日寇投降以后，海事专科学校在汕头筹备成立，学校最初的名字叫作广东省立汕头海事专科学校。1946年学校迁到广州西村后，更名为广东省立海事专科学校，在校学生总共200余人。有化学工程师学位的岑藻芬主要是发挥自己在化学方面的专业特长，推动学校在养殖等领域发展，争取多培养这方面的人才，帮助发展民生经济，让更多的人填饱肚子。

但现实依旧不允许他能够有多大的作为。此时内战已起，广州也很动荡和混乱。

岑藻芬虽然还有教职，在广东省立海事专科学校还一度担任着教务长的职位，但已经十分艰难。家里人口多，只有他一个人领薪水，他身上背负的压力可想而知。

当时，国民党统治区域金融已经陷入动荡之中。国民党政府在纽约、伦敦和上海三地同时印钞，仅上海一地每天就要印钞230亿元，滥发钞票带来的直接后果是货币贬值，物价飞涨。岑可法清楚地记得，当时父亲每个月发下工资后，都会带着岑可法兄弟姊妹四个排队去把米换成银圆，如果去晚了能换回来的银圆就要少很多。

金融动荡中，居民的生活日趋紧张。随着时间的推移，这种局面越发恶化。

那时，身为大学教授的岑藻芬每个月能够领到的薪水大约是可以购买5担米（1担米等于100斤）的钱，他却要养活6口人。随着通货膨胀，钱的购买力变得更低了。可想而知，当时在这种局面之下，岑藻芬的心里也是极度崩溃的。但生活还得继续，他又有什么办法呢？

岑可法兄妹四个也想帮着分担一些父亲的压力，但还是孩子的他们当时除了积极帮助做一些家务劳动，和母亲一起想办法补贴家用、节省开支之外，也没有好的办法。

1949年10月广州解放，广州市军管会派军代表钟杰明对广东省立海事专科学校进行军管，1950年2月，学校奉令停办。

广东省立海事专科学校办校虽然短暂，但也为祖国培养了大量高级人才。1985年11月，根据广东省立海事专科学校校友会的调查统计，建校4年多以来，这些被岑藻芬等一些老师们培养的1至5年级在校学生10个班共280余名，不管是应届毕业及提前结业从事各项工作的学生，绝大部分先后在广东省内外的水产、航运、港务及科研等部门担任港务监督、建港指挥部指挥长、引水公会主席、引水、远洋及沿海商船船长、高级船员、高级验船师、高级工程师、教授、港务局、航运局及救捞局等厅局级领导干部、水产企业部门经理、各级主管及各级技术、行政骨干等。在与校友会保持联系的200多名学生中，据不完全统计有高级工程师26人，工程师34人，另外还涌现出高级经济师、经济师、会计师、审计师等方面的人才，对祖国的交通航运、水产等建设事业，做出了一定的贡献。

岑可法回忆，广东省立海事专科学校被停办以后，岑藻芬被安排到了中山大学工作，华南工学院成立以后又进入华南工学院工作了一段时间，直至最后退休。

虽然中华人民共和国成立后岑藻芬有了相对比较稳定的工作环境，但中华人民共和国成立前因为战争导致的工作和生活的动荡，严重制约了他在事业方面的发展。和平的日子到来了，而他已不再年轻。

岑藻芬自身已经无法再扬起在事业上奋进的风帆和雄心，这种希望只能寄托在孩子们的身上，他的主要责任是继续挑起家庭的重担，把几个孩子都培养成人。

第四章

新生与他的 6 所大学

到了 1949 年，岑可法正读初中三年级，新中国的脚步越走越近。10 月 1 日新生的中华人民共和国在北京宣告成立时，广州还没有安定下来。

广州的历史将永远铭刻下这一天——1949 年 10 月 14 日，溃逃的国民党部队用炸药炸毁了连接珠江南北两岸的海珠桥，耗资 102.2 万两白银的大桥毁于一旦，造成 2000 多人伤亡。

岑藻芬没有选择撤退和逃离，他张开双臂和家人一起积极欢迎新中国的诞生。大家都没有想到国民党部队撤退还要干这么伤天害理的事情。

爆炸发生时，岑可法正坐在家里，突然震耳欲聋的声音就穿过了他的耳鼓，大地也在震颤，屋梁上的灰尘杂屑扑簌簌直往下掉。当时他并不知道出了什么事，只知道外头还在打仗，后来他才知道是从家里走 10 多分钟就能到的海珠桥被炸了。

海珠桥倒了之后不久，周围居然安静了下来，再也没有连天的炮火声。10 月 14 日这一天，广州迎来了解放。战火、颠沛流离、无序和动荡，一如旧世界的灰霾，被统统挡在了身后。

眼前的一切都是新的，甚至连天上的飞鸟，水中的藻荇，都是明净的色彩，和平之光已经照耀在广州的每一寸土地上，新世界的大门徐徐敞开了。

岑藻芬知道，国家安定下来了，他得好好规划孩子们的教育问题了。

为了让岑可法兄弟俩受到更好的教育，岑藻芬将他们转到了教学质量非常好的中山大学附中（1952 年合并为华南师院附中，即后来的华南师大附中）。在新的学校里，兄弟俩发现不仅老师们教得更好，学习好的同学也更多，岑可法体验到一种和以前截然不同的学习氛围。

到了中山大学附中，受周围环境的感染，岑可法也比以前学习更加用功。他很喜欢运动，以前学校没有运动场，没有条件锻炼，现在中大附中有了专门的运动场，岑可法可以在运动场上挥汗如雨了，他对打排球、打篮球、踢足球都很有兴趣，尽管不是班上体育运动最出色的一个，但班上要想赢得比赛，也还真少不了他。

1950年2月11日，岑可法(第二排左数第四位)和
同学们在广东观音山游玩时的留影

初中毕业以后，岑可法以优异的学习成绩顺利升入中山大学附中。爱运动的他把自己的身体锻炼得结结实实的，体能也很不错，引体向上一次能做十几个！

随着年龄的增长，岑可法学习的兴趣也越发浓厚，以前爱玩爱疯的一些劲头都被他用到了学习之中。他之前的一些"小聪明"让他思维极度活跃，聪明劲儿也在学习中开始展现。

中山大学附中上高中二年级时，同学们觉得岑可法爱思考爱钻研，加上他是教师家庭出身，就推荐他负责出班上的科普墙报，班主任就把这个任务交给了他，主要内容是办"为什么"小专栏，向同学们提出许多在科学技术方面的"为什么"，每两周一期，出一个问题，并以回答的形式进行解答，他不仅可以自己作答，也可以邀请同学们积极参与回答问题。这种模式其实就是《十万个为什么》，这在当时还没有这样的书，因此岑可法设置的很多问题让老师和同学们都很感兴趣，参与的人也很踊跃。

岑可法从小有好胜心，虽然他在班上的成绩只算中等，但他能把科普墙报办得有声有色。看到老师和同学们这么喜欢看自己办的墙报，岑可法在十分自豪的同时，工作也更加积极，每天挖空心思找题目，他问出来的题目既是常见的现象，又引人好奇，譬如：头发为什么会变白？天空怎么是蓝的？同学们也都在猜，只要他一公布答案，大家就讨论得很热烈，有时还会帮他一起想新的题目。

别看这些问题都是些日常现象，要解释清楚并不容易，尤其是在那个还没有互联网的时代。"那时候，我读了很多科普书籍。"为了寻找问题的答案，他还经常到学校的图书馆查资料，向别人请教。他也每天都在想，下一期墙报出什么问题。

有时候，岑可法甚至还会想出一些"为难"老师的题目。有一次，他问一位文科的老师："毛笔为什么一摁进水里就散开，一提起就收拢？"由于这位老师是文科，不清楚这些原理，当时一时回答不上来就泄气了。而后岑可法就把他了解到的相关知识写在了墙报上。

这种经历也让岑可法的思维和视野得到了很好的锻炼。岑可法回忆说，这种对普遍现象的思考，培养了他从寻常事物中发现问题的能力，并养成了爱思考的好习惯，这对他以后从事科研工作有很大的帮助和启发。

因为喜欢打篮球、游泳等多项体育运动，岑可法把自己的身体锻炼得棒棒的，这也为他日后从事繁重的科研工作准备了很好的身体条件。

高中三年的学习生涯中，将来准备学什么的问题已经到了必须认真思考的时候。老师建议岑可法学工科，那时成绩最好的学生一般也都是学工科，大家都想更好地为建设国家出力，岑可法也准备学习工科。

上高中时岑可法和伙伴们游泳前的合影，左数第二位为岑可法

岑可法的选择还受到了一位堂兄的显著影响。这位堂兄是工厂的机械工人，念初中时，有一天堂兄送了他一个足以改变他人生走向的小礼物——小蒸汽机。堂兄给岑可法送小蒸汽机可能是无意之举，他只是想给自己的堂弟一个新奇的玩具而已，并没有想到这会对他的整个人生产生影响。

一向喜欢新奇东西、新鲜东西的岑可法被小蒸汽机深深地吸引住了，这是他第一次零距离接触蒸汽机。虽然他以前听说过，也看过发明蒸汽机和大发明家瓦特（James Watt，1736～1819 年）的故事，但他对蒸汽机的印象始终是模糊的，蒸汽机究竟如何工作？他始终还没有见过。

自此，岑可法开始整日反复把玩和琢磨这个新奇的东西，并开始研究它的原理。

岑可法对瓦特佩服得五体投地。这位生活在 200 多年前的科学家在 1776 年改良制造出第一台有实用价值的蒸汽机，以后经过一系列重大改进，使之成为"万能的原动机"在工业上得到广泛应用。他开辟了人类利用能源的新时代，使人类进入"蒸汽时代"。虽然那个时候岑可法还不能准确理解瓦特的发明，但对他的影响是深远的。

"从那时起，我开始对能源动力有了一些了解。"岑可法说，当时新中国刚成立，一穷二白，他知道要想不受欺负就一定得把经济发展起来，发展经济离不开工业，工厂要开起来，马达先要转起来，而能源动力就是负责让马达转起来的。

此刻岑可法对能源动力的认知无疑是十分浅显的，他也并不确定他将来从事的事业就一定与这个有关。但到了高中毕业要上大学时，他的这个信念就变得越发清晰起来。

岑藻芬却希望岑可法学医，继承他祖父的衣钵。成为一名救死扶伤的精诚大医。"你也没听你爸爸的嘛！他是医生也希望您能学医啊！"岑可法的反驳让岑藻芬无言以对。

留过洋的岑藻芬对岑可法的选择没有过多地干预，他深知孩子的成长道路是由他自己走出来的。他还鼓励岑可法："既然选择了，就一定要认真去做。"

中山大学之变

高考之前，单就学习成绩而言，岑可法本来可以瞄准更好一些的清华大学，但当时在他的心里，他最青睐的还是中山大学。

1952 年高中毕业后，17 岁的岑可法以优异的成绩顺利考入中山大学，他报考的是中山大学工学院机械系热力发电专业。

岑可法准备就读的中山大学工学院，其办学历史最早可追溯至 1918 年成立的广东省立第一甲种工业学校（前身为 1918 年 1 月成立的广东工艺局附设工业学校）。几经易名、调整，该校于 1938 年并入国立中山大学工学院。一心想学习工科的岑可法早就看好了这个学院。

选择志愿时，由于好动的性格，岑可法选择了机械系，并且选择了动力专业。当时他想当然地认为动力必然与"动"有关，实际上，年少的他根本不了解动力专业是学什么做什么的。直到学习了大学的课程，他才了解到动力专业和他以前认为的"动"完全不是一回事。

岑可法选择的热力发电在那个年代在国内还是新兴专业。热力发电是利用热能产生蒸汽驱动汽轮发电机转动，从而产生电能。热力发电的原理是通过燃烧化石燃料或核能等方式产生高温热能，然后利用热能将水加热成蒸汽，蒸汽驱动涡轮旋转，最终驱动发电机产生电能。20 世纪 50 年代，热力发电一般是指以煤炭为燃料的火力发电。此时西方规模化火力发电已经超过半个世纪，但中国的火力发电却依旧非常落后。岑可法 1952 年高中毕业时，中国最大的一台发电机组也才 6000 千瓦，而苏联已是几万到几十万千瓦不等，差距显而易见。岑可法选择这个领域完全是初生牛犊不怕虎，他希望自己有朝一日在这个领域能够做出贡献。

创办于 1924 年的中山大学原名广东大学，1926 年为纪念孙中山而改名为国立中山大学。岑可法从小就知道中山大学的盛名，他早就打定主意将来有一天要进入这所大学学习。岑可法选择中山大学还有一个重要原因是他的一些儿时的伙伴选择了这所大学，他在这里学习就依旧能够和他们在一起，他也梦想着自己能够在中山大学完成自己的大学生涯。

岑可法没有想到，自己的中山大学梦被打碎了。因为 1952 年，岑可法参加完高考没多久，参照苏联的做法，全国高等院校院系开始了大调整。

中国的现代高等教育历史中，新中国成立初期的全国高校院系大调整是一个历史性事件。1952 年 6 月至 9 月间，全国高等学校的院系调整首先从华北、华中、华东行政大区开始，具体实施方案主要是高等学校分拆、院系合并、院校增设、专业调整等；私立大学全部改为公立，教会学校一律撤销；高等教育由国家统一管理，由中央统一调配师资、校舍和设备。经过调整后形成文理综合大学、分科性理工学院和单科学院三类高等学校。另外增加一批独立建制的工科、农林、师范、医药院校。就是在没有调整和需要调整的大学内部，变革也在进行之中，其中一个重要主导思想是将民国时期大学内部的"校—系—组"结构改变为苏联模式的"校—系—教研室（组）"结构。

工科院校调整与组建是这轮调整的一个重点，当时亟须尽快培养出一大批国家需要的各种工程技术人才，组建高水平的工学院被认为是头等重要的事情。

拥有文、法、理、工、农、医、师、研等8个学院的中山大学是需要被重点调整的一所大学，方案是将中山大学的工学院、农学院、医学院、教育学院调出，组建华南工学院（现华南理工大学）、华南农学院（现华南农业大学）、华南医学院（中山医科大学）、华南师范学院（现华南师范大学）。

华南工学院正式组建于1952年10月7日。11月，中山大学工学院土木、化工、机械、电机、建筑5个系并入华南工学院。虽然岑可法的大学从中山大学变成了华南工学院，但实质上他上学的环境并没有发生太大的变化。因为，院系调整后，中山大学的理工科专业留在石牌校区，并以此为核心成立了华南工学院。

石牌校区是中山大学1932～1937年在广州石牌兴建的校区，当时的规划建设面积达到8000亩，校园建筑规模宏大、气势非凡，而且造型优美，装饰繁复，中西合璧。石牌校区主体造型以中式为主，细部处理常借用西式手法，巧妙自然，这里的建筑堪称那个时代中国建筑的杰作。

岑可法记得，他求学的工学院机械电气工程教学楼坐北向南，高约10米、占地面积达4400多平方米的大楼整个建筑是宫殿式二层建筑，呈平面长方形回字结构，中西合璧的红墙绿瓦，中间是花园。其南面两个门廊的构建应是受西方建筑的影响，而屋脊以及屋脊上的龙头、麒麟、山羊等兽件和大门两旁的须弥座、栏杆的雕饰、抱鼓石及檐下的双重桁饰等，都吸收了中国古建筑的精华，主楼博古纹、檐下的彩绘、门两边汉白玉竖匾上下的精美纹饰及彩绘，让整个建筑看起来十分协调而和谐。这栋教学楼前面有大块草坪和空地，草坪上种着棕榈树，四周风景优美，视野开阔。在华南工学院的外围，就是大量的农田、桑林和山野。这里虽然不是繁华之所，也的确是一个理想的求学之地。

进入中山大学念大学的梦想破灭了，但能够继续在这样的工学院中就读，岑可法也是极为兴奋的。因为除了学习环境优越外，新成立的华南工学院是以中山大学工学院、华南联合大学理工学院、岭南大学理工学院工科系及专业、广东工业专科学校为基础，并调入湖南大学、武昌中华大学、武汉交通学院、南昌大学、广西大学等5所院校部分工科系及专业组建而成，当时可谓是强强联合。何况工学院也依旧延续着中山大学的文脉。

在优美的大学校园里，岑可法的学习劲头开始被激活，他少年时代的顽皮和"小聪明"，慢慢地开始转换成学习的能量。他发现，自己所面对的热力发电是一个全新的世界，他面前未知、需要学习的东西实在是太多了。

那时在世界范围内，大机组、大电厂使火力发电的热效率大为提高，每千瓦的建设投资和发电成本也不断降低。看到中国在这个领域的落后，岑可法心里也不是滋味儿。他心里知道，自己的祖国在20世纪前半个世纪因为山河破碎，在很多领域没有赶上世界的发展潮流。新中国成立以后，正是他努力学习本领、报效祖国的时候了。

从长沙到武汉

岑可法在进入中山大学校址上组建起来的华南工学院开始学习时，他心里想着，自己的大学4年就要在这里度过了。这里离家里近，一放假岑可法就想着回家和家人们团聚，他在学校和家里的朋友也多，他的很多课余时间也都花在和朋友们的欢聚上，在学习上还没有花费太多的心思。

他没有想到，在华南工学院读书没有多长时间，就又赶上了工学院新的调整。

1952 年 11 月，中南行政委员会所属文化教育委员会召开高等教育计划会议，决定在武汉新建三所工科院校——华中机械学院、中南动力学院和中南水利学院。在建设过程中，这个方案后来又进行了进一步调整，筹建中的华中机械学院、中南动力学院合并为一校，撤销中南动力学院的建制，机电互补，命名为华中工学院。这所新的工学院由原武汉大学、湖南大学、南昌大学、广西大学等 4 所大学的机械系全部和电机系的电力部分，以及华南工学院机械系的动力部分、电机系的电力部分合并组成。

1953 年 10 月 15 日，华中工学院正式成立。学院虽然顺利开学，但面临的困难很多，校区建设的任务也十分繁重。开学时，整个校园依旧还是一个热火朝天的大工地，大部分都是工棚，华中工学院采取了分散办学的方式，被合并到这所新成立学校的师生们被临时分配到学校的 4 个分部(武昌、桂林、长沙、南昌)学习。已经被调整到华中工学院的原华南工学院机械系动力部分和电机系电力部分的师生们则被安排在湖南长沙学习。就这样，大学二年级时岑可法踏上了湖南长沙的土地。

这种学校的调整打乱了岑可法和同学们学习的节奏,他们同时也是兴奋的。当时，中华人民共和国国务院在全国七大行政区域着重调拨组建八大工学院，其中教育部直属的大连工学院、南京工学院、华南工学院、华中工学院四所重点工学院最为重要，这四所工学院也是中国最早建立的四所重点工学院，被统称为四大工学院。不管是什么名校的大学生，凡是能够调整进入这四所工学院中的任何一所，都是极其幸运的。

从华南工学院到华中工学院，并没有学校等级的落差，但是由于华中工学院是当时四大工学院中所得到学科部分最少的高校，主要就只有机械和电力两个部分，因此，在建校之初，华中工学院无论是单科实力，还是综合实力，在四大工学院中是最弱小的，既没有南京工学院和华南工学院的学科齐全，也没有大连工学院那样名师辈出，教授云集。不过对于岑可法等一些年轻的学子而言，并没有太大的思想负担，当时他们是一切听从祖国的号召。

岑可法他们在长沙占用的是湖南大学的部分校舍。此时湖南大学已经被撤销，位于长沙的多所高校都实行了重组。湖南大学被解散了，这所起源于宋太祖开宝九年（公元976年）创建的岳麓书院，历经宋、元、明、清等朝代的变迁而不衰的中国教育界翘楚文脉与风骨还在。

在华南工学院上大一的时候，岑可法还没离开家乡，周围以前的同学朋友都很多，上学时心里老是惦记着周末回家时约上朋友们一起玩。大二来到了湖南长沙原来的湖南大学校区，对他而言，这里就远不如家乡那么热闹了。湖南大学校区与长沙市区隔着一条北去的湘江，湘江隔绝了都市的繁华与喧嚣。不管是平时的上课间隙还是周末，岳麓山下清幽得很，他白天还能打打球，晚上没有什么事情可干，就只能看书。

位于湘江西岸长沙的岳麓山是一座十分著名的山，因南北朝刘宋时《南岳记》"南岳周围八百里，回雁为首，岳麓为足"而得名，环境十分清幽，这里还有岳麓书院。创建于北宋太平兴国元年（976年）的岳麓书院，是中国古代四大书院之一。历经宋、元、明、清各朝而不衰，至民国十五年（1926年）定名湖南大学。岳麓书院也是全国修复最好、保存最完整、规模最大的一所古代书院。这里到处都散发出中国文化古典优雅的气息，实在是太适合读书了。时间长了，岑可法被不断熏陶和感染，变得越来越爱看书。岳麓山的上上下下，也都留下了他的足迹。

书读得越多，从小就十分聪慧的岑可法钻研的劲头就变得越来越强烈。从某种程度上说，正是在华中工学院长沙分部学习的这一年，岑可法实现了自身的超越。

"环境的改变也能改变一个人。我大一在广州，爱玩，学习比较差，大二，书看得多了，成绩慢慢好起来。"岑可法回忆说。因此在长沙读书，他的内心也是满心欢喜的。

我们都说大学是对人的一场修炼，这不仅仅指的是专业知识和技能的学习，在很多时候也是对一个人思维和看问题方式的改变。

在长沙读书，岑可法不再为自己看不清黑板发愁。

上中学时，最开始阶段虽然岑可法没有怎么好好学习，但是他的视力并不好，到了高中毕业时，视力下降到坐在教室中间的位置就已经看不清黑板上的字了。岑可法怕自己戴上眼镜之后受到身边伙伴们的奚落和嘲笑，就硬撑着一直没有戴眼镜。到了华南工学院也是如此。

要离开家乡到外地学习了，父亲岑藻芬担心视力问题影响儿子的学习，就坚持给岑可法配了一副眼镜。到了长沙上学时，最开始岑可法依旧怕戴了眼镜被嘲笑，所以看不清黑板了也不肯配眼镜，一段时间后，他发现身边戴眼镜的同学并不少，就开始尝试着戴。戴上了眼镜，他感受到了眼镜的妙处，以前看起来总是模模糊糊的黑板他能看得清了，他上课听讲时就更加能集中注意力了。

生活方面，岑可法也快速和湖南长沙实现了融合。

最开始到长沙时，因为语言和风俗习惯的问题，岑可法还有些不适应，但慢慢地他就完全习惯了这里的生活。

岑可法至今津津乐道的是初入湘的新奇："那时我发现长沙的很多湖南人不吃猪的内脏，猪心、猪肝、猪肺通通都不吃。"按他以前的想法，广东人爱吃，这些湖南人也应该爱吃的。到了长沙让他真正感受到了这种不同地域饮食文化的巨大的差异。另外，就是在长沙校区，他平时能感受到的风土人情更是与广州存在着很大的差异。这些新的见识让他深感自己的很多认知都来自对生活的观察和理解，但是如果局限在一个区域，这些认知就会片面，只有行万里路，到更广阔的世界去体验，不停地接触新的东西，才能看到更多不同的东西，学习到新的知识。

若干年以后，当这样的思维被岑可法用到自己的科研和教学中时，也就爆发出更大的能量。

1954年，在长沙校区上完大学二年级以后，因为武汉本部已经具备上课学习的条件，岑可法和班上的同学要被迁到武汉本部的学校。与此同时，桂林、南昌和武汉借读在武昌武汉大学的其他几个分部的师生也要迁往华中工学院武汉本部。秋季开学时，他们就要在华中工学院的武汉本部学习了。

此时的华中工学院武汉部分，教学工作已经完全走上了正规化和系统化的轨道。学院学习苏联经验，建立起全新的教学体系，积极开展教学改革，这种变革的最大受益者是岑可法他们这些大学生。华中工学院在困难中不断探索和突破，孕育出了奋发有为的学校精神气质，当这些融入学生的血脉之中时，在悄然之中变成了他们一生的精神财富。

20世纪50年代的高校调整中，很多高校都经历了重建和变革。这也让今天的中山大学、湖南大学、武汉大学、华中科技大学、华南理工大学等这些名校之间在发展历史中存在千丝万缕的关系。这一轮大规模的院系调整一直到1957年底才基本结束，几乎涉及全国3/4的高校。

高校大规模调整造成了很多高校的动荡和涅槃重生，给部分师生的人生轨迹带来了很大的影响。但岑可法和他的一些同学们对这种动荡的大学学习并没有感到苦恼，反而觉得辗转于不同大学之间的经历帮助了他们的成长。用岑可法的话来说，他们受到了各个大学校园文化的浸润，是这一轮高校调整的受益者。

对岑可法和班上的同学们而言，在大学的变迁中，不同的师资学缘结构以及多元的校际文化相互补足，各渊源院系与专业的教风、教师个人的治学风格以及学术思想形成丰厚多异的教育流派，最后在华中工学院互动整合、互学互鉴、互相欣赏，这种汇聚交融给学校带来的新气象也直接让他们受益。

从长沙迁到武汉的那一年，岑可法刚好进入大三。那个夏天，武汉这座城市和华中工学院刚刚经历一场刻骨铭心的抗洪。岑可法因为暑假回家没有参加学校的抗洪，开学后他还是为学校的不少同学在抗洪中的经历和故事所感染。在这所全新设立的大学校园中，尽管当时缺乏历史和人文的底蕴，但岑可法体味到另外一种全新的活力。除了一些专业的传承，这里的一切几乎都是新的。虽然条件十分艰苦，但到处都显现出生机和活力。在这样的环境中，岑可法放下一切杂念，如饥似渴地学习。

岑可法发现，这里的老师、同学都来自全国各地更为广泛的地域，北方的同学非常多。跟北方同学比起来，他个子小，球场上需要横冲直撞时没有优势，那么，自己的优势在哪儿呢？

"我一直有个观点，宁为鸡头，不做凤尾。一个人不可能什么都很强，但每个人有每个人的长处，要有自己所长的地方。"岑可法说北方的同学人高马大，南方的同学小巧矫健，北方的同学忠厚，南方的同学灵活。"我打球打不过北方同学，所以我就认真考虑怎么学好功课，自己总得有点学问才行，想在班里搞出点名堂。"于是他把很多的精力放到了学习上。

大三、大四时，岑可法很喜欢担任课代表，他的想法是当课代表向老师请教问题更加方便。这时候的他已经对专业课产生了浓厚的兴趣，为了吃透一个概念，他时常会把国外的教材和中国的教材对照来看，还把国内不同大学的教材对照起来看，甚至经常找老师讨论。

岑可法从来不机械地学习知识和理论，在比较不同教材之间的差异时，他也总是在思考为什么讲得不一样。

就这样，岑可法的成绩越来越好，最后竟成了班上拔尖的学生。后来，他能通过难度极高的留苏预备生选拔考试，也就不足为奇了。

好胜心强，或许是岑可法在大学时代脱颖而出的性格原因。初中时的"小混混"竟不知不觉混成了学霸，这种巨大的变化发生在岑可法身上，看似偶然，实则必然。

岑可法说，大学生学习主要靠自己学，而不是靠老师灌输，老师越是没想法，越只会灌输，学生就越被灌输得没想法，老师越有想法，越会对学生施以启发式教育，学生才越有想法。"现在很多学校教育不锻炼想法，只锻炼重复性。"岑可法认为这样的教育很难培养出真正的人才。

大学虽然提倡自学，但有好的老师指路和引领至关重要。岑可法非常幸运，在华中工学院他遇到了自己的恩师马毓义。

马毓义（1917～2007 年）是广西桂林人，热能工程专家。他在1937 年考入浙江大学，1942 年毕业于浙江大学机械系，1946～1953 年任广西大学讲师、副教授；历任华中工学院教授、动力系主任、副院长，是华中工学院（现华中科技大学）煤燃烧国家重点实验室的开创者、首任学术委员会主任，首批博士生导师。

马毓义在工业热力学、锅炉燃烧过程等方面的研究有着非常深厚的造诣。岑可法在武汉的华中工学院本部遇到马毓义老师时，他还是一位年轻的老师。但岑可法跟随马毓义学习不久就喜欢上了这位老师，马毓义也非常喜欢这个爱钻研、爱提问题的学生。在马毓义的引导下，岑可法一步步把自己沉浸到锅炉的世界里。

因为在美国留过学，马毓义的英文很好，但最开始并不怎么会俄语。在那个年代，设计电厂和动力设备的重要和关键技术和方法在欧美国家的公司都是保密的，只能通过苏联资料了解，他以极大的毅力自学俄语，参照苏联标准教学生们用中国特色来设计电厂和动力设备的方法。马毓义清楚地知道，把这些技术了解清楚，并传授给学生们，对中国的发展实在是太重要了。这样，岑可法他们这些学生就能把中国能源和动力设备进行定量化具体化设计，做到理论结合实际。

马毓义自学外语指导学生的授课方式若干年以后又传承给了岑可法。岑可法在"文化大革命"时期自学英语，并且用到指导研究生低温燃烧制备核燃料和二氧化碳核潜艇动力装置部分。

唐代大文豪、思想家和教育家韩愈说，"古之学者必有师。师者，所以传道授业解惑也。"其中，"传道"位居首位，马毓义以自身为榜样，在如何更好地给学生们传授知识方面竖起了一面大旗，而后，岑可法又接过了这面旗帜，这就是师承的力量。

在华中工学院上学时，岑可法心底学习的动能完全被激发了。钻研在锅炉的世界里，他似乎感觉到自己每天都有源源不断的学习能量，提出问题，寻找问题的答案，他每天都乐在其中。

那时，岑可法已经有了自己的偶像——"中国的保尔·柯察金"吴运铎。20 世纪 50 年代，吴运铎的自传体小说《把一切献给党》出版，这本书深深影响了正在读大学的岑可法。虽然此前岑可法已经通过零散报道知道一些关于吴运铎的故事，但远没有从书本上读到的故事带来的震撼更大。

1917 年出生于江西省萍乡市安源煤矿的吴运铎 1938 年参加新四军，在抗日战争和解放战争中，历任新四军司令部修械所车间主任，淮南抗日根据地子弹厂厂长、军工部副部长，华中军工处炮弹厂厂长，大连联合兵工企业引信厂厂长。这位新四军兵工事业的创建者和新中国兵器工业的开拓者，在艰苦的革命战争岁月，带着 7 名学徒，每年为前线生产子弹 60 万发，为了生产与研制武器弹药，他不顾个人安危，曾经 3 次负重伤，身体严重致残，留下伤口 100 余处。他左手被炸掉 4 个指头，左腿膝盖被炸开，左眼晶体被炸破，右脚被炸掉，仍以顽强毅力坚持战斗在生产第一线。在最为痛苦的时候，他就翻开苏联小说《钢铁是怎样炼成的》，小说中主人公保尔·柯察金在苦难和逆境中不畏艰难、永不言败、挑战病魔并顽强生活的英雄行为鼓舞了他。他反复地念着书上的这几句话："我只要求给我留下一点能够维持生命的东西，一颗心脏和一叶肺，我还要顽强地斗争下去。"

《钢铁是怎样炼成的》中的保尔·柯察金毕竟是虚构中的人物，虽然也能够激励岑可法，但远没有吴运铎给他带来的震撼大。岑可法自身幼年时期在战乱中的生活漂泊动荡，他早就体察到山河破碎的艰辛，吴运铎为了祖国的未来如此拼命深深地感染了他。他更加深刻地认识到他和同学们能够安定地学习实在是太不容易了，他也给自己下定决心，要苦学先进的科学技术，多为国家做贡献。

在后来的人生道路上，无论是宿于猪圈旁，还是蜗居斗室，吴运铎都是岑可法心中的一盏明灯。每当自己遇到困难，甚至工作受伤的时候，他都会以此激励自己。

留学苏联

岑可法的内心中也早已立下志愿，自己要像父亲一样，能够出国留学，这样将来才能为国家做出更大的贡献。他已经了解到，华中工学院自成立以后，每年都要派老师和学生到苏联和东欧的一些社会主义国家学习。

当时，新中国成立不久，百废待兴，派遣留学生出国学习先进科学技术成为一项重要国策。当时西方国家对新中国并不友好，岑可法不能像他的父亲一样可以留学法国，能够留学的国家十分有限，主要是苏联和东欧等社会主义阵营的国家。岑可法想出国留学的目的地是苏联，他知道他所在的专业，只有到苏联留学，学到更高水平的技术，才能够更好地为国家做贡献。

1955 年冬天，已经读大三的岑可法放寒假回家探亲，被父亲岑藻芬单独叫到房间里，父亲一脸神秘但又难掩喜悦地对岑可法说："有人到我们学校调查你的家庭背景了。"

不久以后，岑可法就通过了家庭背景调查。

"国家要选一批人到苏联、东德、波兰、捷克留学，需要先进行统考。考前半年，就开始调查学生家庭出身，家庭历史清白才有考试资格。"岑可法后来回忆，他所在的热力发电专业总共两个班，他是班上的南方人中唯一一个有资格参加考试的。

当时中国送学生出国留学压力并不轻松。根据当时的说法，那时送一名留学生到苏联学习的费用相当于国内 25～30 名大学生的费用。但是从战争创伤中站起来的新中国要大规模进行现代化建设和科学技术的发展，就必须勒紧裤腰带送大量的留学生出去。他们陆陆续续回来以后，在各个战线上参与或者挑头进行国家项目的建设和科学技术研究，中国才能更快地得到发展。

1956年本科毕业时，年龄没有超过35岁限定的岑可法通过了政治审查、身体条件检查和国家派遣留学苏联相关研究生科目考试。那一年岑可法他们的热力发电专业两个班留学苏联总共考上了3个人，他是其中之一。

留学要求规定，留苏研究生在大学毕业以后要从事研究工作或实际参加与其所学有关的工作一年以上，并且是成绩优良、的确有钻研精神的人。根据安排，岑可法需要先在华中工学院实习一年，而后到浙江大学工学院电机工程学系热工教研室进行教学及科研工作锻炼一年的时间。华中工学院实习结束后，他第一次走进了浙大。

在浙大工作了一年时间以后，岑可法到北京外国语学院留苏预备部进行出国前的学习准备。在这里，岑可法见到了更多的准备去苏联或者其他东欧国家留学的同学，他们大都是从全国各个著名高校挑选出来的青年才俊。

北京留苏预备班学习时岑可法（左）与同学合影

风华正茂的年岁，每个人都有自己绚丽的理想。当钱伟长问大家去苏联学习的志愿时，很多同学都迫不及待地说出自己的志向，譬如"燃气轮机""航空发动机""火箭""舰艇制造"等等，这都是当时的一些尖端技术，钱伟长露出了满意而又鼓励的笑容，因为这些技术的学习对中国的国防、航空航天事业未来的发展实在是太重要了，这在当时的中国科学界也是众所周知的事情。轮到岑可法说明自己的志向时，"锅炉！"他所发出的一个并不很响亮的声音，令室内的空气似乎僵住了一秒。

钱伟长是我国著名的物理学、力学、应用数学家，1955年被选聘为中国科学院学部委员（院士），后来被称为"中国力学之父"。虽然他见多识广，但对岑可法的志向还是感到有一些诧异。

"为什么呢？"当这样的疑问被钱伟长抛给岑可法时，他坦然地回答说："我也非常愿意搞尖端技术，它对国家发展帮助很大，但我认为民用工业技术同样需要人去做，而且锅炉燃烧技术我们比人家落后很多。他们都去学尖端技术，那我就去学锅炉吧！中国是产煤大国，煤的燃烧关系着国计民生！"

准备和岑可法一起去苏联留学的部分同学对岑可法的选择依旧有些想不通，在他们的意识中，又脏又笨重的锅炉有什么好学的？

在当时看来，岑可法的选择的确有一些出人意料，可以说完全是不按常理出牌，这让他似乎失去了接触尖端科技的机会。但钱伟长理解了岑可法的想法，并对他的想法予以支持。其实，岑可法当时没说出的话还有很多，那时锅炉技术特别是煤的燃烧技术还有很多问题有待解决，这是他在自己的学习中就已经了解到的事实，他也希望自己将来有一天能够解决煤及其他物质锅炉燃烧技术中的一些难题。

直到今天，岑可法依旧对自己到苏联留学专业的选择丝毫不感到后悔，反而是他当时独树一帜的选择为他日后的学术成就埋下了伏笔。谁也不敢说岑可法如果当时和大家一样选择国防、航空航天等领域中的一些尖端技术，日后难以取得巨大的成就，事实上，20世纪50年代不少这些专业的学生在学成回国以后都取得了巨大成就。譬如童恺从事卫星应用研究，曾经担任北斗一号卫星应用系统总设计师，是我国著名卫星测控技术和卫星应用技术专家；崔国良作为固体火箭推进剂与发动机专家，负责研制成功多种推进剂，使我国成为拥有当今最先进推进剂的国家之一；林华宝负责研制成功我国第一个卫星回收系统，成为空间返回技术专家；姜景山是我国航天遥感技术的倡导者之一、微波遥感技术的主要开创者；孟执中是中国著名的气象卫星专家、"风云三号"卫星总设计师。这些科学家们也都成为中国工程院院士。此外，还有几十位曾留苏的院士都在自己的专业领域内促进了我国国防科技和航空航天事业的发展，为使我国成为世界航天强国作出了巨大贡献。以岑可法的天赋和钻研劲儿，在这些领域他肯定也会成为一个出色的科学家。但在岑可法的潜意识中，他更愿意在还没有人走过的荒野中蹚出一条路来，这样他的科研人生才能够发挥更大的价值。

"我觉得在人生选择的一些关键阶段，想问题时要全面考虑，要有自己的主见。不管去做什么工作，只要认真去做总能搞成功的……"数十年后，每当有人问到当初他留苏时的选择时，他都如是说。

到北京后，岑可法和同学们的生活条件也大为改善。虽然当时国家很困难，国家还是特别照顾了预备留苏的学生，他们依旧每天都能够吃到十分丰盛的食物。这种特殊待遇是周恩来总理在 1952 年就安排下的。"出国留学生不能搞得面黄肌瘦，国家再穷，也要保证他们的健康。"当时周恩来已经作出指示。

那时他们的伙食标准每月 15～16 元，午餐和晚餐都是四菜一汤，早点花样也很多。北京外国语学院留苏预备部的早餐除了大米稀饭以外，还有白面做的花卷。进入学校刚开始吃第一顿饭时是早餐，有的学生舍不得把花卷吃完，偷偷藏在口袋里准备饿了的时候再吃，哪知到了中午的饭菜更丰盛，什么都有。以后同学们不再偷偷在口袋里藏馒头了。

从当时的一些档案材料中可以看到:高中毕业生每人每月伙食费15元,津贴3元;大学毕业生每人每月伙食费15元,津贴7元;调干生(工农速成中学)每人每月伙食费15元,津贴11元。相比国内一般大学生和机关干部而言,学员们的生活水准是比较高的。这样的生活标准让很多一直在困境中长大的学生像是一下子进入了天堂。

当时的留苏预备部还肩负着留学人员出国的一切准备工作。由于当时留学活动是国家包揽,全部负担,所以出国留学生的所有费用和生活物资全部由国家供给。每人满满两大绿帆布箱装了供五年用的衣物,此外每人还发一个上课使用的装书和文具的小皮箱。

1958年12月,已经是十分寒冷的冬季,岑可法和获准留学苏联的同学们热情似火,他们在内心澎湃中踏上了奔赴苏联留学的行程。岑可法他们先从北京乘坐火车到达满洲里,然后再从满洲里换乘火车去苏联的莫斯科。岑可法回忆说,他们整整坐了7天7夜才到达莫斯科。

岑可法是第一次乘坐这么长距离的火车,每天绿皮火车穿越在广袤无人的西伯利亚雪原,挺进在白雪皑皑的森林草甸,车厢里播放着欢快的苏联歌曲,群山、草原、白桦林、贝加尔湖、俄罗斯乡村相继映入眼帘,每时每地的景色,每个站台的风格,都各有不同。岑可法常常被这些景象震撼着,兴奋着,夜里也睡不着。在城市与村庄靠站时,有时他和其他同学们一样,走到站台上走一走和四处张望。有时他并不下车,只是静静地望向车窗外,远处星罗棋布的葱头圆顶教堂,就像童话里的宫殿。他在心底也有着自己的心思,因为他终于可以和父亲一样,能够奔赴国外学习先进科学技术报效祖国了。

那一批留苏学生中,岑可法是一个另类,他是唯一一个选择留学学习烧锅炉的学生。但岑可法的选择其实也并不是特别出格,因为当时出国留学生是根据国家建设的实际需要派遣的,祖国的需要是留学生选择专业的首要考虑因素。

岑可法选择的烧锅炉也是国内多个领域所实际需要的。

岑可法的幸运还在于，到达苏联以后，他也没有被更换专业。有的人就没有他那么好的运气，譬如想学经济的被要求学地质，想学俄罗斯语言文学的被要求学习铁路等等。岑可法最终还是学习他出国时所选择的，尽管他主动申请给自己更换过学校。

岑可法更换学校与一本书有关。在去莫斯科的旅途中，岑可法带着一本苏联克洛烈（г.ф.КHoppe）教授的学术专著《炉内燃烧过程》，这本书已经被他"啃"了好几遍，连纸张都磨得卷边了，但这本书写得如此之精湛，他认为，这才是他心中一流燃烧学家所该有的水平！

"如果我能找到克洛烈，我就要跟他学。"他隐隐约约生出了这样一个念头。

到莫斯科以后，岑可法被安排在莫斯科动力学院，这所成立于1930年、位于莫斯科市中心的大学是苏联最著名的大学之一，现在在俄罗斯也是最重要的动力、电能、电子和信息学大学。从1946年开始，莫斯科动力学院就开始为外国培养工程技术人员。二十世纪五六十年代，除了国务院前总理、全国人大常委会前委员长李鹏之外，中国还有许多政治家、科学家都在此学习和生活过。这所大学的热能工程专业在岑可法留学时也不错，但岑可法并不是很满意，因为他觉得这里的老师不是最权威的，他想找一个更好的地方学习。

"我来苏联留学是来找学问的，找学问首先要找个好老师。"岑可法又想起了克洛烈教授。他在莫斯科动力学院开始查资料了解克洛烈教授的更多信息，很快他查到克洛烈是在同样位于莫斯科市中心的莫斯科鲍曼高等技术学院（1989年7月更名为莫斯科国立鲍曼技术大学），这不是一所一般的学校，它是俄罗斯最古老且成就最高的科技大学，其在苏联和后来的俄罗斯都是排名第一的理工科高校，地位相当于我国的清华大学。这所起源于1826年的大学最早是由玛丽亚·费奥多罗夫娜皇后签署命令创建的技工学校，1830 年 7 月尼古拉一世皇帝亲自批准了它的技工学校地位，当时叫莫斯科手工业学院，到 1868 年这所学校已经由手工业学院发展成为专门的教育机构——莫斯科皇家技术学院，并很快成为俄国最大的科技和学术中心。到了苏联时期又更名为莫斯科高等技术学院。在这里工作学习过的学者有著名的化学家门捷列夫，"俄罗斯航空之父"茹科夫斯基，"火箭之父"科罗廖夫，著名飞机设计师安德烈·图波列夫、帕维尔·奥西波维奇·苏霍伊，工程师舒霍夫等一大批闻名世界的科学家。想进入这所大学学习，是非常不容易的。

岑可法是一个比较内向而腼腆的人，一般的事情也不敢去麻烦别人。这次为了更好地学习自己选择的专业，岑可法大胆了一回。他鼓起勇气给中国驻苏联大使馆写信，表示希望能转到莫斯科鲍曼高等技术学院跟克洛烈教授学习，并说明了自己想转学的理由。

抓住一切可能的机会，不按常理出牌，这是岑可法求学和做事的风格。在那个一切服从祖国安排和需要的年代，岑可法是极其幸运的。为了自己更好地学习，他敢于鼓起勇气大胆地给大使馆写了信，大使馆居然也破天荒地帮助协调这件事情，而且还很快就办妥了！这样的事情在现在都是不可想象的。

从岑可法提出申请到完成转学只用了一个月时间。进入莫斯科鲍曼高等技术学院以后，岑可法非常受重视。"莫斯科动力学院中国人较集中，而莫斯科鲍曼高等技术学院中国人很少，我们研究所就我一个中国人，所以也更受重视。"在这里，岑可法也见到了自己梦寐以求的老师克洛烈教授，并且就是在他的门下学习。

受重视也意味着更高的要求、更严格的训练。进入克洛烈门下之后不久，岑可法就被导师来了一个下马威。

为了测试岑可法的底子怎么样，克洛烈对岑可法进行了一次基础燃烧学理论考试。岑可法认为自己此前在国内有关燃烧学的东西已经学得够扎实的了，考试前就没有做充分的准备。结果考试不及格，在导师面前出了洋相。岑可法这次考试之所以会遭遇"滑铁卢"，主要是因为他此前学习和了解到的只有高温燃烧，结果考试的一个重要提问是：什么是低温燃烧？可这，他此前还从来没有接触过。

吃一堑，长一智，而后岑可法越发严格要求自己努力学习，成绩很快就达到了优秀，并开始在克洛烈的指导下，自选课题开展旋风炉燃烧流体力学的理论研究，让他刻骨铭心的低温燃烧也成了他的重要研究内容。

多年之后，谈及在克洛烈教授门下学习的体会，岑可法回忆道，克洛烈教授是苏联的犹太人，当时已近 70 岁，平时住在一座森林里的花园别墅里，因为年纪大了，所以并不经常到研究所来，但是对学问极为认真严格，要求岑可法每两个礼拜去他家里交谈汇报一次。克洛烈认为严师才能出高徒，对岑可法的要求也十分严格，要他独立自主去学习，自选课题，自主完成论文的任务，使他做事也形成了严于律己的风格。

岑可法去向老师汇报之时，克洛烈常常会把岑可法留下来吃饭游玩，让这个在异国他乡求学的年轻人感受到家一般的温暖。

那时，中国留学生在苏联的学习也并不是完全枯燥无味的。为了让中国留学生学习和了解更多的东西，苏联方面为中国留学生提供了很好的条件。譬如，为了帮助外国留学生更多地了解苏联的风土人情，苏联共青团中央在 20 世纪 50 年代多次组织外国留学生暑期沿着伏尔加河和顿河游览，许多中国留学生可以借此机会饱览苏联的迷人风光。不少中国留学生还对苏联的疗养制度印象深刻。当时的苏联宪法规定每个苏联公民都有休养的权利，中国留学生也一样能享有，每个学校都会组织学生进行为期 10～15 天的免费疗养。

但这样的活动岑可法参加得并不多，也没有参加苏联为留学生们提供的长途旅行机会，除了参加一些户外的体育运动，大部分时间他都把自己泡在学校的图书馆里。

1960 年，岑可法在苏联莫斯科拍摄的照片

1960 年，在莫斯科郊外滑雪的岑可法

这时中苏关系却在走下坡路。由于苏联逐渐推行霸权主义政策，企图把中国纳入与美国争霸的轨道等一系列的动作，中苏关系趋于紧张，并在 1960 年初走向恶化。7 月 16 日，苏联政府照会中国政府，决定自 7 月 28 日到 9 月 1 日，撤走全部在华苏联专家，中苏关系宣告破裂。很快，全体留苏学生也被要求返回北京。岑可法他们是乘坐火车返回的。1958 年到苏联留学时，北京和莫斯科之间我国还没有开通国际列车，只能乘坐苏联的列车。1959 年 6 月 4 日，我国运营的横跨欧亚大陆的北京—乌兰巴托—莫斯科 3/4 次①国际联运快速列

———————————

① 1998 年 10 月中国铁路实现第二次大面积提速，列车车次在中国境内因此变更为 K3/4 次快速列车。

车正式通车。该线路贯穿欧亚大陆，途经中国、蒙古国、俄罗斯三国，全程 7800 多公里，是中国铁路史上里程最长的旅客列车。

莫斯科至北京的 004 次（俄罗斯、蒙古国境内）/4 次（中国境内）列车每星期二在莫斯科雅罗斯拉夫尔站发车，运行时间差不多六天六夜，于星期一抵达北京站。岑可法他们返回时正值盛夏，列车在广袤的俄罗斯领土上奔驰，一路风景极佳，景色和到苏联留学时的寒冬季节全然不同。岑可法和一些同学虽然偶尔也在列车停靠的时候走上站台看看风景，但他们的心却忧郁着，忐忑着，他们不知道自己还能不能顺利在苏联完成自己的学业。

回到北京时，岑可法和同学们住在清华大学学生校舍集中学习了一个月。为了给留苏学生们"接风洗尘"，清华大学特意杀了一头猪。

1960 年暑假岑可法回国全家福，从左至右第一排大哥岑可为、父亲岑藻芬、母亲曾琼仙、大嫂、第二排为妹妹岑丽姗、大姨、岑可法。姐姐岑丽霞当时在北京未能一起拍全家福

岑可法他们这一批赴苏联留学的学生留学时正是国家最困难的时候，一想到即使在这么艰难困苦的情况下，国家还派他们出国学习，他们更加坚定了努力学习和科技报国的决心。

秋季开学前，岑可法顺利返回了莫斯科鲍曼高等技术学院。有了回国的见闻后，岑可法学习比之前更加认真刻苦了，他身边的大部分中国留学生也都是如此。包括岑可法在内的中国留学生大都深知自己身上背负着国家富强和民族振兴的重任，很少有人敢有一点懈怠。他们发奋用功，用自己的汗水和坚毅谱写了中国留学生的精彩一笔。岑可法知道出国留学的机会来之不易，学好本领是祖国赋予他的使命。他如饥似渴地学习专业知识和俄语，只为有一天能够好好报效自己的祖国。

那一段时间，抗日战争时期的颠沛流离和生灵涂炭的场景也经常闪现在他的眼前，他深刻地懂得，祖国要变得强大起来，就需要先进的科学技术来支撑。

1961 年，岑可法在莫斯科鲍曼高等技术学院做实验时的留影

1962 年 4 月，岑可法通过了副博士学位论文答辩，论文题目为"旋风炉内湍流结构的理论和试验研究"，他的论文获得了评阅人及答辩委员会的好评，1962 年 7 月被授予副博士学位。

一些人可能有些狐疑，为何不是博士学位，而是副博士学位？这与当时苏联设置的学位制度有很大的关系。

苏联为了奖励科学工作者，大力推进科学事业的发展，在1934～1935年就建立了学位制度。苏联的学位有两种，即博士、副博士。一个人如果获得了副博士学位，不仅意味着他已经掌握了马克思主义的一般理论知识，而且还具备了本门科学的专门知识，并有着独立从事科学研究的工作能力，此外在某些问题上还能够提出新的见解或新的发现。副博士学位是获得博士学位的一个必经阶段，一个科学家在获得副博士学位以后，还必须对自己的专业有更广泛深入的认知，承担一些科学推广和研究工作，并在促进本领域科学技术发展中取得优秀的成绩，才能进一步请求参加博士论文的答辩。这意味着还必须通过工作研究实践数年甚至是更长的时间。"如果我要拿到博士学位回国，在当时至少还需要三到四年的时间。"岑可法说。

中国那时的国情不能够支持绝大多数学生能够留学这么长的时间。这也是当时从苏联毕业回国的留学生，大部分都是获得副博士学位回国的重要原因。

当时的留苏归国人员中，拿到有关锅炉清洁燃烧学位回到国内的仅有岑可法一人。他是华中工学院当时热力发电专业两个班选拔出来的派苏留学的3人中唯一一个顺利毕业并拿到副博士学位的学生，他也成为我国热能动力专业中第一个从苏联拿到副博士学位的人。

广州、长沙、武汉、杭州、莫斯科，这几个城市连点成线，便是1952～1962年岑可法整个大学学习生涯的求学轨迹。大学期间是一个人求学与能力成长的黄金时代，踏入一所大学的熔炉就可以锤炼一个人。岑可法说他比别人更加幸运，他把6所高水平大学都装入了他的大学熔炉。少年时代的向往在他心中种上了中山大学的种子，他又踩着中山大学的文脉上了华南工学院，在华中工学院的借读中体味到了湖南大学千年的风骚，而后在新生的华中工学院实现人生的跳跃，浙江大学短暂的实习工作经历为他日后人生的选择和事业的迸发埋下了伏笔，最后留学莫斯科鲍曼高等技术学院并获得副博士学位的经历为他日后的发展扎牢了根基。

与 6 所大学结缘，从进入大学到获得苏联燃烧学副博士学位，正好 10 年的时间，这让岑可法彻底蝶变。也正是这 10 年，岑可法的人生发生了质的飞跃，他从少年时代的一个顽皮少年成了一个能够站在当时的锅炉清洁燃烧前沿并且满含报国热忱的青年科技才俊。世界上又有多少人能够有他这样的运气呢？

公派留学 4 年，祖国提供的苏联留学津贴岑可法舍不得花，不是必需的支出他就不开支。钱要用在刀刃上，这是他的想法，而书就是他的"刀刃"。岑可法用省下来的钱买了 400 多本书，装了满满 5 大书箱。1962 年 7 月岑可法从苏联归国时，这些书籍成了他最重要的宝贝，尤其是其中的科研书籍，他几乎一本不少地带上了火车。他知道，回国以后，就是他们摩拳擦掌开始为国家效力的时候了，到时候他带回的很多书籍都会大有用处。甚至当时回国购买火车票的钱都是岑可法自己省下的，他说那个时候自己报效国家除了努力学好专业知识，另一种最好的方式就是帮国家省点钱。

"国家花了这么大的代价培养我们，现在学成归来，是该发挥我们聪明才智的时候了！"这样的念头一路伴随着岑可法的归途。当 004 次列车穿过蒙古茫茫的草原和大戈壁，进入中国国境的时候，岑可法的眼睛湿润了，他感觉到自己全身的血液也都沸腾了起来。

第五章

到浙大"打天下"与21年助教

1962 年 7 月从苏联回国后，岑可法的内心也激荡着，他的科研人生即将在脚下铺开。

两所国内著名大学都向岑可法抛出了橄榄枝：一所是国内顶尖的清华大学，1952 年清华就成立了动力机械系①，这里的岗位完全适合他的教学和研究工作，当时这里已经聚集起了一批搞科研的骨干力量。另一所是浙江大学，浙大热能教研组 1961 年才刚刚创建不久，虽然此前从 1953 年浙大基础部的热工教研室开始已经发展了 8 年时间，但力量还比较薄弱，也还没有像岑可法这样的留苏生回国加入。

是选择清华还是浙大？处于岑可法当时的情景，估计绝大部分人都会理所当然地选择清华，那时清华的名气要远远超过浙大。其实就是到了现在，清华的名气依旧在浙大之上。岑可法是怎么抉择的呢？

去哪所大学工作既是岑可法的职业选择，也是他的人生选择。犹豫不决之际，一个场景在岑可法的脑海中浮现出来。他记得之前留苏中途回国在清华学习时曾经在清华大学漫步，他看到清华大学校园内种了很多高大的树木，每一棵都很茂盛，就像一个个拥有高水平研究能力的工作人员，每个人都可以独当一面。当时他就在默默地想，如果自己加入进来，那么自己所能做的也就是保证校园里多一棵树而已。副博士毕业回国后，他的这种思想更强了，但同时他想到如果去了浙大，自己这一棵树就有可能是主心骨，甚至将来可能会有个有战斗力的团队。并且，岑可法认为越是没出什么成绩的地方，就越能做出贡献来。想清楚了这个问题，他心里的天平已经偏向了浙大。何况他去苏联之前已经在浙大工作了一年的时间，对浙大的情况也算比较了解。

浙大电机工程学系的陈运铣教授也关注到岑可法。陈运铣是浙大热能动力装置专业的奠基人，他在 1942 年毕业于浙江大学机械系，

---

① 1978 年改名为热能工程系，即今天的清华大学能源与动力工程系前身。

而后去美国留学，获得科罗拉多大学机械工程硕士学位，1947年进入浙大任教。

陈运铣想把浙大的热能动力装置专业做起来，关键是缺少人手，此外，专业开设时间短也是一个重要因素。浙大是1957年才开办热能动力装置专业，而全国排名靠前的那些工科类大学开设这个专业都比浙大早，像岑可法的母校华中工学院，1951年就办这个专业了。浙大要把热能动力装置专业做起来，就必须招募具有专业能力的人才。

陈运铣教授

岑可法留苏之前在浙大工作时，陈运铣就认为岑可法是个人才，他也早就看上了岑可法。据说为了引入岑可法，当年陈运铣还专程去北京要人，他的爱才之心让岑可法很受感动。

最终，岑可法选择了浙大。

甘愿从助手做起

岑可法那代人，大概都有英雄情结。"把差的地方办好，这才是英雄本色！"多年后，岑可法直言，他选择浙大就是要来"打天下"

的，因为浙大热能动力专业刚起步，正适合打天下。

当年分配到浙大的留苏生加起来总共才 7 个，分布在热能、建筑、化工等各专业。留苏生的到来，让浙大寄予了厚望。

岑可法到浙大报到后不久，时任浙大校长陈伟达找岑可法谈话，问他是想独当一面，自己独立地做研究，还是想先给老先生当助手，共同推动学科的发展。

"给陈运铣先生做助手！"岑可法的回答没有一丝犹豫。

岑可法的选择让身边的部分同事觉得不可理解，这一决定在当时回国留学生中实属罕见。他们这一批留苏回国分配到浙大的 7 个人中，也只有他一人选择了当助手，其他人都觉得自己能担当大任，完全有能力自己独立地做事情。在那个时代，正是需要人才之际，敢于挑重担挑头做事情是一种理所当然的选择。

岑可法有着自己的想法，他觉得，自己当时 27 岁还很年轻，而他所从事的煤的燃烧与利用技术的研究工作属于过程工业，要知识又深又广才能做出来，他们常常面对的是大设备，完成的是大事情，一个人是打不了天下的，需要多人协作，依赖的是集体的智慧和力量。在最开始阶段，他宁愿从助手开始做起，一起把大事情一件件地做好，这些事情做好了，单位的声誉就上去了，他个人也会迎来更大的发展空间。

如果是前沿的基础科学研究，大量成果的涌现主要依赖于个人的努力和发现，还有运气的加成。岑可法的这种选择，对自己的职业生涯发展可能不是一种最好的选择。不过就科学工程和相关技术的研究而言，岑可法的想法无疑是正确的，集体的力量更有利于出成绩。

浙大的环境也是岑可法所喜欢的，其学校规划设计虽然比不上他早年向往的中山大学那么气派，也比不上清华大学那样婉约隽永，但他觉得这里就是他从事教学和研究工作的福地。

直到今天，岑可法依旧很庆幸自己当初所做出的选择，他在老和山山麓的浙江大学玉泉校区度过半个多世纪的岁月，在这里，他流下了数不清的汗水，也书写出了自己人生的辉煌。

今天，位于老和山山麓的浙大玉泉校区已经是浙大老校区，也远比不上紫金港新校区气派，但这里却是浙大的灵魂，正是从这里出发和不断发展，浙大得以走向更加广阔的世界。

走进玉泉校区，一栋栋教学楼掩映在绿树丛中，人们三三两两地走在种满梧桐的林荫道上，自行车络绎不绝，小汽车几乎占满了停车位。大学里，永远有一种振奋人心的朝气。

从花岗石饰面的北侧校门进入，最靠近校门的教十一楼前草坪内，是一块1992年挖掘出土的"求是书院界碑"，界碑静卧在香樟树下，青苔漫漶。从校门由西向东望，能看到连绵逶迤的老和山，以及老和山下正对校门的图书馆，第一至第六教学大楼则是沿中轴南北对称、依次排列。

20世纪50年代初，从之江大学转来浙大土木系任教的何鸣岐先生领衔设计了玉泉校区最早建造的一批建筑，他的古建知识和构造功底扎实，仅用一支2B铅笔，就画出了全部图纸。

1938年11月19日，在校长竺可桢的倡议下，浙大校务会议将"求是"定为校训，之后他又多次阐述"求是"的内涵：追寻真理、明辨是非、爱国救亡、奉献社会、勇于牺牲。

竺可桢是气象学界、地理学界的一代宗师，也是我国近代科学家、教育家的一面旗帜。1936～1949年，竺可桢担任浙江大学校长13年。在抗日战争的烽火中，当岑可法在广东四处逃难之时，竺可桢校长也率领浙大师生员工西迁，坚持办学，历时3年，行程五千里，谱写了一部伟大的"文军长征"史。当时国内物价飞涨，师生们一路奔波，生活困顿。在极其艰苦的岁月里，竺可桢校长倡导"求是精神"，汇聚和保护了一大批知识分子精英。他们陋室栖身，俭餐淡食果腹，却依旧胸怀报国之志，创造了累累教学科研成果。

正是在"求是精神"的引领下，浙大培养了一大批如李政道、程开甲、叶笃正等蜚声中外的科学巨子，为中华人民共和国成立后科学事业发展储备了重要的人力资源。

在竺可桢的带领下，浙大不仅保全和培植了数量极为可观的教育和科技人才，而且使浙大从一所地方性大学崛起并成为全国的著名大学之一，在中国现代教育史上留下了灿烂的一页，并被英国著名学者李约瑟誉为"东方剑桥"。

竺可桢卓越的教育思想、执着的求是精神成为浙江大学办学宝贵的精神财富和指引浙大人奋发进取的旗帜。虽然岑可法后来并没有在浙大与这位老校长相遇，但老校长在浙大留下的精神财富深深地影响着岑可法等后来者。

玉泉校区的第一、第二教学大楼是浙大众多工科专业的发源地，孕育出机械、电机、光学仪器、内燃机、热物理、液压、材料等专业，并在此基础上，发展成为现在的机械设计与制造、电气、材料、热能、光仪、科仪等院系。

热能的全称为热能与动力工程专业，从字面上理解，很容易让人联想到燃烧。1953 年，浙大基础部成立热工教研室，给学生讲授热力学与传热学课程。1956 年，浙大筹建热能动力装置专业，属于机械系，开始首批招生。1957 年，国家高教部发函同意浙大增设"热能动力装置"专业，属于电机系，浙大热能专业由此发端。

1961 年，浙大燃烧、传热理论与技术教研组成立(简称为热能教研组)，首位教研组主任就是陈运铣先生。

岑可法来到浙大热能教研组之后，此后 20 多年里一直是陈运铣最得力的助手。

热能教研组彼时还属于电机系，电机系在第二教学楼办公。其中热能教研组有三个办公室：锅炉燃烧、动力机械和发电厂、汽轮机各一个。由陈运铣担任热能教研组主任、电机系副主任。

1962～1965 年，陈运铣是浙江省人大代表，这期间陈运铣一共招了 7 名研究生，因为行政工作太繁重，具体带研究生的工作就都交给了自己的助手岑可法。

岑可法回忆，从指导研究生安装实验装置、做实验再到写论文，他经常都是手把手地带，花了很多时间和精力，也学到了很多方法和经验。陈运铣则是完全放手让岑可法大胆地想各种办法带学生，只有在一些最为关键的事情或者实验环节，他才过问一下或者出面指导。岑可法觉得，这是陈先生对自己的信任和锻炼。

岑可法也是一个敢想敢干的人。"第一、二个研究生，是 1962 年进来的。做什么课题呢？当时我们就想，浙江用的煤大都是从 1000 多公里外的山西运来，运费贵，浙江省有大量的劣质石煤，它们可否用于浙江省的工业燃烧？我们就想办法去进行一些实验。"

1963 年，岑可法又新带了两个研究生，主要方向是多相流动测量。当时国内还缺乏比较先进的测量仪器，岑可法就想办法带着学生进行各种尝试。

那时候的浙大，如同全国其他很多地方的高校一样，教学条件很艰苦，不过从小吃过各种苦的岑可法很快就适应了。

岑可法最开始在浙大时的研究任务并不多，辅助陈运铣之外，在空余的时间他就在第二教学大楼里给学生们上燃烧理论课程。

物质燃烧现象也就是火的发生是古代和近代化学的重要研究对象。火与人类社会相伴而行，对于人类的生存发展有着重要的意义，火为人类的智力及体能的增长提供了必不可少的条件，但是火为什么会燃烧、火如何燃烧这样的问题在漫长的时间里一直困扰着人类。

"按照燃素学说，一切物质之所以能够燃烧，都是由于其中含有被称为燃素的物质。当燃素逸至空气中时就引起了燃烧现象，逸出的程度越强，就越容易产生高热、强光和火焰。物质易燃和不易燃的区别，就在于其中含有燃素量的多少。这一学说对于许多燃烧现象给予了说明，但是，一些本质问题尚不清楚。如燃素的本质是什么？为什么物质燃烧后质量反而增加？为什么燃烧会使空气体积减小？……这些问题都说不清楚。"岑可法在课堂上时常给学生抛出这样的问题让他们自己思考，然后再阐释科学的氧化学说是如何建立的。

最初接触烧锅炉时，岑可法对燃烧理论也是陌生的，但在多年系统的学习和在苏联导师的严格要求下，他对燃烧理论已经了然于胸。站在科学前辈们的基础之上，他进一步认识到影响和控制燃烧过程的不仅仅有化学反应动力学因素，还有气体流动、传热、传质等物理因素，燃烧是这些因素综合作用的结果，他基本摸清了锅炉着火、火焰传播、湍流燃烧的规律。

岑可法总是乐于给学生传授更多更深的知识。"燃烧是物质因剧烈氧化而发光、发热的现象，这种现象又称为火。按考古学的发现，人类最早使用火的时代可以追溯到距今 140 万～150 万年以前，火给人类带来了进步……"中午快下课了，他却还要飞快地擦干净黑板，毫不在意地"压堂"："再多跟你们讲十分钟，吃饭肯定会晚，不能着急。"

岑可法希望自己的一些学生能够尽快洞察燃烧世界的奥秘，熟悉他们所在的领域，然后奔赴建设国家的各个岗位。"第一次工业革命在英国出现，其标志就是蒸汽机的产生，这是人类对火(燃烧)现象的长期认知和经验积累的结果。人类的物质文明史与燃烧技术的发展是不可分割的，火的历史也就是人类社会进步的历史。""燃烧是一门既古老又年轻的科学，目前仍在不断发展的阶段……"同学们的肚子已经饿得呱呱叫了，岑可法终于舍得下课了！

踏踏实实地教授学生，把自己从苏联学到的先进科学技术毫无保留地传授给自己的学生，岑可法也兢兢业业地辅佐陈运铣。他想着，等到自己在教学和研究领域积蓄了足够的能量，就可以展翅翱翔了。

参与绝密工程

1964～1965 年，岑可法协助陈运铣又新带了 3 个研究生，他们开始参与一项伟大而秘密的工作。

当时国家研制原子弹，需要铀。研究发现新疆的煤在燃烧后会产生含铀的渣，可以从中提炼铀燃料，但如果燃烧温度超过 800℃，铀氧化就很难提炼了。岑可法他们的任务是，研究出既能让煤在 800℃以下高效燃烧起来以保证发电的正常运行，又能控制燃烧温度把铀提取出来的技术。

冬天到了，长城内外已经是天寒地冻的世界。岑可法要去哈尔滨出差，他的任务是让哈尔滨锅炉厂加工能提铀的炉子。虽然这样的炉子并不需要他自己参与制造，但他必须在现场提供指导，这样才能确保质量。

岑可法那时还很年轻，可他知道，他所参与的工作必须确保万无一失。在岑可法的指导下，能提铀的炉子顺利完成制造。在新疆安装以后，稳定运行了很多年。

从煤中提炼铀并不容易，1 吨的煤也只能提取以克计量的铀。就是如此低产，这也是一项十分重要的工作，岑可法他们通过实验让技术变得更加可靠，他们工作的第一步是把煤通过低温燃烧变成灰渣，而后再提取铀。

煤渣提铀具有放射性，实验过程中人身安全忽视不得。那时，中国的防辐射条件还比较有限，岑可法和学生们需要做好必要的防护。参与的学生开始对煤渣提铀的放射性并不重视，岑可法只得时刻盯着，不敢有一丝的马虎。做完实验以后，岑可法将一部分样品运到北京检测，剩下的煤渣进行深度掩埋处理。

当时，岑可法他们从煤中提炼铀的产量很低，他一直苦苦思索有没有更好的解决办法。过了很多年他才知道，不同的煤因为铀含量不同，提炼方法也不同。他甚至还发现了含铀量更高的煤，他的这些发现和研究为更好地从煤中提铀提供了十分具有价值的参考。

1964 年 10 月 16 日下午 3 时，我国自行研制的第一颗原子弹在新疆罗布泊爆炸成功，中国成为继美国、苏联、英国、法国之后世界第五个拥有核武器的国家。尽管岑可法和他所带的研究生只是参与了一些外围最基础性的工作，看到这个消息时岑可法的心底还是泛起了波澜。他知道，自己年幼时在日军的铁蹄之下艰辛逃难的悲惨岁月已经一去不复返了，以后再也没有谁胆敢随意就洞开祖国的国门了。

几年以后，岑可法等人又参与我国的另外一项绝密工程之中，这就是核潜艇的制造。

核潜艇是核动力潜艇的简称，是以核反应炉为动力来源的潜艇。世界上第一艘核潜艇是由美国海军研制和建造的。1946 年，以海曼·乔治·里科弗（Hyman G·Rickover）为首的一批科学家开始研究舰艇用原子能反应堆也就是后来潜艇上使用的压水反应堆。人类第一艘核潜艇鹦鹉螺号核潜艇于 1952 年 6 月开工制造。1954 年 1 月 21 日，鹦鹉螺号下水，并在这年底全部竣工。它艇长 90 米，排水量 2800 吨，当时的造价为 5500 万美元，最大航速 25 节，最大潜深 150 米。从理论上讲，它能以最大航速在水下连续航行 50 天、航程 3 万海里而无需添加任何燃料。到 1957 年 4 月止，鹦鹉螺号在没有补充燃料的情况下持续航行了 11 万余公里，其中大部分时间是在水下航行。1958 年 8 月，鹦鹉螺号从冰层下穿越北冰洋冰冠，从太平洋驶向大西洋，完成了常规动力潜艇无法完成的壮举。

在战争中，常规潜艇容易被发现，而核潜艇则很难被发现，即使被发现，核潜艇的高速度也可以使之摆脱追击。因为核潜艇的续航力大，一般用不着浮出水面，所以能避免空中袭击。因此，自核潜艇问世以后就吸引了当时一些军事强国的注意。苏联、英国、法国等一些国家也紧随美国之后开始研发和制造核潜艇。

1958 年，出于国家安全的考虑，中国决定开始研制核潜艇。1958 年 8 月，中共中央下发了《关于发展海军潜艇新技术问题》的文件。为保守机密，核潜艇工程取代号为"09 工程"。据此，各参与的研究机构均将这项任务冠以"09"称之。

1959 年 10 月，苏共中央总书记赫鲁晓夫率团访华。毛泽东主席在与其会见交谈中，提出希望苏联帮助中国研制核潜艇。赫鲁晓夫傲慢地说："核潜艇技术复杂，价格昂贵，你们搞不了！苏维埃国家的海军拥有这种战略武器，同样可以保卫你们的国土。"

那时苏联和中国的关系已经在走下坡路，赫鲁晓夫访华钳制中国的想法又碰了一鼻子灰，赫鲁晓夫因此拒绝为研制核潜艇提供援助。

因为和毛泽东主席谈得不愉快，赫鲁晓夫随后接着宣布：准备撤回援华专家。毛主席冷静地回答了赫鲁晓夫："撤不撤专家是你们的事。核潜艇研制，我们自己试试。"时过不久，一句气壮山河的名言迅速在有关军事科技机构传开。毛主席在与周恩来、聂荣臻、罗瑞卿等人谈到尖端武器研制时，斩钉截铁地说："核潜艇，一万年也要搞出来！"

在那个年代，搞核潜艇这样的尖端装备谈何容易！由于技术和资金的缺乏，1962 年我国的核潜艇工程被迫下马。

1964 年中国第一颗原子弹爆炸成功，给我国开展尖端军事工业带来很大的鼓舞，第二年周恩来总理召开中央专委会决定再次上马搞核潜艇工程。

1969 年，国家要求浙大成立一个由浙大科研处副处长担任组长的课题组，参与核潜艇有关重要环节的研制。岑可法等人被挑选参与二氧化碳作为动力介质传热及产生动力的课题中，尝试能否全部用二氧化碳作为核潜艇动力装置的动力介质。

浙大参与这个工程的总共只有几个人，分配给他们的任务都不相同。岑可法的主要任务是做二氧化碳热交换器，其他有的人做二氧化碳气燃机，有的人做压缩机，有的人做管道，每个人都要做计算、做循环流程、做设计。大概做了一年多之后，他们的方案被送到了北京。

岑可法回忆，那时做的核潜艇的动力方案有几种，其中一种是用蒸汽，他们被要求用二氧化碳做介质的方案被列为一种备选方案。后来国家对比了五六个方案后，选择了用蒸汽做动力的方案，因为当时全世界都是以蒸汽为主，这是当时的主流。但岑可法始终认为用二氧化碳也有其优越的地方，他心底的方案梦想并没有熄灭。

"用哪个方案好，主要看哪个最安全、最节省、最先进。现在来看，还是超临界二氧化碳的方案最先进，可惜当时没有采用。"岑可法说。不过岑可法也十分理解，在当时的情况下，因为中国的整体科技力量还十分薄弱，核潜艇动力最后选择蒸汽方案的确是一种更为稳妥的选择。

近些年来，岑可法的弟子们又开始接力研究用超临界二氧化碳做发动机。

浙大热能所的肖刚教授现在做太阳能塔与集热器，也是以二氧化碳作为介质，就是做超临界二氧化碳吸热器与布雷顿循环。

如今，用二氧化碳做介质的气燃机第一代已经用在太阳能热发电技术上。岑可法对学生肖刚说，"你是做第二代二氧化碳，第一代我已经做过了。我做我的贡献，你做你的贡献。"岑可法也坦诚地说，肖刚现在做得更先进，因为是超临界二氧化碳做介质，效率更高，他也希望肖刚研究团队早日做出来，这也可以弥补他在半个世纪之前的遗憾，为国家做出创新贡献。

中国的原子弹工程、核潜艇工程还没有解密之前，岑可法从来不敢把自己参与其中的事情告知局外的任何人，直到这些工程解密之后，当他用十分坦然的语气告诉周围的人时，很多人还不相信他还参与过这么宏大的弘扬国威的工程。

尽管岑可法参与原子弹的只是外围的提铀工作，参与核潜艇的动力方案最终也没有被选上，但他的心底始终是极其自豪的。

2013年，中国"核潜艇之父"、中国工程院院士黄旭华隐姓埋名数十年研发中国核潜艇的事迹被公开披露，他的故事感动了无数的中国人。很多人不知道，在黄旭华背后，还有一大批为我国的核潜艇事业默默奋斗过的人，岑可法就是其中之一。

岑可法说，黄旭华和中国核潜艇 20 世纪的研发故事解密以后，他曾经参与其中的事情也可以和周围朋友们讲了。

时光荏苒，转眼之间岑可法参与原子弹提铀工作和核潜艇动力研发已经过去了半个多世纪。回顾参加原子弹提铀和"09 工程"的经历时，岑可法也是感慨颇深："两次参加保密工程的经历，对我成长有很大帮助，因为我不能和人讨论，必须自己学会独立思考。"

"无名英雄"岁月与提升

二十世纪六七十年代，岑可法正值风华正茂，他将国家的利益放在高于一切的位置，他所做的很多事情，都是国家非常需要的。

因为还不是正式的导师，岑可法做很多事情都是"无名英雄"，学生写毕业论文致谢时，甚至连他的名字也没有写。有时岑可法也会有些失落，但他并不计较，他心里想着自己刚从国外回来，就能够帮教授带研究生，这已经很不错了。

"我还收获了很多新的知识以及很多独立工作的能力，这就很重要了。"

事后的发展表明，当初岑可法的一些想法有些过于理想化了。他的想法的确很美好，往往现实却事与愿违。在动荡的岁月中，任何一个人都像风暴中的一叶扁舟，人生的发展常常很难一帆风顺。

从 1962 年正式加入浙大热能动力装置专业，到 1983 年成为浙大工程热物理系带头人，整整过去了 21 年的时间。这期间的绝大部分时间段里，岑可法都是在漫长的"无名英雄"岁月中度过。20 余年的时光，岑可法从 27 岁走到了 48 岁，这是人生最该奋发有为的年华。但是当风暴来临，有时一个人就完全无法左右自己人生发展的轨迹。

有人说，岑可法在这么漫长的时间里实在有些憋屈。岑可法并不这样看，虽然在最为艰难的时候，他也有过困惑和迷茫，但他从来就没有觉得自己当初回国后的抉择是错误的，最为关键的是他没有忘记时刻提升自己。

"文化大革命"开始后，所有科研活动都停摆了。岑可法喜欢把自己沉浸在书的世界里。一盏孤灯，一杯清茶，一本书卷，这就可以成为他生活的全部。但岑可法并不是泛泛地看书，而是要知其然，也要知其所以然，他常常以打破砂锅问到底的精神查找能够找得到的国内外各种文献资料。

那时，岑可法对读书的热爱已经到了痴迷的程度，他坚信书会给予他巨大的能量，并为他未来的发展指明方向，也许这就是热爱的力量。

热爱是一种特别的力量，它会不断训练和提升一个人的直觉。尽管直觉也会经常出现错误，但是一旦对了，它的精准度远远超过逻辑。在科学研究中，这一点至关重要。纵观人类科学技术史，有许多伟大的科学发现、科技发明都是基于直觉而创造出来的。在岑可法以后的科研生涯中，他的一些科研成就也再次印证了这一点。

热爱有时也是战胜逆境的重要法宝。无论周围如何嘈杂，白天经历着怎样的混乱，只要闲下来，岑可法总是能够迅速进入学习状态，心无旁骛地完成手头任务。据他周围的朋友们回忆，似乎无论遇到什么困难，都无法动摇他学习的决心。

时代的洪流再凶猛，很多人只要依靠对未来的直觉和信念，就能走下去。岑可法就是这样一个人。

岑可法的学习内容涉猎广泛，除了他自己钟爱的热能专业，他对语言的学习也没有放松。这得益于他自己对世界局势的判断，他清楚语言的学习可以助力自己开阔眼界，学习到更加先进的技术，而中国也终将走向世界。岑可法曾经留学苏联，俄语已经很好，所以"文革"开始后他就"偷偷"自学起了英语。

根据他自己的回忆，当时在选择另外一门外语时，他最开始选择的是日语，可学了一阵子之后突然醍醐灌顶：在中国未来，英语才最有可能是最重要的国际语言，最好还是学英语。就这样，他将自学日语改成了自学英语。

因为工作繁忙，学英语只能见缝插针地学。岑可法找来讲英语语法的教材，上班的时候只要有碎片化的时间，就抄几句英语，重点研究它的句法，他把抄满英语的纸条塞在胸前的小口袋里，有时间就拿出来默诵，还自己总结句子语法。每天都背几个不同句子。就这样，他逐渐养成了习惯，也增强了信心。

几年下来，岑可法英语突飞猛进，很快就能够达到自由交流的程度。再过一些年之后，当时代的局面来临，他既可以出国开科研会议，也可以在谈判桌上挥洒自如。

直到耄耋之年，岑可法还训练自己看英文时用中文做笔记，而在看中文时用英文做笔记，可以说英语已经被他运用得如母语一般娴熟了。后来，研究所里的年轻人都向他求教英语的学习方法，他知无不言，并告诉年轻人："学好语言对打开局面很重要。"

尽管是岑可法主动选择做助手，但因为一些复杂的原因，导致他整整21年都在做助手，远远超出了他当初的预料。不过，他从来都不后悔自己当初的选择。

时光荏苒、华发苍颜。当岑可法功成名就，行走在自己人生道路的晚年之时，研究所有个年轻人也想效仿岑可法的风格不按套路出牌，在师生欢聚的席间提了个尖锐的问题："岑院士，您做陈运铣先生的助手21年，在职称方面也好，生活方面也好，陈老先生没有您现在这样为下面的人考虑周到，您在艰难的时候，会有委屈吗？"

岑可法停下箸筷，磊落地答道："我觉得有个人监督我，帮助我，能给我提意见，很多具体事情让我做，我就很感谢。在陈运铣先生的领导下，我搞的方向很宽，我当助手要写报告、写申请书、写总结，参加并合作搞各种课题，帮着带研究生等等，有很多发展和提高的机会，这是我后来能够很快就搞起了团队的重要原因。假如我刚到浙大时决定自己单干，孤家寡人一个人，很可能搞的方向就很窄，也很难取得后来的成就。"

岑可法崇尚"忍得住"的精神，他坚信只有"忍得住"，才能承载生活的万般滋味。只有不断积累，积蓄力量，才能有朝一日灿烂绽放。

1978 年 3 月 18 日至 31 日，全国科学大会在北京召开。科学的春天来了！西子湖畔柳条吐绿，春风骀荡。浙江省开始大胆起用知识分子，加大教授评聘力度，提升高等教育发展水平。

这一年，浙大热物理工程学系正式成立，进入全新的发展阶段。

1981 年的一天，浙大热物理工程学系召开学术委员会会议，专题讨论全系哪些副教授有资格评为教授。

晚上，热物理工程学系党总支书记史凤才来岑可法家找他："你今天晚上就整理出一份材料来，我向上面打报告，提名你升教授。"

岑可法刚开始并没有充分认识到这个事情对他个人发展的重要性，心里还是惦记着第二天的出差："我明天还要去鞍钢做油煤浆试验"。"你不睡觉都要写，这是党的政策"。史凤才语气坚决，惜才的他希望岑可法抓住这次难得的机会。

岑可法回忆，史凤才是中华人民共和国成立后从山东调到浙大的干部，他和史凤才虽然在同一个系，但并不太熟悉，史凤才担任党总支书记也是 1978 年的事情。史凤才担任党总支书记以后，还不是党员的岑可法和史凤才在日常工作中依旧没有太多的交集。因此当时岑可法对史凤才主动找他抓住机会评教授的事情很是意外。

在那个年代评正教授并不容易，很多大学一个系中往往都只有一个正教授。如果完全从论资排辈的角度而言，当时在浙大热物理工程学系在陈运铣之后再评一个正教授也还轮不到岑可法。

史凤才的确是一个比较了解岑可法的人，他知道岑可法有一些过人之处，只是因为大的时局等多方面的原因他还没有能够展翅飞翔而已。改革开放后，国家重视人才，他觉得也该是岑可法展翅翱翔的时候了，在几经思考和多方的调查与了解之后，他觉得自己应该帮岑可法一把。

最终在史凤才的催促下，岑可法连夜整理好了评教授的材料，史凤才帮着递交到了上面。

1983 年，经浙大、浙江省两轮学术评审，岑可法均以全票当选为教授。"人家只看你水平！"岑可法也深受鼓舞。

能够通过教授的评选，岑可法当时的确是有这个实力，虽然此前还一直是充当助手的角色，但他取得的成绩，是谁也不能忽视的事实。

从此，岑可法就可以正式成为学术带头人了！

也是在 1983 年这一年，热物理工程学系主任陈运铣先生突然病故。谁来当学科带头人？成为浙大校领导必须考虑的问题。

1984 年，岑可法挑起了这个担子。

岑可法的说法是韩祯祥校长"封"他当的系主任。用"封"这个动词，是岑可法幽默风趣的说法，其实是组织推荐的意思。他口中说的韩校长，是一位出生于 1930 年的电力系统及其自动化专家，1984～1988 年任浙大校长，1999 年当选为中国科学院院士。

韩祯祥是浙江杭州人，1951 年从浙江大学工学院电机工程学系毕业并留校任教，1957～1961 年在苏联莫斯科动力学院攻读并获得副博士学位，和岑可法有着相同的留苏背景。虽然韩祯祥是搞电的，岑可法是搞动力的，但韩祯祥知道岑可法自己主动申请由莫斯科动力学院调整到莫斯科鲍曼高等技术学院的经历。

正是这样的原因，加上后来曾经在同一个学院工作的经历，年长岑可法 5 岁的韩祯祥对岑可法的为人和研究能力都比较了解，觉得岑可法是陈运铣之后接任热物理工程系系主任最好的人选。他的理由是，当时浙大最活跃的老师是陈运铣老师，热物理工程学系燃烧教研室是全系最活跃的教研室，岑可法是教研室唯一一个从苏联留学回来的教职人员，已经做了 21 年助手，经验很丰富，相信岑可法能把团队带领好。

1983 年底，韩祯祥找岑可法谈话，问他愿不愿意当系主任。"这个担子很重，但我们分析来分析去，觉得你能担起来，我对你很了解。"韩祯祥的眼神中充满了期待。

岑可法刚开始有点错愕，还从来没有当过"官"的他完全不知道怎么做系主任。在韩祯祥校长的鼓励和支持下，岑可法最终担下了热物理工程学系主任的担子，他相信自己能够干好。

脱颖而出

其实在做系主任之前，岑可法在浙大已经算得上是学术领域一位突出的人物了！

用岑可法自己的话说，21 年的助手生涯中，他也并不是没有一点儿发展机会，在很多事情上，他还是能够说了算的。

正是这样的机会，让岑可法一步步脱颖而出。

"文化大革命"时期，到处停工停产。因为采煤的人少，煤炭严重不够用，能源供应成了大问题。为了解决困难，岑可法等人被要求到工厂去教怎么烧浙江生产的石煤。

石煤是形成于早元古代和早古生代的一种沉积可燃有机岩，呈黑色或黑灰色。大多具有高灰、高硫、低发热量和硬度大的特点，是一种高变质的腐泥煤或藻煤。

在我国，每千克标准煤的热量为 7000 千卡，而每千克石煤燃烧产生的热量只有 1000 千卡，低的只有 800 千卡，两者热值相差巨大。长期以来，石煤一直被视为煤炭的废弃物而随意丢弃。在岑可法等人认识到石煤的价值并在燃烧实验中取得一些进展之后，在那个能源十分匮乏的年代，岑可法小团队被要求进行石煤燃烧的工程实验也就成了顺理成章的事情。

搞这个事情他们已经有了一些基础。1956 年 6 月 7 日，新华社刊出过一则题为《浙江大学举行第一次科学讨论会》的短消息，记录下了浙大热工教研组通过锅炉改造成功提高了劣质煤的燃烧效率。

该报道中说，"热工教研组副教授陈运铣等根据我国蕴藏丰富的劣质燃料和浙江蕴藏大量石煤的情况，提出了'旋风预燃式炉子的设计与试验的初步报告'，研究用他们设计的旋风预燃式炉子解决目前工业上小型锅炉燃用劣质燃料在燃烧技术上所存在的困难。"随后，陈运铣研究团队还接续进行了多年的后续研究，这为岑可法等人进行后续研究打下了很好的基础。

那时工厂烧石煤也不是一件容易的事情。因为当时所有产生动力的炉子都是烧煤，烧石煤就需要岑可法他们把设备进行改造，要把炉子改好，让以前烧好煤的炉子改得能烧差煤才行。他们终于摸索成功了，后来，他们的这种改造又被称为"石煤革命"。

岑可法等年轻的浙大老师发明了很多种改造炉子的方式方法，对炉型也做了很多创新。

"最原始的锅炉是炉排炉，是把煤送到带有炉排的炉子里待在炉排上去静静地烧，只能烧好煤。1968 年以后，我们发明了燃烧石煤的沸腾炉，沸腾炉内燃烧的运行原理就像煮稀饭，从底部吹上去的气流带动着煤向上，在受热燃烧的过程中又掉下来，上上下下、反反复复好几个回合，将这些难烧的劣质煤燃烧完。当时我们创造了纪录，成功地把几种不同的炉子都改造成了沸腾炉。"

岑可法回忆，他们还发明了一种新的压炉方式，当时全国还是单休，工厂也只是周日放假一天，石煤难点燃，怎样才能让它周日不燃烧但又保持不熄灭，周一上班之后又很容易用鼓风机一鼓风就点燃呢？反复思考之后，他们就在采用什么样的压火方式上想办法。比如要加多少煤，在什么温度下把风停掉，让炉内保持 500～600℃以上的温度，再加上一层灰渣来保温，关掉炉子。一天两天后不用重新点火，只要鼓一点风，马上达到热量平衡，炉子又可以烧起来。

他们先是在一家粮油加工厂改造炉子，试验的过程虽然磕磕绊绊，他们最终还是成功了。让很多人十分惊讶的是，在整整停火一个星期之后，再用鼓风机居然能重新着火启动，这给工厂减少了频繁点火的麻烦，因此很受工厂的欢迎。

接着，他们又去橡胶厂蹲了半年。

"我们在橡胶厂待的时间比较长,橡胶厂规模比较大,我们需要把所有炉子都改成烧石煤。"岑可法说,烧石煤的炉子很难点火,他们也是经过理论分析才做出来的。当时是由浙大年轻老师和工人合作来做,这样理论结合实际,没有耗费多少时日就突破了难关。

1970年,岑可法、康齐福、张学宏和陈运铣等提出采用溢流式沸腾炉燃烧低热值石煤、煤矸石①等劣质燃料,取得良好效果。烧石煤的工程试验成功以后,就开始大量在浙江全省推广。粮油加工厂、丝绸厂、橡胶厂、麻纺织厂等各个领域的多家工厂都留下了他们的足迹。当时石煤燃烧革命委员会准备组织人到这些工厂去,他们就自愿报名,自己跑着去,没有人专门接待他们,他们自告奋勇去研究和试验,也不收取任何费用。他们这些年轻人,觉得能够到工厂去发挥专长,能够研究技术,也能够为工厂解决问题,都很高兴。大家都无私地奉献着自己的专长、热情和汗水,当时也没有人会觉得这是他们的技术专利。

至1976年,浙江全省共推广有石煤沸腾炉91台,广泛应用于发电、机械、化工、造纸、丝绸等部门。岑可法研究团队的石煤燃烧推广为浙江节省了大量的燃煤资源。此后,其他不少省份也纷纷跑到浙江学习燃烧石煤的相关经验。

岑可法小团队在石煤燃烧研究和工程试验中的一些合作方式,也为日后他的研究团队更大规模地和地方合作埋下了伏笔。

20世纪70年代,岑可法还与其他4个同事合作干出了一件具有轰动效应的事情,这就是研发燃烧测量仪器。

当时陈运铣打算依靠浙大自己的能力制造一批燃烧测量仪器。之所以要自己动手制造仪器,主要有两方面的原因:第一,当时能够买得来的仪器,很多人都用过了,在学界并不领先,对推动煤炭燃烧

---

① 煤矸石是一种沉积岩,在煤层形成的时候就同期形成,大多数是石灰岩,由于长期受煤层浸润扩散,也有比较低的含碳量,颜色呈黑灰色,单独燃烧很困难。

领域的研究帮助不是很大；第二，那时他们所在的领域，只有自己做的仪器，才能更精准地适应研究课题和领域的需要。

陈运铣把这个任务派给了岑可法。岑可法有点临危受命的感觉，他的手中并没有多少可以参考和利用的资源，但他决定挑战这个难题，这也是第一次激发他内心带团队的星星之火。

岑可法尽管还是陈运铣的助手，用岑可法自己的话说，那时他还是"有权"的，他可以组织人做点小项目、小实验，可以确定某项课题的思路，买材料做点东西也是没有什么问题的。这对岑可法来说足够了。他和 4 个同事密切合作，造出了 5 样燃烧测量仪器，很快风靡全国。

浙大玉泉校区所在的老和山，寒来暑往，青山依旧。到了 20 世纪70 年代末，老和山脚下已经开始在悄然之中呈现出新的气象。对中国科学界和教育界而言，1977 年恢复高考制度是一个重大的标志。从此以后，有志气的中华儿女开始拼命追赶西方发达国家科技创新的步伐。

国家在 1978 年全国科学大会之后，曾短暂将浙大、成都科大、哈尔滨科大划归中国科学院直属。1980 年，浙大又重新隶属教育部。虽然浙大隶属中国科学院的时间并不长，这却架起了岑可法与中国科学院日后合作的桥梁。

岑可法的聪明和才气开始一步步迎来了绽放的时刻。

1980 年 9 月 17 日，中美双方签署《中华人民共和国政府和美利坚合众国政府民用航空运输协定》，约定相互开放天空开展两国之间的民航运输工作，这意味着长时间彼此隔绝的中美正式通航，漫无边际的太平洋变得像一条河流，美国不再是大洋彼岸那个遥不可及的国度，中美之间的民间交往更通畅了。跨越太平洋的中美航线给两国人民架起了一座空中桥梁，为两国人员往来带来极大的便利。

随后不到 3 个月，在 1981 年 1 月 7 日北京首都机场迎来了历史性的一刻：中国民航局的波音 747 执行 CA981 航班（981 为纪念首航年份 1981 年之意），成为新中国成立后首班从中国飞往美国的定期民用航班，由此开启了中美之间民航之路。

几个月以后，46 岁的岑可法作为中国科学院代表团成员也踏上了到美国进行能源科学考察的行程。当时，出国的名额极其有限，岑可法能够出国，由此足可以看出他的能力至少已经得到系里和学校的高度认可。

这次的出国访问，代表团的一个重要任务就是考察分布在美国匹兹堡、摩根城、纽约等地的美国能源部五大研究院，在对这些研究院的考察中，岑可法结识了美国能源部资深能源专家、美籍华人向哲愚博士。

刚到美国能源部研究院，岑可法就被向哲愚等人"盯牢"问石煤沸腾炉怎么点火？他们的流化床为什么做得这么好？岑可法被邀请做学术报告的主题，就是谈石煤沸腾炉的点火方式。原来，向哲愚等美方研究人员已经清楚地知道岑可法在这个领域取得的突破和成就，他们从中国国内报纸上获悉，中国有 2000 多台沸腾炉在运行，美国却只有两三台，还正在为点不着火没办法推广而大伤脑筋。出了岑可法报告的海报后，很多人都跑着来听。岑可法事先没准备，临时列了个提纲就上去讲了。

让很多人吃惊的是，岑可法居然是全程用英文做报告！岑可法此前偷偷学习的英语，现在派上了大用场。他报告的内容也大受欢迎。

1983 年，岑可法带上大弟子倪明江再次到美国做学术交流，美国能源部研究院又请他们专门就劣质煤燃烧做学术报告。由此足可以看出美国对岑可法研究团队这项技术的重视。

在岑可法面前，新的时代已经向他迎面扑来，他大干一场的机遇也变得越来越近了！

第|六|章

水煤浆，他走上了国际前沿

岑可法的家乡广东省南海区，西樵山脚下巍然屹立着的南海电厂，是 20 世纪 90 年代全球规模最大的水煤浆电厂，采用了名为水煤浆燃烧的神奇技术。

水煤浆非油而胜油，源于煤炭、添加剂与水的巧妙结合，竟能在熊熊烈火中演绎出替代燃油的传奇。

人们常说，水火不相容，南海电厂却颠覆了这一常识。在这里，水煤混合燃烧得如同油一般炽热，这一奇迹的缔造者，正是从南海走出来的岑可法。

要搞清南海电厂水煤浆发电的奇迹，还得从 20 世纪 70 年代末的石油危机说起，当时危机已经在世界范围内不断扩散。这次石油危机的出现并非偶然，此前经历了较长时间孕育。

1950～1973 年，原油价格被七大公司人为地压得很低，平均每桶约 1.80 美元，仅为煤炭价格的一半左右。经过石油输出国组织（OPEC）的斗争，到 1973 年 1 月才上升到 2.95 美元一桶。产油国对资本主义旧的石油体系，特别是价格过低很不满。在另一边，西方世界对石油的需求急剧增长，但西方石油公司却不肯对主要生产石油的发展中国家的提价要求做出让步。最终，双方的矛盾日益尖锐，导致第一次石油危机爆发，并最终引发了 1973～1975 年战后资本主义世界最大的一次经济危机。

这次石油危机对美国等少数依靠廉价石油起家的国家产生了极大冲击。虽然危机爆发的主要原因为政治因素，但危机的爆发也让西方发达国家更加深刻地认识到，经济过于依赖石油，过于依赖中东石油，会经不起风浪。在这样的背景下，科学家们开始寻找石油的替代品。煤的液化也就是煤制油技术就这样走到了历史的前台。

对于煤制油的探索在 19 世纪末就开始了，当时主要有两个技术路线：一是将油煤混合制成油煤浆后直接加氢转化为油，称为煤的直接液化；另一个是将煤气化转化生成一氧化碳和氢气的合成气，然后在催化剂作用下，反应生成碳氢化合物的混合物——烃，进而加工生产液态的油即柴油、汽油、煤油，这一技术路线称为煤的间接液化，其关键步骤是一氧化碳和氢气反应合成烃，这个反应也被称为费-托合成反应，可在很大程度上提高生产油品的质量。

不管是煤的直接液化，还是间接液化，在那个年代都不容易实现，因为难以具有成本优势，令其发展十分缓慢。不过，制造和利用油煤浆的技术在国际上还是一直受到很多关注。

从油煤浆到水煤浆

油煤浆是基于煤浆概念出现的一种技术，煤浆的概念可以追溯到 1879 年，名叫 Munsell 和 Smith 的两位研究人员的专利，当时煤浆概念是指以煤粉同其他流体调制成的一种浆状燃料（如油煤浆、水煤浆和甲醇煤浆等），但由于油价一直偏低而未获发展。直到 1914 年才有煤浆的小规模应用。

此后数十年中，油煤浆在应用中得到较大的发展，并且成为煤制油的中间过程，但其发展过程也总是随着石油价格的涨跌而起起伏伏。

"文化大革命"期间，因为大庆油田产量多，大力提倡电厂由烧煤改烧油发电，于是很多地方甚至连烧煤的设备都拆掉了。"文化大革命"结束，中国发电厂飞速发展，汽车工业、航空工业开始兴起，石油供应越来越紧张，不少工厂到了濒临停电、停产的边缘。

罔顾能源禀赋、缺乏长远规划的能源布局，很快会被现实"打脸"。部分专家建议，中国宝贵的石油资源不能再这样浪费了，于是从烧油改回烧煤，成了国家的迫切需求。

为了解决难题，当时的国家计委给所有烧油的电厂下拨了一笔经费，准备把原来用于烧油的设备改造成能够烧油煤混合燃料，可是不仅设备改造成本太高，时间上也来不及。经过反复讨论研究后，国务院成立了以煤代油办公室，专门推广以煤代油方案。

随着世界范围内石油危机的发生，一直研究煤炭燃烧的岑可法敏锐地觉察到，煤炭作为新式能源利用的新机会来了。

此时在浙大，油煤浆的研制已经开始被老师们进行讨论。

1977 年，中国科学院多家单位密集前往浙大参与油煤浆预试验（基础试验）。中国的油煤浆技术实验开始了实质性的行动，岑可法心底迸发的激情之火也越烧越旺。

从 1978 年开始，岑可法带着攻关小组开始研究油煤浆技术。1979 年底，他们开始在浙大、鞍钢两地交叉开展技术试验。在上海宝钢建成前，鞍钢是国内最大的钢铁厂。这里是岑可法研究团队最为理想的实验基地之一。

1981 年，中国科学院正式立项"油煤混合燃料(COM)制备输送燃烧小型试验研究"，组织浙大热能专业、中国科学院声学研究所、金属研究所、山西煤炭化学研究所、上海有机化学研究所、国家经委能源研究所及鞍山钢铁公司等单位组成近 100 人的技术攻关组，岑可法任总体技术组组长。

去现场做试验，试验设备不能少。浙大科研技术人员一行 20 人，带了 27 箱仪器浩浩荡荡从浙大玉泉校区出发。每个技术人员都要扛很多行李，背上背一个大包，身上斜背着两个挎包，手里还各提着一个箱子。他们从杭州坐 4 个小时火车先到上海，再从上海坐 36 个小时轮船到大连，然后坐火车抵达鞍钢厂区。

此时，他们耗费 3 年时间已经研究出制造油煤浆的新技术，接下来最为重要的环节就是试验推广了。岑可法等人组成的科学家团队赶到鞍钢，摆出了"是骡是马拉出来遛遛"的架势。

研究人员的高昂兴致，却迎来当头一盆"冷水"。中国科学院组织的 7 家单位刚刚就位，作业面还没铺开，消防队就找了过来："你们不能做实验。"

"这是国家课题，为什么不让做实验？"岑可法很不理解。

"鞍钢是机要部门，鞍钢电厂是供应炼铁高炉、炼钢炉用的电和蒸汽，假如你们出问题，炼铁高炉和钢炉里面几百吨的铁水、钢水就会冷下来，变成一大坨、一大坨几十吨的大铁疙瘩，根本没办法除掉！后果谁负责？你能除掉它吗？"消防队的领导问。

岑可法很快意识到了问题的严重性：确实除不掉，锯也锯不掉，搬也搬不动。要真是出了这样的后果，炼铁高炉或者钢炉只能炸掉报废。

"从安全角度考虑，是不能做这个试验的。"消防队的领导说。

岑可法没有放弃，他觉得这是一个重大研究课题，怎么能说不能做就不做了呢？"得找一个法子说服他们。"他心底里暗想。

做说服工作并不是一件容易的事儿。岑可法的一些提议已经被以不容商量的口吻拒绝。

"你们的实验能否保证百分百成功？你要保证100%安全才能做。"这是消防队领导当时的态度。

做科学实验，结果本来就有很大的不确定性。物理、化学以及相关工程方面的很多实验，经常都会面临或者遭遇各种风险，谁敢作100%的安全保证？

岑可法没有气馁，"如果我能证明烧油煤浆的安全性比烧油的安全性更高，就可以做了吧？"岑可法的脑子转得很快。

"烧油是批准过的，如果烧油煤浆真比烧油安全，我就给你签字允许你做。"消防队的领导终于同意了。

岑可法想到了一个好主意，他请主管消防的领导进鞍钢实验室。长桌上，摆着原油、油煤浆等。岑可法当众一一点燃。原油即刻爆发出熊熊火焰，油煤浆却好一会儿才点燃。

"既然油煤浆比油的着火点要高，燃尽时间要长，不可能更易引起火灾。"岑可法解释道。管消防的领导爽然而笑。在这个实验中，浙大热能所不仅把小试验台搬到了鞍钢，还通过试验证明，烧油煤浆的着火点比烧油高，燃烧速度比烧油慢。烧油都是安全的，油煤浆自然更加安全。此后，试验进展顺利。

黄镇宇是1977年我国恢复高考之后考入浙大的第一届本科生，

岑可法是他后来读研究生时的导师。硕士毕业后他留校工作，成为浙大热能所的资深教授。

黄镇宇第一次去鞍钢的时间大约是 1981 年 11 月底到 12 月初。在浙大热能所的办公室里，他回忆起当时在鞍钢做现场试验时用的测量工具，"有一根七八米长的热态四孔探针，6.6 米要伸进炉膛里，这个仪器是在试验现场制造的，用来测烟气流场的速度和方向，需要几个人协作才能扛得动。"黄镇宇对这款仪器的制作原理和主要构造如数家珍。

当年，岑可法带着黄镇宇动手实践，做出了多种测量仪器。黄镇宇回忆说，那时经费比较紧张，从国外进口先进仪器也十分困难，从外边购买的一些仪器，也测不准。他们进行实验和开展工程项目的很多测量仪器，都是岑老师自己想办法。

测量问题怎么解决？没钱买怎么办？怎么用土办法做出仪器来？岑可法连走路和吃饭都在琢磨这些问题。他根据实际情况用土办法做出三孔探针、四孔探针，居然很好用，能够准确地解决实验中的测量问题！数十年之后，每当岑可法向人回忆起他用土办法搞这些仪器的时候，满脸都充满着自豪的神气，他说他的这些歪主意都是小时候顽皮训练出来的。

岑可法回忆说，这个项目经过几个月的奋斗成功以后，中国科学院发了指令，凡是参与这个试验项目的人加一级工资。当时没有奖金制度，加工资自然是很高兴的事情。只是这样的喜事当时并没有浙大团队的份儿，浙大本来属于中国科学院，但后来并到教育部了，所以加工资就没有他们的份儿了。

"浙大团队去的时候条件很艰苦，但那时候大家思想都很好，不在意这个。做成功了，我们都很自豪。"

鞍钢做完试验后，岑可法研究团队在物质上也有一些其他的收获，一根扁担两头都挂满了东北的野鸡、麋鹿、狍子。那个年代，东北真是"共和国长子"，重工业集聚，物产丰饶……岑可法对东北的感情也由此种下，几十年之后，他在吉林成立院士工作站，开始无私回馈东北。

不久，油煤浆进入鞍钢发电厂等多家企业。1987 年，岑可法研究团队的油煤浆研究项目获得了中国科学院科技成果奖一等奖。

20 世纪 80 年代，岑可法团队研究出的油煤浆技术每年都能够节约替代燃油 250 万吨，产生的经济效益足足有 50 亿元。

那时的油煤浆制造并不是一种比较先进的工艺。

20 世纪，国内外制油煤浆的方法都是通过干法制浆。工艺流程是将煤先经过预干燥到含水量 15%～20%，再进入磨煤干燥机磨粉，最后得到水分小于 5%，粒度小于 200 目的煤粉，然后将这种干煤粉、加氢溶剂油和催化剂在配制槽混合制成油煤浆。这种工艺的不足是：其一，制备工艺流程长，煤粉干燥需要复杂的设备，设备多而复杂，难以维护，能耗高，投资高；其二，原煤干燥设备需要搭建很高框架来布置，粉尘对环境有污染；其三，一般煤在干燥时都用高温烟气直接接触升温脱水，尾气中水汽回收率低，煤中含有的大量水分白白浪费了，而在内蒙古等煤炭资源丰富的地区水是稀缺资源，需要加以重复利用才是较好的选择；更麻烦的是，干煤粉与含氢溶剂油和催化剂混合困难，需要复杂的搅拌设备才能得到均匀的油煤浆。

在实践中，工程技术人员也普遍反映干法制备油煤浆存在上面的一些问题，它们限制了油煤浆行业的发展。

因此，在发展油煤浆的同时，科学家们也在探索其他的解决方案，开始将视野放在了水煤浆身上。

水煤浆的源头可以上溯到 19 世纪末。早在 1891 年，英国就已公布了用泵输送水和煤的专利，但直到 1971 年美国亚利桑那州投入建设了一条名为 Black mesa 管道系统后，水煤浆输送才获得真正商业上的应用。

20 世纪 70 年代，为应对石油危机，美国、日本、瑞典等国家都开始大力开发以煤代油的技术，水煤浆技术也在这样的背景下开始发展。文献资料表明，此前的 60 年代，美国、苏联和西德曾相继进行过水煤浆直接燃烧的小型试验，尽管获得了较满意的结果，但由于经济上的原因而中止。

1978 年前后，在研究油煤浆的时候，通过各种信息情报，岑可法了解到，西方一些国家已经在秘密研究水煤浆技术。

"他们能搞，我们也能搞，中国煤炭资源还这么丰富！"这样的念头闪现在岑可法的脑海中。

当时中国也迫切有这样的需求。因为 20 世纪 70 年代初，国内不少电厂都在用油罐燃油发电，然而随着全球石油供应紧张，这种模式发电成本高，国家很难支撑。恢复烧煤设备或许是一个解决问题的办法，但是设备的更换不是一时的事情，时间上又等不起，怎么办？岑可法认为水煤浆是一条可行的思路，用煤粉、水、添加剂按照一定比例做成水煤浆，可以用来代替燃油发电。

对于这个大胆的想法，马上就有人反对："加了水怎么燃烧得起来？"迎着怀疑的目光，岑可法说干就干。

"我们要自己搞出来！"

岑可法那时倒不是一个在水煤浆中前行的孤勇者。由于水煤浆能全部替代燃料油，美国、日本、瑞典、加拿大、苏联都已经投入大量的人力、物力在进行开发。只是大家都还处于摸索阶段。

为什么是水煤浆？为什么多个国家都瞄准研发水煤浆？从外表看，水煤浆有点像石油，乌黑发亮。用铅笔搅一搅，感觉很黏稠。水煤浆含有约 70%的煤炭，1%左右的化学添加剂，剩下的都是水。不过水煤浆还需要多种添加剂，不可缺少的是降黏度分散剂与常规稳定剂，其中分散剂最为重要，它直接影响着水煤浆的质量和制备成本。

作为洁净煤技术之一，水煤浆在制备、运输、存储上比煤粉和原煤要便捷、安全、环保。水煤浆的特性主要表现为：①水煤浆制备、储运全封闭，避免了传统煤炭装、储、运中带来的环境污染。②水煤浆可经管道长距离输送，减少运输过程中的损失，是解决煤炭运输问题的方法之一。③水煤浆的燃烧效率可达 99%。中小燃煤锅炉热效率在 60%左右，而燃用水煤浆可达 85%以上，因此中小燃煤锅炉燃烧水煤浆可节煤 1/3 以上，在提高煤炭利用效率的同时也减少污染物的排放。④燃烧水煤浆火焰中心温度比燃油、燃气低约 100℃，且水蒸气具有还原作用，因此燃烧水煤浆可显著减少氮氧化物(NO_x)的排放。

水煤浆刚开始研发时，它的这些优势有很多都还是未知的，岑可法尽管知道水煤浆是一种更好的煤炭利用方式，他也不可能完全未卜先知。

当时，他的眼前还是一团迷雾，他还在摸着石头过河，他也迫切需要有一盏明灯照亮他前行的路。

1981 年，岑可法被推选随中国科学院的科学代表团到美国进行访问和科学考察，那是岑可法第一次踏上美国的土地，沿途所见所闻，让他不仅眼界打开，也受到很多震撼。

交流和参观考察的过程中，在美国西方石油公司，一位公司技术人员举起一小包液体，在岑可法等一行 6 人眼前轻轻晃了晃，说："我们已经搞出了水煤浆，可以 100%的代替油。"美国人并且开价几千万元要中国人买他们的成果。

比较详细地了解了美国的水煤浆技术发展阶段以后，岑可法确认了美国人研发水煤浆技术的真实性，他没有想到美国的进展居然这样快，美国人的炫耀更是深深刺激了他。

油煤浆是在油中加煤，能够 40%代油，现在美国人居然已经研制出了能够 100%代油的水煤浆！这让岑可法吃惊不小。

20 世纪 70 年代石油危机后，为了寻求能源独立，巩固能源安全，西方发达国家开始调整国内能源政策，千方百计减少对中东石油的依赖。1979 年，美国成立合成燃料集团，致力于煤气化和液化以替代石油进口。

彼时水煤浆技术还不成熟，大家都还在秘密试验中，水煤浆的成分、结构尚未解密。岑可法心里想着美国人这么高调，肯定是他们的水煤浆技术已经比较成熟了。

虽然知道美国人重视专利保护，但岑可法还是无法抑制好奇，他也想借此了解一些关键性的信息。"能不能给一点？"他半开玩笑式地问。

"那不行，是保密的。"对方也回绝得十分干脆。

岑可法怀揣着一个隐秘而激动的发现结束了在美国的考察，"几千万元在当时几乎是一个天文数字！为什么我们要购买他们的呢？"在科学探索和工程技术研究中一贯坚持"有所为，有所不为"的岑可法觉得中国购买这项技术并不划算。

"我们要自己搞出来！"这样的念头一次又一次地闪现在岑可法的脑海，他已有了追赶的目标，这就是他在水煤浆领域前行的明灯，并决定自己带领团队开发这项技术。

时间赶早不赶晚，回到浙大后，岑可法很快就在国内率先向当时的国家科委提出开展煤水混合物——水煤浆燃烧技术研究的建议，目标是以廉价水取代煤油混合燃料中的油，实现全部以煤代油。他的建议很快得到了批准。

当时浙大热能动力装置专业已经脱离了电机系，仅有的两位老教授，一位是做热力学研究的洪逮吉，另一位是陈运铣，能够牵头做这个项目的只有陈运铣。但陈运铣已经 66 岁了，身体也不好。

这种状态下，必须得由岑可法出头了，于是他就组织热能工程专业的年轻教师和研究生共同开发水煤浆技术。

"项目依然陈先生牵头，我们是具体干的，当时浙大一大批人跟着干。水煤浆代油的核心是什么呢？就是要把最宝贵的油用来开汽车、开飞机，不能用到电厂去烧掉。这是当时的国家重大需求。"岑可法回忆说，那时他们的油煤浆研究早于水煤浆研究，但水煤浆研究开始以后两项课题就开始交叉一起进行，在做水煤浆试验的同时也在鞍钢做油煤浆研究和工业化实验。

"我们一开始是摸索油煤浆的燃烧原理，油煤浆是用煤、油、添加剂混合而成，油煤浆两年就落地了。但是我们觉得革命还未成功，能不能 100%代油？我们还在摸索中寻找答案。"

为了尽早搞出合格的水煤浆，岑可法身先士卒地带领着青年教师和学生们连日鏖战，废寝忘食地做实验。岑可法办公的地方，灯光每天亮得最早熄得最晚，几乎成了长明灯。

那时，浙大热能教研室有一个直径 2 米、长 6 米的油煤浆燃烧试验台，岑可法经常成天成夜地围着炉子做燃烧试验。这时的岑可法正当盛年，作为国内第一个提出水煤浆概念的人，一开始就遭遇了同行们的不理解，更别提申请课题研究经费。可他骨子里有一种不服输的精神，认准的事，就会锲而不舍，非做成不可。

水煤浆燃烧试验进行得异常艰辛，达不到理想指标，岑可法屡败屡战。有一次，他的试验从过完年后马上就开始了，一直持续到当年的父亲节（每年 6 月的第三个星期日），才取得了阶段性成果。后来他就常以这个故事来教导年轻人，一定要坚持。只要一提"父亲节"三个字，浙大热能所的一代代老师就会想起这个故事来。

水煤浆可以通俗地理解为用煤跟水变成浆状，并加入添加剂，使其不会沉淀。油能燃烧，水不能燃烧，水是灭火的，水煤浆怎么能比油煤浆燃烧效率更高的呢？水跟火本身就是不相容的，为什么煤里面要掺水去燃烧？

有时，创新最大的阻碍，就是思维中的条条框框。

岑可法认为水煤浆不是异想天开，只是还没有掌握它的科学原理。

这里要提到一个概念：牛顿流体和非牛顿流体。从流体力学的角度来说，凡是服从牛顿内摩擦定律的流体都称为牛顿流体，否则称为非牛顿流体。在我们的生活中，水、酒精等大多数纯液体、轻质油、低分子化合物溶液以及低速流动的气体等均为牛顿流体，而高分子聚合物的浓溶液和悬浮液等一般为非牛顿流体。

岑可法说，属于牛顿流体的自来水、河水、海水加了煤粉之后，就变成了非牛顿流体，牛顿流体属于低黏性流体，非牛顿流体的黏性比牛顿流体强，并且会随着浓度的增大而增强。和牛顿流体不一样的是，非牛顿流体的黏度会随着时间变化，放的时间长，黏度就变了。当水煤浆浓度较低时，它依旧可以被视为牛顿流体；而当浓度超过 20% 时，它就逐渐变成非牛顿流体。

充分认识到水煤浆的这些物理特性之后，岑可法想出了破解"水火不容"之道：用添加剂的方式让煤粉越多越好，浓度越大越好，这样才更利于燃烧。而水只做一个流体，带煤粉走。

问题是黏度产生阻力，如果黏度过大，造成堵塞的概率就会加大。

如何做好这个平衡呢？不管是牛顿流体还是非牛顿流体，研究已经表明，温度升高之后，黏度都会降低一点，于是他们就设计加热器，对水煤浆进行加热，降低其黏度，这样甚至还可以避免冬天时水煤浆被冻住堵塞管道。

岑可法研究团队的水煤浆实验终于在浙大试验台做成功了。

当时，其他国家也在持续推进水煤浆技术的实验和产业化，经过一段时间的摸索，美国、苏联、日本、瑞典、加拿大等一些国家陆续建成一批水煤浆厂和工业化应用项目，开始进入到商业性应用的早期阶段。

岑可法知道，在水煤浆的研究领域，中国必须尽快赶上，甚至是超越，这对于中国这个以煤炭为主要能源的大国而言，有着至关重要的意义。他们从微小液滴入手，到大型试验台的建立，从单液滴燃烧模型的建立，到大型燃烧综合模型的合成，一步一个脚印，没有条件就创造条件上。

水煤浆没有氧气不能燃烧，因为成本的问题，又无法直接注入氧气，只能通过输入空气的方式予以解决。岑可法说空气中有 21% 的比例是氧气，是能够解决问题的，但是需要技巧，关键就在于配风。

为了保证浆滴能够良好地燃烧，除了要有良好的雾化质量外，还必须进行合理地配风，以使浆滴与空气强烈混合，及时、充分地着火和燃烧。这就需要对整个系统进行巧妙地设计。

实验失败！再来一次！燃烧效果不理想！接着干！在连续的日夜攻关后，1982年，岑可法终于带领学生们试验成功用煤、水和少量添加剂混合的水煤浆，并且他们的实验也表明，在锅炉和工业炉窑中都可以做到100%取代燃油。

不久，岑可法了解到美国当时水煤浆燃烧的秘密。他发现美方在试验中居然加入了天然气，原来他们并不是单纯的水煤浆燃烧。这时岑可法的底气上来了，他胸有成竹地说："还是按我们的方法试烧吧！"在众目睽睽之下，岑可法让美国的同行们大为吃惊：不加天然气，不加一滴油，仅仅是煤粉和水，使用一点添加剂，他研发出来的水煤浆就可以充分燃烧！

岑可法的突破，美国的同行开始是不信的，他们根本不相信岑可法从美国回国之后在这么短的时间里就能够在没有外界帮助的情况下搞出水煤浆。

岑可法的演示让美国同行意识到，岑可法在水煤浆的研究方面已经跑到了他们的前面。最后他们信服了，该他们虚心学习了。很快美国同行一改先前高傲的态度，他们的一些实验数据也都大大方方地提供给岑可法参考和使用。

有了这样的经历，岑可法更加深刻地认识到，在科学领域的研究中，要想获得同行的尊重，是需要靠实力说话的，在国与国之间的同行更是如此。

美国试验台的考试

岑可法在浙大试验台和部分工厂开展的水煤浆燃烧试验越来越多地取得了成功。

1984 年，《纺织导报》刊登了一篇《北京印染厂水煤浆试验概况》。该文指出，"用水煤浆代替石油燃烧的经济效益将会越来越显著"。1985 年，我国第一条水煤浆小型工业生产线在辽宁抚顺矿务局胜利煤矿建成，每年可制备出高浓度的水煤浆 2 万吨。

岑可法自己的心里渐渐有底了，但是国家还有疑虑，水煤浆大规模搞到底可行不可行？

科学是求真的，真理不怕检验。

20 世纪 80 年代末，受煤炭部派遣，包括岑可法在内的三人团出发前往美国参与水煤浆实验。"当时煤炭部认为最好是把我们用大同煤做的水煤浆拿去美国试烧，让美国做的水煤浆试验跟我们做的结果对比，这样我们做出来信心更足一点。"岑可法回忆，同去的三人中，他是水煤浆燃烧专家，中国矿业大学的一位教授是水煤浆制备专家，还有一位是煤炭部处级领导。

这次国产煤制备水煤浆燃烧试验的实验地点就是位于美国加州洛杉矶的西方石油公司，也就是之前有技术人员向岑可法炫耀水煤浆技术并开价几千万元的那家公司。他们为了打开中国市场，在水煤浆的研究方面也想与岑可法研究团队合作。该公司的老板哈穆曾经协助列宁做过工业，被国际上冠以"红色资本家"之名，他也作为投资方之一支持兴建了中国最大的煤炭利用企业——神华集团。

那次的燃烧试验并不顺利，西方石油公司的技术人员从礼拜一做到礼拜四下午，结果却出人意料，大同煤制备的水煤浆总也烧不起来。

"他们的试验台，不容许我们动手，我们没有办法亲自操作试验。他们没有搞成功，却认为是我们的煤做成的水煤浆不行！这就是他们的试验结论。"岑可法又岂会轻易放弃。

"大同煤是最典型、最好的煤，而且在浙大试验台烧得很好。如果连大同煤都烧不起来，那水煤浆就没前途！"岑可法拒绝服输。

多年后，他回忆道，如果当时中国的水煤浆烧不起来，那就只能买西方石油公司的专利和设备了。就在中方负责人已开始和西方石油公司就具体价格展开谈判之际，岑可法主动提出：让我们自己来做一下试验！

西方石油公司的技术人员都看着他，心想这位来自中国的水煤浆燃烧专家肯定有过人之处，但是也很狐疑，有人问他："你有十足把握吗？"

岑可法神态自若："我不能说有 100% 的把握，但我参与研究了，我有我的指挥方法，对中国的煤比较了解。"

西方石油公司同意了岑可法的尝试，但是只同意他进行指挥，但不能操作，要由他们的实验员操作。

周六早上，试验继续进行。这次由岑可法指挥实验员，结果还不到一个小时，水煤浆就点着了！实验员们兴奋极了，把岑可法围在中间："岑博士，你真神了！岑博士，你是怎么点着的？"

"漩涡速度越高的话，中央气压越低，可以把周围高温烟气卷到喷嘴出来的地方，根据物理概念，有了足够的热量到了着火温度以上，火就点起来了。"岑可法说完，众人还没回过神来，岑可法接着提议："这样行不行，既然点着了，我们今天加班加点把所有数据测量出来？"

"他们的头说，礼拜六都不放假，加班！把燃烧效率、着火点、燃烧温度分布这些该测的数据都测出来！这个不收你钱，白送给你！"每次对人讲到这一段，岑可法都笑着把大手一挥，仿佛那"起死回生"的一幕就在眼前。

再复杂的问题，只要抓住了重点和关键，就不复杂。岑可法让我国的水煤浆技术赢得了国外专家的赞誉。

其实，当年岑可法在西方石油公司做大同煤制水煤浆试验，跟所用的是大同煤也有关系，如果是淮南煤，煤质更差一些，着火的难度就要大多了。

岑可法的底气还来自他自己此前所做的一系列实验。

在浙大热能所，几幢办公楼成围合之势，中间环抱着大大小小的试验台架，矗立在蓝色的顶棚之下。这些实验台有炼钢用的，有提钒的，有提油的，有做富氧燃烧的，还有做太阳能试验的，这是一个半开放的中试实验室。中试是从基础研究到产业化应用的中间环节，实验室平台主要面向基础研究，中试平台解决实际问题。

就是在这里，岑可法带领团队做了一次又一次的水煤浆燃烧实验，最后确定了燃烧效果最好的就是大同煤。去西方石油公司之前，岑可法已经胸有成竹了。

"很多东西他自己在这里都烧过，是在这里做了大量实验和研究的基础上烧成功的，并不是说他是一个神，一挥手就把它烧起来了。"浙大热能研究所教授骆仲泱说。

水煤浆的燃烧必须像液体燃料那样，由喷嘴将其雾化成雾滴后才能在炉膛里较好地燃烧，这种燃烧对雾化喷嘴的质量性能要求很高，要具有良好的雾化特性，有良好的防堵防磨性能，还要有合适的雾化角和射程，雾化角要与燃烧器相匹配。

岑可法和团队成员那个时候没有可以参考的雾化喷嘴。

美国试验成功后，水煤浆又在位于北京东单的北京化工厂进行工程试验，结果发现水煤浆的喷嘴是个很大难题，要么使用寿命短，要么容易堵塞。年轻的黄镇宇有一次跟岑可法交流到喷嘴的现状，岑可法就安排他去做喷嘴研究。

黄镇宇办了一张浙江省科技厅资料馆的借阅卡，连续两个月每天都去馆里查资料、查专利，看缩微胶卷，对国外各种各样的喷嘴都了解了一个遍，之后向岑可法做了汇报，岑可法批准他在工程上做大规模试验。黄镇宇等人不停地实验，失败了就总结经验再干，终于解决了喷嘴这个难题。

后来，我国的水煤浆电厂几乎100%用了岑可法研究团队设计的喷嘴，只有北京的燕山石化没有使用，岑可法说之所以不用他们的喷嘴，是因为燕山石化的水煤浆锅炉是日本的绿色援华计划送的，协议中限制了喷嘴要用日本人的喷嘴。

浙大的水煤浆喷嘴设计很巧妙，水煤浆喷出时先撞到喷嘴处的流体型硬板，再转弯，硬板是用合金钢外面镀了一层陶瓷制成的，耐高温耐磨损，煤粉被硬板撞击成更细的颗粒，雾化效果也更好。为了保证效果，黄镇宇他们做硬板的合金钢都是请军工厂推荐的，具有耐高温特性，而且成本低廉。使用的陶瓷虽然易脆裂，但耐磨性很强，镀在合金钢上就能取长补短。

试验表明，浙大的水煤浆喷嘴每小时能喷 7 吨水煤浆，最多时能达 9 吨，这种喷嘴在大型工厂使用在规格上已经可以基本满足要求了，后来获得了国家专利。

能大规模投入生产，接下来就要进入实战了。在国家的大力支持下，岑可法同时协调中国科学院六个院系以及电厂的科研技术人员一同攻关。

1988 年，在岑可法等人主持下，北京造纸一厂、兵器工业部 52 所等 6 个单位一起开展了 50 吨/小时燃油工业锅炉应用水煤浆代油燃烧技术联合攻关，这是被列入国家"七五攻关"的重大工程项目。

除了浙大，中国科学院等国内多个单位都参与水煤浆的研发之中。当时分工很细，岑可法研究团队负责燃烧，有的做喷嘴，有的做燃烧器，有些做锅炉，有些做防结渣，中国科学院专门做耐磨的材料……很多单位都贡献自己的力量来做这个事情。

最终，水煤浆代油大规模工程中应用的新技术攻关成功。

岑可法在水煤浆领域的成功也推动和瑞士的一家公司达成了合作。因为 1981～1983 年岑可法都会去美国开有关水煤浆的会议，这几年他和研究团队也发表一些有关水煤浆的文章。瑞士苏尔寿公司是国际上知名的大公司，知道岑可法研究团队在水煤浆领域做得不错，所以 1983 年就提出想跟他们合作，希望岑可法去参加水煤浆会议谈判。1984 年，岑可法派其他老师去瑞士开水煤浆会议，跟他们接洽。接洽之后，对方认为谈得不深入，还是让岑可法自己到瑞士去谈。充分了解了对方的合作诚意以后，1985年岑可法等人就到瑞士去谈判，合作谈得很成功。

"那时我们没有谈判经验，知识产权方面怎么谈，都是先赶鸭子上架，后来才慢慢学。再比如法律问题，国际合作如果出了问题要打官司，在哪个国家打？我当时就想着应该是第三方国家，通常是新加坡，然后，我们就请示领导，和教育部联系，交换文件。"岑可法回忆说。

1986年，浙大与瑞士苏尔寿公司签订了廉价水煤浆流化床燃烧技术（LowCost Slurry Fluidized Bed Combustion Technology）的有偿科研项目协议，苏尔寿给的研究费为18.5万美元，以当时的美元汇率计算，相当于100多万元人民币。这项合同期限是4年，岑可法研究团队要采用当时最新的第三代流化床技术做出一个煤水混合物样机，由岑可法他们负责研究设计、做试验，也派老师过去建工程装置。整个过程中，苏尔寿也派工程师参与研究。样机出来以后，拿到苏尔寿公司的实验室，结果燃烧水煤浆很成功，受到苏尔寿公司很高的评价。

1987年，岑可法与瑞士苏尔寿公司签署合作纪要

为了加强水煤浆的研究、开发、产业一体化，1992 年，我国成立了国家水煤浆技术工程技术研究中心，这也是我国首批组建的跨行业、跨学科的国家级工程技术研究中心，专业门类齐全，覆盖了煤炭、电力、冶金、轻工等行业。

该中心下设制浆技术研究所、燃烧技术研究所、储运技术研究所、工程设计研究所、添加剂技术研究所、炉窑技术研究所等六个专业研究所和多个专业设备制造基地及制浆、燃烧示范培训基地。岑可法担任燃烧技术研究所所长，他们的重要使命是继续推动水煤浆燃烧技术和工业化发展。

20 世纪 90 年代以后，岑可法团队的曹欣玉教授主要负责浙大水煤浆的推广工作，他对水煤浆从浙大走向全国的经过记得很清晰。

浙大成功开发水煤浆技术之后，由煤炭部列上国家攻关项目，先在厂里面做实验，"六五""七五"国家攻关是在造纸一厂做，把20 吨/小时锅炉改造成烧水煤浆，再放大 3 倍做试验，改造 60 吨/小时锅炉，"八五"攻关是到山东淄博的白杨河电厂，将原来烧油的250 吨/小时的锅炉改造成烧水煤浆。之后，又把水煤浆技术推广到广东，从改造 220 吨/小时锅炉开始，到后来改造 400 吨/小时 200 兆瓦的锅炉。

这一阶段，我国已经开始进入改革开放后的经济高速发展期。国家经济发展快了，油的需要量就多了。因为我国缺油，而水煤浆能代替油，开始受到越来越多的关注和重视，水煤浆不仅要做试验研究，更重要的是需要具体实施推广，所以这个时候就发展起来了。

浙大教授曹欣玉回忆，1997～1999 年是国内水煤浆最兴旺的时期，包括电厂锅炉在内的水煤浆大型锅炉估计都有好几百台，另外还有近千台的水煤浆小锅炉，像小型工厂里的供暖，有的甚至于宾馆锅炉，买油烧不起，天然气也烧不起，也都烧水煤浆锅炉。

"所以那个时候是我们发展最快的阶段，我们也是一天到晚忙得不得了。"当回忆的片段像放电影一样从曹欣玉的脑海中滑过之时，他的眼神里充满着骄傲和自豪。

让岑可法团队更为自豪的是，1997 年，他们研究洗煤泥燃烧的"煤水混合物异重床结团燃烧技术"还获得了国家技术发明奖二等奖，这是继水煤浆燃烧之后，又一项被美国能源部评价为值得关注的技术。

等待春天

水煤浆技术从工程应用上取得成功以后，一些企业热情也很高，但是当时很多人对水煤浆存在一些误解，譬如认为：水煤浆还是煤，水煤浆就是用煤兑上水。

因此，经过第一阶段的发展后，有很多企业都纷纷上马水煤浆项目，锅炉也很乱，很多是以次充好。导致水煤浆的发展比较混乱，这种局面也给水煤浆的发展和推广利用带来了很大的困扰，这也让岑可法等研究人员为之"背黑锅"。

水煤浆和煤不能画等号。它是一种新型、高效、清洁的煤基燃料，对工艺和燃烧设备的要求都较高，一窝蜂地乱上马肯定会出状况。但上马项目时，一些人却不管这些了。

外部的世界能源格局也在发生重大变化。1995～2002 年，因为石油大幅降价的冲击，当时生产一吨水煤浆的费用比直接买石油还贵，导致水煤浆基本上处于技术停顿的低潮期。

不过，我国并没有打算放弃水煤浆技术，与之相反的是，还在加速推进相关技术的发展。那时，国家也在从政策方面大力推进我国水煤浆工业的发展。2000 年 2 月 27 日，经国务院批准的由国家科委、经贸委签发的第 7 号令中，将水煤浆与水煤浆技术列为《当前国家重要鼓励和发展的产业、产品和技术目录》，此外，在 2001 年国家出台的《节约和替代燃料油"十五"规划》中，明确提出到 2005 年全国节约和替代燃料油 1600 万吨的目标，并将采用水煤浆技术替代燃料油作为主要技术途径。

这种背景下，2000 年后我国水煤浆制备技术得到快速推广应用，在电力、石油、冶金、化肥、化工、建材、轻工等行业，被广泛运用于工业锅炉、民用锅炉、窑炉、电站锅炉上代替油、煤燃烧。

2005 年 12 月，广东南海最大水煤浆发电厂建成，总装机容量 20 万千瓦，这是目前国际上最大的水煤浆发电厂。"当时购买一吨原油，需要 2800 元到 3000 元的价格，而购买一吨水煤浆，却只要几百元到 1000 元左右的价格，价格比原油低几倍，能源的成本大大降低了。"岑可法回忆。

水煤浆的应用发展也很快，根据浙大热能所的统计，经过 20 余年的努力，设计开发和新建改造的水煤浆锅炉到 2006 年底已达 70 余台，每年可为国家节约替代燃油 150 万吨，并且取得了重大的经济、社会和环保效益。

2006 年底，以浙大机械与能源学院院长、热能所所长岑可法院士为项目负责人的"水煤浆代油洁净燃烧技术"通过浙江省科技项目鉴定。中国工程院院士秦裕琨为主任的鉴定委员会专家高度评价水煤浆燃烧技术及产业化应用的成就，鉴定意见认为：浙江大学的"水煤浆代油洁净燃烧技术"具有完全自主知识产权，并已居于国际领先水平。

从 2003 年起，世界对水煤浆的热情，因为油价的上升而重新燃起。意大利、俄罗斯等一些国家纷纷找到浙大热能所，洽谈水煤浆技术的推广应用。2007 年 1 月 11 日，意大利第二大电力公司 Edipower 和浙大热能所签订正式合同，委托热能所针对 2 台 320 兆瓦和 4 台 160 兆瓦燃用重油的大型电站锅炉改烧水煤浆进行可行性研究。

后来，因为石油价格的下降，发展水煤浆的紧迫性又开始下降，所以全球水煤浆行业一直发展得不温不火，然而在中国却是一枝独秀。

2009 年，岑可法研究团队再获丰收，岑可法、周俊虎、刘建忠、曹欣玉、黄镇宇等研究人员参与的"水煤浆代油洁净燃烧技术及产业化应用"项目获得国家科学技术进步奖二等奖。

黄镇宇教授认为，浙大的水煤浆技术之所以能获国家科学技术进步奖二等奖，经济效益是很有说服力的一条，当时，水煤浆代油清洁燃烧技术已经应用到全国 15 个省市，建成全球最大的 200 兆瓦水煤浆发电机组有两座，建成 500 台锅炉，在全国各行业应用，代油 250 万吨，有应用证明的经济效益达 53.6 亿元，光是广东茂名电厂的 400 吨/小时的水煤浆锅炉，在取代烧燃油之后省下的燃料费就有 50 个亿。"因为烧油的电价比烧煤的电价高，国家特批改成水煤浆代油后仍然享受烧油的油电上网价格，所以经济效益非常显著。"

得到获奖的消息，当热能所所有的老师都在欢呼时，岑可法的眼睛有些湿润了，他自己的心底知道，这个项目能够获得国家级大奖，实在是太不容易了，从他最开始投入水煤浆的研究算起，已经整整过去了 30 多年的时间。

一个个难点、一个个关口，技术突破的一幕幕场景不时浮现在他的眼前。这里面的酸甜苦辣他都一一品尝过。

从 1978 年前后，岑可法带领团队在国内率先开始水煤浆的研究和实验开始，到 2023 年，水煤浆在我国的发展已经走过了 40 多年的历程。

在岑可法的带领下，浙大热能所先后形成了煤浆流变、雾化、着火和燃烧等一系列理论和工程应用技术。该研究成果为动力工业中减少使用燃油、低污染燃烧以及为煤炭管道运输提供了一种非常具有价值的终端技术，对改变我国煤炭运输结构，推广洁净煤技术，减少对环境的污染具有重大的意义。

该研究成果现已广泛用于电站锅炉、工业锅炉和工业窑炉，替代原来的燃料油和燃气，并已经在茂名热电厂、汕头万丰电厂、白杨河电厂、燕山石化电厂、胜利油田、山西汇河水煤浆厂、枣庄矿务局等单位予以应用。该项技术还被输出到日本，并成为日本政府绿色援华计划的一部分。此外，该项技术成果还输出到意大利、俄罗斯。

水煤浆在我国工业化生产以后，也几乎完全代替了油煤浆。多年来，包括岑可法团队在内的研究人员一路攻关，不断地将我国水煤浆工业从实验室推向工业化生产，使水煤浆真正做到了产学研相结合。经过数十年的科技攻关和生产实践，中国水煤浆技术也已经达到国际先进水平。

时至今日，水煤浆应用领域已经涉及电力、冶金、化工、供暖等多个行业，并形成科技开发—项目设计—工程建设—生产经营—行业管理一体化发展模式。目前，中国的水煤浆厂数量和总生产能力均居世界第一，而且已经进入工业推广应用阶段。中国拥有丰富的制浆原料煤，这也奠定了水煤浆行业可持续发展的基础。

国内水煤浆应用当前主要集中在电站锅炉，中小燃油、燃气、燃煤工业锅炉，陶瓷等建材领域和煤化工领域。其中，煤化工领域使用的水煤浆量已超过燃料水煤浆的使用量，而燃料水煤浆主要应用是中小工业锅炉。鉴于水煤浆的诸多优势，越来越多的有识之士呼吁加大其在国内的推广力度。

对于今天的水煤浆技术，岑可法说从科学传播的角度可以这样理解：水+煤+一定的添加剂+一定的燃烧技术=100%代替石油、无污染、易运输、低成本……

与燃油发电相比，水煤浆发电不仅费用节省一半以上，而且减少了二氧化硫的排放。发展水煤浆技术，不仅能够节省宝贵的石油资源，还可以解决煤炭的环保等问题。

作为一种新型燃料，水煤浆铁道运输、管道运输都行，这为其使用带来了很大的便利，具有显著的社会和经济效益。

"水煤浆作为一种比较清洁的油的替代燃料，在运输以及最后燃烧污染物控制等方面都具有优势特性，之所以现在国际上用得不是很多，实际跟煤有关。现在西方国家煤用得非常少了。不然的话，水煤浆技术还会有更大的发展空间。"骆仲泱表示。

"水煤浆技术永远是我国煤炭工业的一种重要战略技术储备。"岑可法依旧非常看好水煤浆技术的未来。

第七章

煤的工业变奏曲

自从懂事时起，岑可法对黝黑的煤就不陌生，他不仅知道当时的很多工业中都要用到煤，就是在他和家人们的身边，煤也是极为重要的生活能源。

人类利用煤炭的历史极为久远，究竟最早是从什么时候发现这种黑乎乎的石头般却比石头轻得多的物质在燃烧中的价值的，很难予以考证。

根据考古发现，在我国的新疆地区发现了距今 3500 年前古代煤炭利用的遗迹。这是目前已知的人类最早利用煤炭的历史。

春秋战国时期，中国多地都已将煤炭用作燃料。到了汉代，煤炭的利用在我国已经比较广泛。煤炭利用的途径也开始变得多样化起来，除了用作取暖烧火做饭的燃料，甚至还开始向冶炼方向发展，并且至少在 2000 多年前就开始成为社会生产力跃升的助推剂。1979 年，洛阳市博物馆在该市吉利区发现了一座大约是西汉中晚期冶铁工匠的墓葬，经过挖掘，发现墓葬内有坩埚 11 个和不少五铢钱。坩埚的内外壁均有烧流，都附着熔炼后残剩的铁块、煤块和炼渣、煤渣。经鉴定，确认"坩埚外壁底部附有煤"，说明当时是直接用煤作为冶铸铁的加热燃料。

用煤冶铁，使煤炭从生活领域进入生产领域，既可以制造兵器装备军队，又可以制造各种生产和生活工具，可以用来提高工农业生产和改善人们的生活，煤炭利用慢慢地向多方向、大规模方向发展，这是利用煤炭的一个大飞跃。

到了宋代，煤炭已经成为众多老百姓的重要生活物资。《宋史》中明确记载称："昔汴都数百万家，尽仰石炭"。煤炭在当时百姓家中的重要性由此可知。

最开始，我国对煤炭的利用都是从地下开采出来后，只选出可见的矸石，不经过任何加工处理的煤炭燃烧，也就是直接对原煤予以燃烧。为了减少污染和提高燃烧效率，聪明的古代中国人民又发明了更加高效和清洁的焦炭。

中国是世界上最早发明炼焦技术和使用焦炭的国家。至迟在唐代，我国已经出现焦炭的雏形。到了宋元时期，焦炭已经在我国被规模化运用。除了民用领域以外，焦炭还被大规模地运用在冶金行业，极大地提高了冶金行业的效率。

18世纪60年代从英国开始的工业革命是人类文明进程中一个重大转折点。由于铁和蒸汽对煤炭的需求猛增，煤炭生产和加工技术也随着科学技术和工业的发展不断进步，不幸的是，中国却在闭关锁国之中错过了这一轮人类社会走向现代文明的发展机遇，令人扼腕！

进入近现代以后，西方先进科学技术的引入，中国也开始走上现代工业的发展之路。随着机器工业的不断发展，对煤炭的需求越来越大，由于我国是个富煤贫油少气的国家，煤炭也就成了工业发展最为主要的能源供应方式。并且在相当长的时间里，煤炭在中国一次能源生产和消费结构中的比例一直保持在 70%左右，我国能源资源禀赋决定了煤炭的主体地位在相当长时间内难以改变。

作为能源工程领域的科学家，岑可法对中国的煤炭利用历史和工业发展过程了如指掌，他知道他的重要使命是什么，当初到苏联去留学时如此，归国以后投身于我国煤炭利用的工业实践以后更是如此。

虽然自人类进入工业化时代以后，煤炭的利用方式已经几经变革，煤炭多元化、推进清洁利用已经成为可以看得到的方向。岑可法知道，煤炭的利用方式改进没有止境，他和他的弟子和学生们需要一直走在探索的路上。

煤泥攻坚战

20世纪80年代，在推进水煤浆工艺研究的时候，岑可法又把视野投向了煤泥。

煤泥主要来自对煤炭的清洗。当时我国引进美国的洗煤厂，将煤"洗干净"后运输，降低了运输成本，但是每年洗选后大量的洗煤泥作为废弃物堆放，造成了能源浪费和环境严重污染。

洗下来的煤泥顺着雨水流到河里，鱼死了；流进田里，农作物就死掉了……岑可法睹此景，心如刀绞："如此浪费，又如此污染，实在令人痛心！"

自 1980 年起，岑可法与他的团队就开始瞄准洗煤污染的难题。无数次的试验，无数次的失败，他们发明了"异重流化床"技术，让洗煤泥也能转化为电力。这一创举，不仅极大提升了煤炭的燃烧效率，更使污染得以显著降低。

1983 年，岑可法带着他的第一个博士生倪明江做煤泥发电锅炉技术的课题攻关。

如何将煤泥变废为宝？这是他们希望突破的问题。

岑可法说："一开始也担心过能否成功。当时全世界还没有用洗煤泥来发电的电厂。但这是国家迫切需要的，美国人不能做，我们就自己做，自己创新。"

"我们把含水煤泥打到炉顶，用几十毫米粗的孔板高位让它慢慢掉下炉膛内，在炉内把水分蒸发掉，然后掉进充满石英砂的密相层，像煮稀饭一样上上下下反复地燃烧，一层层燃烧殆尽直至烧光，没有黏性的灰一层层剥下来，随烟气带出炉外。"

经过持续的努力，岑可法的团队成功了。世界上第一台完全以洗煤泥为燃料的热电厂也在 1989 年成功投入商业运行。实验成功以后，该成果在我国煤炭系统迅速得到大量推广应用，全国的洗煤厂基本用上了这种创新的技术，并且燃烧煤矸石也完全没有问题。令人惊喜的是，他们的这项洗煤泥结团燃烧技术让煤泥的燃烧效率比烧煤还高。

中国是世界上最大的煤炭生产国和消费国。煤炭在我国能源结构中居于绝对支配地位，受资源禀赋的影响，中国煤炭生产主要集中在山西、内蒙古、山东、河南、陕西等中西部省区，能源消费却主要集中在沿海广东、江苏、山东、河北、辽宁等经济发达省份。大量煤炭需要通过铁路、公路、水运等方式自北向南、自西向东运输。

"以前中国铁路 50% 到 60% 的运力是用来运煤,从新疆、山西等产地运到沿海地区工厂。现在我们把煤泥和煤矸石洗掉,将精煤运出来,减轻了铁路运输的压力,也减轻了沿海城市的大气污染"。

谈吐之间,岑可法的思绪回到了二十世纪七八十年代。他情不自禁地回忆起了泥煤燃烧过程研发的始末。

那时,因铁路建设的滞后,我国铁路运力极为紧张,拉煤的火车一辆接着一辆,沉重缓慢,隆隆作响,就像拉载着这个东方文明古国沉重的历史包袱。

有没有更经济的方式?很多人首先想到的就是净煤运输,也就是把原煤中的矸石清理之后再运输,这样可以减少约 20% 的运量。假如开采出来的煤是 100 吨,清理完矸石,加上被水洗走的煤泥,最多还剩 80 吨。

100 吨煤中清理掉的 20 吨煤泥和煤矸石,也是可以燃烧的资源。煤矸石虽然能量密度远不如煤炭,还是能够燃烧的,经过团队攻关,他们解决了这个难题。现在轮到想办法解决煤泥的问题了。洗煤厂里流出来的煤泥,在很多地方都导致污水横流,无处下脚。这不仅严重污染环境,对于煤炭开采而言也是巨大的浪费。

岑可法认为,国家要发展,工厂就要开起来,马达就要转起来,这就需要能源,煤炭作为中国最为主要的能源开采规模会越来越大,但当时处理过程还是很大的短板。当时中国从瑞士、美国买回最先进的洗煤厂设备,煤块可以清洗得很干净,但煤泥却处理不了,不仅造成很大的能源浪费,也带来极大的环境污染,一度成为国家的"卡脖子"的问题。

一些人说,中国是一个富煤国家,煤炭浪费一点没有多大的关系,多挖一点就可以解决问题,但煤泥对环境的污染却是不可逆的。国家下定决心要解决这个问题,并希望能够把煤泥变废为宝。

岑可法担下了这个重任。"我好强的性格,觉得自己有把握做这个事情。"

开启这项研究的源头与陈运铣在北京参加一场全国会议密切相关。当时，陈运铣在会上介绍了浙大流化床的研究成果，恰好四川永荣矿务局局长也在会场，便和陈运铣讨论该成果是不是有可能用来烧煤泥。浙大对这个想法非常重视，很快派工程热物理学系的一位领导陪着倪明江去永荣考察，确定了与四川永荣矿务局的合作。

而后，在项目负责人岑可法的带领下，浙大热能专业的一群青年教师和学生先在实验室做小型实验，后转战四川永荣，找到一个快报废的发电厂做放大多倍的破坏性试验。

当时身为技术负责人的倪明江记得，他们一帮人经常到永荣，一去就是半个月、一个月，异常艰辛地完成一次试验后，就去吃热辣辣的重庆火锅犒劳自己，边吃边继续"头脑风暴"，汗流浃背，酣畅淋漓。科学实验没有捷径可走，只有通过一次次做实验，一次次在实践中摸索，一次次在一起讨论……就这样，岑可法和研究团队攻克了一个又一个难关。倪明江说，那个时候大家的收入都很少，大家也很少去考虑经济利益。那时候他们做项目，也没有什么经济利益的刺激，所以谁也不会去想这些东西，都是有一个任务，就大家一起想方设法把任务完成。

1983 年，浙大与四川永荣矿务局发电厂、煤炭部煤科院煤炭化学研究所共同承担的洗选煤泥流化床燃烧技术攻关项目迎来项目验收，岑可法和一群专家约定，要同一天抵达四川项目现场。当时从杭州到四川没有直达的航班，须转道上海。岑可法先坐火车到上海，下了火车坐公交赶去机场，公交车上人很多，他拉着公交车上的吊环，突然一个急刹车，吊环直接撞击到他的左眼。

当时岑可法就觉得看不清楚了，但很多专家在四川等着验收他们的中试装置，他一时就顾不上治疗眼睛了，心里想着先赶去验收再说。

验收取得极大成功，鉴定为国内首创，达到国际先进水平。

但是当岑可法回到上海再检查，医生告诉他，因为碰撞导致眼球膜黄斑出血，受伤后也没有立即进行处理，视力已经没办法复原。

"眼底黄斑变性，就像胶片底板损伤了，出血后出现了疤痕，图像连不起来了，这只受伤的眼睛只有五分之一看得见，还有五分之四看不见，导致体感不好，看东西不是立体的，比如上下楼梯的时候，就看不见每一阶楼梯多高。"

西医束手无策，岑可法后来又去上海看过一阵子中医，长时间在杭州、上海两头跑。岑可法知道这样下去后果很严重，这会给他的工作带来很大的影响，他想办法赶紧医治，看看还能不能挽救。他在上海看了多个西医，却都束手无策，医生说他已经过了最佳治疗时间。岑可法不甘心，后来又在上海条件好的大医院看中医。那一阵子，他经常在上海和杭州之间奔波，希望对视力能够调理调理，至少也希望不再继续变差，但受伤的左眼视力还是渐渐差了下去。岑可法是个爱面子的人，从来没有和身边的人说过这个事情，所以在好长的时间里系里的老师们都不知道。就是对妻子沈珞婵，虽然他说过自己的眼睛在上海被撞了一下，也是几句话随便就带过了，这导致沈珞婵根本就不知道岑可法的眼睛受伤有多严重。

最后，眼科医生给岑可法的左眼配了一支1000多度的镜片，他的这只眼睛的视力才能勉强好一点。

出现这样的情况，岑可法的内心是非常沮丧的。每当极度沮丧的时候，他就想起了中国的保尔·柯察金——吴运铎，他觉得与吴运铎相比，他还是极其幸运的，因为与吴运铎的严重伤残相比，他一只眼睛的伤残还算不得什么，于是内心也就坦然了，接着又投身到紧张繁忙的工作中。

因为是在上海的公交车上由于车的急刹导致意外受伤，按道理岑可法是可以打官司索要赔偿的，但岑可法说那个时候他的工作正处于紧要关头，忙得要命，根本就顾不上打官司。让岑可法十分高兴的是，那时他们面前的难关都被一个个攻破了。

而后，浙大继续推广煤泥流化床燃烧技术，又与兖州矿务局、煤炭部煤炭科学研究总院煤炭研究所承担了研制 35 吨/小时洗煤泥流化床锅炉的重大任务，目标是建成国际上第一个大型煤泥热电厂。

岑可法的工作重心又从四川永荣转向山东兖州，每个月都要出差一两周，有时甚至整个月都在外面。因为处理现场故障，都要当场了解情况。

"炉子出了问题，你要比工人先爬进去，不然工人不知道爬进去干什么。工程都有这个问题，你建铁路挖隧道的，不是也很艰苦吗？你炼钢铁也是很艰苦，从炼钢炉边上走过去，铁水到处飞，你走过去做实验……只有在热能所做试验干净点，发给大家的工作服有白大褂、蓝大褂，没那么脏的时候穿白褂子，脏的时候穿蓝褂子，但到了现场肯定和工人穿得一样。工厂满地都是污泥，做完实验都灰头土脸，谈不上怕不怕脏，是必须脏！"岑可法以苦为乐，说到"必须脏"三个字时铿锵有力，充满自豪。

正是这种不怕苦不怕累的拼搏和乐观精神，他们终于在山东兖州建成投运了国际首座洗煤泥发电厂。

研究团队关于泥煤的研究也迎来了收获的时刻。1997 年，作为从"六五"攻关延续至"七五"攻关的国家重大课题，由岑可法、倪明江、黄国权、杨家林、池涌、蒋旭光、严建华等人参与的"煤水混合物异重床结团燃烧技术"获国家技术发明奖二等奖，当年一等奖空缺，由此足可以看出该项发明的含金量。这标志着岑可法团队关于泥煤的研究也得到了国家层面的高度肯定与认可。

很多年之后，与岑可法相识多年的美籍华人能源学家向哲愚主动向他透露了一个"秘密"：山东兖州的煤泥热电厂建成之后，美国能源部曾暗中派他对热电厂进行调查，形成了一份书面报告提交美国能源部，认为中国做得很成功。

兖州矿务局请美国人设计了全世界最先进的洗煤厂，但美国人没办法处理洗出来的煤泥，这个难题最终是被中国人自己解决了，而后美国能源部甚至也将煤泥燃烧发电技术列为"值得关注的技术"。这项技术也实现了向瑞士、美国、韩国等国家的输出。

1999年，岑可法在山东兖州煤矿现场

"我们既解决了大量煤泥污染的难题，又能清洁高效发电，真正实现了变废为宝。"岑可法说。

煤泥燃烧成功以后，岑可法的思维又开始延伸了。既然煤泥可以燃烧，其他污泥能不能燃烧？污水可不可以燃烧？有些人觉得岑可法的脑洞开得实在有些大了，但他不这样认为，这并不是完全的异想天开。他想着这些污染物中都有能够燃烧的物质，应该能够找到可行的办法。并且，美国1962年就建成了世界上第一台专门焚烧污泥的锅炉，而后德国、日本、丹麦、瑞士、瑞典等国研究人员也开始进行污泥焚烧系统的研究和工程实践，其中以日本的成就和应用最为显著。

说干就干，从1992年起，岑可法带着研究团队又开始了新的尝试，他们在国内首先系统开展污泥流化床焚烧技术的研究，将浙大热能所的异比重流化床焚烧技术应用于污泥焚烧处理工程中。凡事最怕认真，一认真，很多最初认为不能成的事情也就干成了。1996年6月，岑可法团队用异比重流化床焚烧技术设计的一台65吨/天大城市废水污泥焚烧炉制造完成并运往韩国，安装后运行良好，得到了业主的好评并获得认证证明。此后，越来越多的污泥燃烧技术开始在国内进入工程实践的应用。

污泥焚烧是利用焚烧炉将脱水污泥加温干燥，再用高温氧化污泥中的有机物，使污泥成为少量灰烬的过程。这是"最彻底"的污泥处理方法，它能使有机物全部炭化，有效杀死病原体，最大限度地减少污泥体积，而且占地面积小，自动化水平高，不受外界条件影响。

污泥焚烧技术可分为直接焚烧和混合焚烧两种类型，其中直接焚烧是利用污泥本身有机物所含有的热值，将污泥经过脱水等处理后添加少量的助燃剂送入焚烧炉进行燃烧，混合焚烧是将污泥与煤或可燃固体废弃物等混合燃烧，用于发电、制砖等。

通过不断地摸索和实践，浙大热能所将两种污泥焚烧模式都不断推向技术成熟，完全具备了推广应用的价值。因为多方面的原因，尽管国内目前实践污泥燃烧的地方并不多，规模也不大，但并不能掩盖这项技术的光辉。

污泥研究开展后不久，岑可法研究团队开展的污水燃烧研究也获得了突破。这种从油煤浆、水煤浆、污泥等方面延伸出来的燃烧思路，在他们面前变成了现实。

煤的分级利用多联产

石煤燃烧搞成功了，油煤浆搞成功了，水煤浆也搞成功了，当岑可法带着研究团队实现煤炭利用中的一项项重大突破时，他的思绪延伸到更远的地方。

看着漆黑的煤炭，有时岑可法把煤炭拿在自己手里，一个人静静地看，一看就是老半天，无数个夜晚，他也把自己完全沉浸在深思之中。他观察到，全球产油国皆富裕非凡，而包括中国在内的煤炭大国却未必如此。岑可法对此深感困惑：何时煤炭大国也能像产油国一样繁荣呢？

经过多年的潜心研究，岑可法终于找到了答案：中国虽然煤炭储量丰富，但经济价值却未能充分发挥。煤炭的综合利用才是关键。他提出了"分级利用，多级联产"的理念，让煤炭的利用朝资源化的方向延伸，打破了煤炭仅作为燃料的传统观念。

岑可法深知，石油之所以价值高昂，不仅因其可作燃料，更在于它能通过石化工业转化为众多工业产品及生活用品。

长期以来，我国的煤炭利用主要有两种方式，一种是燃烧，还有一种是气化。大规模气化对煤的品质要求高，灰分要低，热值要高，而我们国家大部分煤都不符合这种条件。

所以我国煤炭 80% 以上用于燃烧发电，岑可法认为一把火把煤炭烧掉太可惜。"这样烧煤是一种太穷的搞法！"他常常对人讲，煤里还有很多好的、贵重的物质，也应该利用起来。

岑可法的眼中，煤既是能源又是重要的资源。

煤的能源属性众所周知，这主要是碳、氢等元素起着能源的作用。从能源的角度而言，就是完全将煤一把火烧掉有时也是很可惜的。煤中的有机质在一定温度和条件下，受热分解后会产生可燃性气体——挥发分，这是由各种碳氢化合物、氢气、一氧化碳等化合物组成的混合气体。岑可法说，煤中的挥发分主要是碳氢化合物，挥发分也具有能源属性，采用低成本将挥发分热解出来可以用于清洁燃气、用于生产化工产品要比与碳一起燃烧发电价值高得多。

然而，很多人并没有清晰全面地认识到煤的资源属性。除了碳、氢元素外，煤中还有许多有用元素如硅、铝、钙、镁等，有些煤中还含有价值更高的钒、镓、铀等稀有元素。这些元素残留在了热解、气化、燃烧后的灰渣中，如果采用合适的工艺技术将这些元素提取出来，最后的残渣用于建材生产，即"吃干榨净"，将大大提高煤的利用价值。

从苏联留学回国到浙大工作以后，因为工作需要，岑可法走南闯北跑过全国的很多地方，看到煤渣被随意铺设在马路上，压路机的轰鸣声中，煤渣变得坚硬如石。岑可法流露出深深的惋惜："煤渣，这是多么宝贵的资源啊！"这看似无用的煤渣，实则蕴含着铝、铁以及钒和其他不同种类的稀有金属。

钒是一种重要的工业原料，实验和计算表明，一些含钒量较高的煤，100吨煤渣竟能提炼出1吨五氧化二钒，其价值高达几万元，而五氧化二钒在价格好的时候每吨价格可以涨到20万元以上。十分可惜的是，在相当长的时间里这些依旧具有价值的资源却被白白浪费了，甚至还给环境带来污染。

岑可法带领团队展开了深入试验研究，先后开发出了提铀、提钒、提铝、提锂等工艺技术，而剩余的废渣，则被巧妙地转化为水泥。他带领研究团队与有关水泥企业合作开发的"硫酸铝渣微集料水泥""石煤高镁石灰石烧制高强低耗水泥""高镁石灰石烧制425R复合水泥""石煤、辉绿岩烧制复合水泥"等省级水泥新产品均取得巨大的社会效益和经济效益。

煤炭既是能源又是资源，煤炭的利用方式也得变一变。1988年，岑可法在国内第一个提出煤炭分级利用多联产概念，认为应该将煤先热解、气化，把里面的气体和液体成分——煤气、焦油，做成天然气或者化工品、汽柴油，剩下的高灰分的燃料再用于燃烧发电。

产生这样的想法并不是岑可法一时兴起，从20世纪70年代开始，他就有了这样的想法，并和其他研究者一起提出了煤的分级利用设想。10年以后，他的想法变得更加成熟和系统了。

在原国家教委博士点基金、国家"八五"科技攻关计划、国家高技术研究发展计划(863计划)、国家重点基础研究发展计划(973计划)等项目的支持下，岑可法研究团队建立了1兆瓦燃气蒸汽多联产试验装置，对该方案关键技术进行了大量的试验和理论研究，表明该方案具有燃料适应性广、燃料利用率高、污染排放低等特点，并申请了一系列国家发明专利。

973 计划第三、四届专家顾问委员（岑可法第三排左数第四位）

当时煤炭的环境污染问题还没有被广泛重视，岑可法的想法要比现在简单得多，也就是希望在其动力生产过程中尽量产生高附加值产品，在节能的同时推动国民经济的发展。

在研究的过程中，岑可法发现煤炭分级利用也是更加环境友好的利用方式。他的研究团队通过计算得出：同传统的单个利用系统相比，煤分级转化、多级利用发电，制煤气、焦油、水泥一体化发展，其节能减排效果显著，能节能 23.7%，减排二氧化碳 622 千克/吨煤。

这样的利用方式经济效益也更加可观。若推广到 300 兆瓦或 1000 兆瓦的电厂，同直接燃烧发电相比，煤的分级利用多联产系统的年产值将增加到原先的 4 倍左右。如果真的能够实现这样的目标，这的确是很有吸引力的。

岑可法丝毫不怀疑技术上的可行性，他的话语中充满了坚定。

"如果煤炭的利用能实现多联产，其价值将不可估量。"

煤炭利用实现多联产，将会让我国在煤炭清洁利用方面迎来根本性的变革。

在国际能源署制定的路线图中，2050年将实现全球能源消费的50%来自可再生能源，25%来自核能，另外25%来自矿物能源的清洁使用，其产生的二氧化碳必须实现捕集和封存(CCS)。

但在中国，据科学家估计，2050年中国50%的能源消费依然需要依靠矿物能源，而这部分若全部采用CCS，其费用高得惊人。

面对减排压力，中国究竟该走怎样的能源改革路线？作为能源工程领域的专家，岑可法也一直在思考这样的问题，"中国不可能按照国际能源署的标准执行，而必须发展自主技术、制定有中国特色的能源路线图。"岑可法指出，中国社会经济处于高速发展之中，能源消耗越来越大，未来三四十年巨大的能源转型对中国的经济发展提出了深刻挑战，面对2050年50%的矿物能源消费量，中国不能跟着西方的技术路线，完全依赖IGCC(整体煤气化联合循环发电系统)和CCS，而是必须发展具有自主知识产权的技术。

早在1999年，美国能源部来北京推广IGCC之时，岑可法就参与了我国是否要发展IGCC的讨论。岑可法认为，IGCC优点很多，但因为技术尚不成熟，也存在很多问题，譬如发电规模依旧偏小、成本较高、实现二氧化碳回收会降低5%～10%的效率等等，还有一个难以解决的问题是，IGCC电厂只能新建，不能改造，这让中国的老火电厂难以找到出路。因此，中国未来的能源工程发展不能跟着国外走。

"我们提出的一个解决思路是发展以发电为主、对煤进行分级利用的多级联产新技术。"岑可法的底气是浙大热能所在经过40多年的技术积累后，已经摸索出了这样一条完全自主知识产权的技术路线，可以在节能的同时产生高附加值产品，提高产值。

分级利用多联产解释起来并不复杂，这是一种把用相同原料加工的单一产品变成多种产品综合加工的创新性工厂路线和工艺流程，是一种跨行业、跨部门的综合生产，即用一个加工工厂代替多个加工工厂以达到提高设备效率及劳动生产率、综合节能、深度减排、增加产值和利润的多重目标。

"具体到煤的分级利用，就是在燃烧发电之前可首先洗选，精煤做成水煤浆代油；品位较差的煤泥、煤矸石直接燃烧发电；中煤先部分气化产生煤气制化工产品，剩余半焦再燃烧发电、供热和制冷，气化过程中硫回收资源利用，剩下的灰渣根据其成分用于提钒、制水泥、制建材，最终实现零排放。我国是一个以煤炭为主要能源的国家，在煤炭的利用上，走这样的路线才是我国能源走向循环经济的重要出路。"岑可法面带微笑详细讲解。他说，在漫长的时间里，我们对煤炭的利用都是一把火烧掉，但沙特阿拉伯人对石油的利用是怎么做的呢？他们把石油开采出来以后就推行分级利用，产生了很多高端产品，所以富得流油。

岑可法研究团队推行的煤的分级利用多级联产技术路线，系统中涉及的各个环节都已分别进行过应用示范。用他自己的话来说，在这个构想的一些段落中，他们已经一一取得了一些大的突破，技术已经不再是制约这个设想的核心问题，制约其发展的而是来自其他方面。

在减排的巨大压力下，我国的煤炭工业该如何前行？近些年，这个问题成为不少人深度思考的问题。有业界专家曾提出和岑可法不一样的技术路线，认为我国应将现有的煤化工技术往下延伸，将煤完全气化后做成各种化工产品，比如，甲醇、乙醇等，而岑可法则认为我国 80%的煤都用来发电燃烧了，应该首先去解决这 80%的煤的多联产利用问题，而非解决 20%的煤已经做得很好的技术问题。

前些年，岑可法曾让方梦祥等弟子专门做过计算，我国 80%发电燃烧的煤炭一年能够转化成 2000 亿立方米的煤气、天然气，而全国西气东送才 200 亿立方米，2000 亿就是 10 倍的西气东送的量。

2023 年，中国是世界最大的天然气进口国，天然气进口总量为 1592 亿立方米，占比达到全球的 17%，而我国一年发电燃烧的煤炭能够转化的天然气居然还要多得多，所以，在岑可法看来，这个量还是挺能解决国家的重大需求问题的。

煤的多联产的关键技术核心就是要解决热源问题。燃烧劣质煤是浙大热能所的传统优势项目，燃烧高灰分燃料不是问题，难的是前一个步骤——热解、气化。热解、气化都需要热量，提供热量的办法过去就两种，一种是纯氧燃烧，但纯氧成本高，另一种就是采用炼焦的技术，很难大规模工业化，且效率很低。有没有更好的办法呢？他们发展的石煤燃烧技术很好地解决了这个问题。

在"文化大革命"时期推动"石煤革命"时，岑可法和浙大热能专业的同事们从用大米煮粥的过程中汲取到了锅炉燃烧的灵感，他们经过反复试验，改造出了能够燃烧劣质煤的鼓泡流化床，这就是"石煤沸腾炉"。

鼓泡流化床燃烧温度可达 800～900℃，加入石灰后还可以脱硫，但低风速"鼓泡"的燃烧效率低，且炉膛内的埋管容易磨损，这些成了岑可法团队面临的新问题。

后来，美国发明了高风速燃烧的循环流化床，这种流化床较稳定，且燃料适应性广，好的煤、差的煤都能烧，关键是有 20～30 倍的循环倍率，即循环灰的热量相当于 20～30 倍的给煤量。循环流化床首先应用于化工领域，当它被引入烧煤发电时，从外观上看，最明显的改进就是多了炉顶的旋风分离器，能把没烧的煤分离回来，再经过返料装置送回炉膛，一块煤进入炉膛之后，能循环 20～30 次，煤也能烧得更透、更好，效率更高。

突破循环流化床燃烧

循环流化床研究的突破，对岑可法研究团队来说，是他们在燃烧技术领域一个质的飞跃。但后来美国相关研究团队又后来居上了，这让岑可法研究团队感受到了压力。

循环流化床技术当时在中国发展缓慢，与推广应用不足关系很大。从循环流化床问世到 20 世纪 90 年代，循环流化床在中国始终没有得到推广。

当时的中国正在闷头研制低倍率新型流化床，然而，没有站在前人肩膀上的科研往往是事倍功半。这 10 年中国流化床发展停滞，自主创新的流化床虽然加了惯性分离器，但效率没有提高。由于稳定性差，流化床几乎每个礼拜都要坏，它们也被戏称为"礼拜炉"。

20 世纪 80 年代末，当煤实现多联产的热源问题摆在浙大热能专业的岑可法团队面前时，方梦祥等一群年轻的博士开始大量查阅国外文献，试图了解当时国外最先进的流化床技术。1988 年，团队提出了一个"双流化床"的方案，当时国内对于循环流化床的研究还不多，但双流化床就是采用循环流化床技术，热解的热量就来自循环流化床的灰。煤先进入一个流化床热解、气化，然后热解、气化后的半焦到另一个流化床去烧。

算起来，方梦祥是岑可法的第二代弟子。他的博士一导是岑可法，二导是倪明江，三导是骆仲泱。方梦祥如今也是浙大热能所的教授、博导，并担任浙江大学青山湖能源研究基地主任。当年他们在流化床技术的攻关中遇到难以攻克的难关时，岑可法不仅给他们带来了柳暗花明又一村的体验，而且想各种办法支持他们进行工程试验。

岑可法一直强调做科研的大局观，他经常对自己的学生们说，不要一讲就讲到很细的一个地方去，要先从大局观判断。考虑一个新技术，先做一下理论分析，所以在建试验台前，他让学生先进行物料平衡、热量平衡计算，比如多联产方面，煤进来有多少热量到煤气、焦油和半焦，半焦燃烧以后产生多少热量，把整个热量平衡、物质平衡都做一做，通过理论计算，看看有没有可能性，原理上能不能行得通。

岑可法、倪明江、方梦祥、骆仲泱合照

岑可法的这一指导思想让方梦祥终身受益。"很多时候你如果不做这个东西，直接上工程，就极有可能实现不了。"

循环流化床燃烧炉的温度比较高，一般是 900℃，而热解炉这边，运行在 600～700℃，温差至少有 200℃。方梦祥一算，冷的煤进去要加热到 600～700℃，然后出来煤气、焦油，这个载热体循环量大概是 6～10 倍给煤量，一般高倍率循环流化床循环灰总共有 20～30 倍给煤量，循环灰肯定是够的，所以觉得从原理上分析这应该行得通。

研究团队就去找岑可法汇报。"那我们就建个热态试验台。"岑可法说。当时，方梦祥所在的研究团队手头也没有什么别的科研项目，如果这个项目搞不了，他们一时就没有价值的研究可做。但建热态试验台是笔大开销，找不到科研经费，就没有法子搞。岑可法决定支持方梦祥团队一把，他从别的项目里将结余的一些钱凑起来，还亲自到处找企业赞助，终于想办法建成了热态双流化床试验台。

骆仲泱、方梦祥他们可以大干了！很快他和团队成员就投入到繁忙的实验中。最后实验做成功了，可以实现煤热解和半焦燃烧。

143

当时刚好是 1993 年，岑可法他们想申请国家八五攻关项目支持，向科技部报了这个煤的多联产项目，科技部也觉得挺有意思的，但要求有个工程示范项目，岑可法就带着大家到处去跑，到处去传播他们的煤的多联产理念。

对于岑可法他们的搞法，很多地方的企业之前听都没听说过，在了解到这种事情还只是在浙大自己的试验台做过以后，他们觉得第一个吃螃蟹风险太大，也就打了退堂鼓。

正在这个时候，江苏扬中市热电厂要上一个循环流化床锅炉，电厂老厂长听说浙大做循环流化床很有名，就要来浙大考察循环流化床锅炉技术。他们找了无锡锅炉厂，无锡锅炉厂跟浙江大学热能所当时合作也比较多，然后跟老厂长一起过来，来的时候岑可法等人就给他们传播这个多联产技术。

在听了介绍详细了解一些技术方面的问题以后，扬中市热电厂老厂长来了兴趣，他说在自己的有生之年做一个新东西挺好的，支持！

浙大热能所与江苏扬中市热电厂迅速商定合作申请了国家的八五攻关项目，骆仲泱、方梦祥他们把扬中市热电厂的煤拿到浙大的实验台做实验，花了很大精力，拿到基本设计数据，但还是有一些问题，主要是物料循环控制比较困难，煤气净化和焦油回收比较难，所以决定按照多联产方案整体设计，分步实施这个项目，先上一个高倍率循环流化床锅炉，等运行正常后，再上热解炉部分。

锅炉刚投运时问题很多，研究团队采用了最先进的床下点火技术，可以节油，但运行发现点火器温度控制不好，容易把点火器烧坏，等多次改造点火正常后，物料循环回路又常常堵塞。

面对多重问题，老厂长毫不抱怨，说新东西有点问题很正常。研究团队和厂里组织联合攻关队伍一起讨论堵塞原因和改进办法，岑可法要求众多老师和学生都去现场参加调试，还专门联系长途班车定期送老师学生和测试设备去现场。同时，岑可法和倪明江组织整个研究团队多次讨论改造方案。经过多次改造，最终循环流化床锅炉项目投运成功，中国有了自己设计的第一台高倍率循环流化床锅炉。

当时国内的高倍率循环流化床锅炉大都是引进国外技术，一些设备名字比如返料器 loop-seal，用的是英文名字，老师们音译成"罗布赛尔"，旋风分离器是 cyclone，就音译成"沙克隆"，热电厂的工人们不知道啥意思，也跟着老师们叫"罗布塞尔""沙克隆"，浙江大学热能所的老师们根据参考资料和实验室实验结果，将锅炉调通运行，效果良好。

没多久，扬中热电厂老厂长退休，新上任的厂长想法不同，这导致项目的前一半——高倍率循环流化床锅炉取得了成功，后一半——煤的多联产被暂搁了下来。但是扬中热电厂后来的发展证明，老厂长临退休前的冒险之举实则明智且富于远见，这台高倍率循环流化床锅炉长期稳定运行，各种煤都能烧，后面就一直坚持了下来，而热电厂早期投用的其他流化床锅炉则纷纷被淘汰关停。

由于项目尚未成功，岑可法研究团队决定继续寻找将工程落地的合作伙伴。不久以后，合作机会居然主动送上门来。2005 年，安徽的淮南矿业集团找到浙大热能所探讨合作，原来因为煤价上涨，淮南矿业利润大增，他们决定加大对煤矿下游产品的研发投入，淮南煤热值低、灰熔点高，品质决定了不适合做煤化工。当其他的地方纷纷上马煤化工项目的时候，淮南矿业的一些领导们也坐不住了。"除了发电之外淮南煤还能做点什么呢？"他们也想趁着公司经济形势好的时候进行一些探索。

了解到岑可法研究团队正在搞煤的多联产研究并取得了很大的突破以后，淮南矿业就找上门来了。经过和浙大热能所多次商讨，2006 年，淮南矿业董事长王源拍板，和浙大签订战略框架合作协议，成立合作研发中心，专门做煤的多联产研究。

这个研发中心由淮矿董事长王源和岑可法院士挂帅，任研发中心主任，浙大热能所的骆仲泱、方梦祥和王勤辉教授以及淮矿的多位技术主管负责技术开发和现场工程。这个项目被列入安徽省的重大攻关项目和国家 863 项目，淮矿集团投资了 3000 多万元进行工程建设。

2007 年 6 月，浙江大学和淮南矿业集团合作将 1 台 75 吨/小时燃煤发电机组改造为 12 兆瓦分级转化发电机组，热态调试运行表明，不用高压纯氧，热解煤气热值达到 20 兆焦耳/标准立方米以上，煤气成分以甲烷（CH_4）和氢气为主，焦油产率达到 10% 以上，系统运行稳定，调节方便，运行安全可靠，焦油和煤气的生产稳定，实现了以煤为原料在一个有机集成的系统中生产多种高价值的产品。

2010 年，浙江大学与淮南矿业集团的产学研合作的 12 兆瓦分级利用系统通过安徽省组织的中试鉴定，这是国际上首个此类系统。

首战告捷后，浙江大学与淮南矿业集团又承担了国家"863"项目——新建 1 套 135 兆瓦的煤分级利用装置，总投资 10 亿元，可产焦油约 5 万吨，发电容量 13.5 万千瓦，预计精细化工年产值为 5.1 亿元，利税为 1.4 亿元，当时预计的投资回收期 8 年，其中含建设期 2 年。

淮南煤炭中含焦油很高，比例将近 10%，合作团队的第一步是进行技术验证，看双流化床工艺能否将淮南煤里面的油气拿出来。方梦祥他们先把淮南煤炭拿到浙大试验台试烧，后来淮南矿业专门拿出了一台 75 吨/小时的循环流化床锅炉用于试验，由浙江省煤气设计院进行工程设计，南通锅炉厂做热解炉等设备制造，浙大热能所根据试验台试验结果进行方案设计和提供工艺包。

75 吨/小时的循环流化床锅炉位于淮南煤矿一个名叫新庄孜的小地方，浙大团队平时就住在新庄孜，每天排班、汇报工程进展，老师们要是周末回杭州，就向淮矿借辆车自己开车往返，因为坐火车得十几个小时。

工程设备建好以后，便要开始调试，从冷态试验到热态试验，碰到的问题很多。

比如，煤气成分就是一个让人头痛的问题。"当时我们查了标准，里面的氧量超过 2%就爆炸了，而淮矿对安全要求很高的，万一有问题，就有可能是很大的安全事故。"

2%氧量就爆炸，淮南矿业的人害怕，方梦祥他们也怕。必须解决这个难题！

后来，方梦祥他们调研了解到有家科技公司生产的在线激光氧量分析仪可以提供帮助。虽然价格很高，他们也挤出科研经费买了2 套，安装好以后，他们就在实验之前做气密性检查，保证氧气不漏了，才敢进行实验。

进行热态调试时，由于是大炉子，灰量很大，所以循环灰一放到热解炉，温度就快速升高，煤加进去很快就热解了，不像实验室小试验台要启动很长时间，第一次热态试验 72 小时就通过了，煤气、焦油都出来了，这说明循环打通了。

就在大家都还高兴的时候，突然发现出来的焦油是固态的。焦油怎么一块一块的了？在正常情况下，焦化焦油是液体的，会流动。后来一分析，发现问题出在焦油含灰量太高，他们的旋风除尘器除尘效果不行，这才是整个热解技术的一个非常核心的东西。

怎么办？方梦祥当即决定回浙大找老师岑可法商量，看看除了旋风除尘器以外，还有没有别的办法？

当时，浙江菲达环保是国内著名的做电除尘方面的企业，岑可法找了该厂的总工程师一同进行研究，而后提出了解决高温除尘效率会降低的办法，并创新出了 700℃以上的高温能安全除尘。

而后在淮南矿业现场安装好以后，果真有效果，煤气中的灰都除下来了，这样焦油就能流了。并且骆仲泱、方梦祥带领团队努力调试后发现，不仅含灰量太高的问题得到了解决，热解煤气成分也挺好。测量发现氢气、甲烷含量都很高，甲烷含量达到百分之三四十，这种煤气完全可以作为燃气，做天然气也可以。而后他们又做了煤焦油加氢制汽柴油实验，建立了煤焦油分馏装置。该项目由安徽省组织全国专家通过鉴定验收。

后来，浙大热能所团队在国电小龙潭电厂 300 兆瓦循环流化床锅炉继续开展循环流化床热电气多联产装置的工程研究，双方合作建设的设计给煤量为 40 吨/小时褐煤热电气多联产试验装置的改造工程完成后，于 2011 年 6 月完成 72 小时运行考核及性能参数测试。双炉循环打通了，煤气也能稳定生产了。但是而后国电集团论证，觉得这与发电主业不一致，这个项目很像煤化工项目，集团就不支持了。

国电集团做这样的决定并不令人意外。在中国，发电和煤化工都有各自的批复流程，岑可法团队的这个新工艺既有发电、又有煤化工，国家并没有相应标准和规范。所以到当时为止，这个项目还在努力，岑可法的弟子们希望国家在新技术应用上能够给予更大力度的政策支持。

不过，浙大与另一家公司合作开展的 350 兆瓦超临界循环流化床热解燃烧分级转化装置，以及 600 兆瓦超临界循环流化床热解燃烧分级转化装置的方案设计，为下一步大规模工业应用打下了很好的基础。

近几年，煤炭的热解气化燃烧分质分级利用技术，已在新疆进入工程化实施阶段。随着技术的进步、管理羁绊的去除以及相关规范的制定和完善，预计更多的地方和企业将会加入煤的分级利用多联产行列。

历经 30 多年的辛勤努力，岑可法与他的团队还提出了九联产技术路线，实现了发电、供热、供冷、水泥生产、稀有金属提取等多重功能的联合生产。

如今，煤炭的九联产技术已结出硕果，不同类型的示范工程如雨后春笋般涌现，走出了一条具有中国特色的煤炭清洁、高效利用之路。

煤炭新革命

在岑可法等一些煤炭研究者的眼中，煤炭这种"黑金"已不再只是生活和工业需要的燃料，而是已经转化为在资源利用方向上可以不断探索的新希望。

如果我们翘首回望 20 世纪全球能源利用的历程，就可以发现，在 20 世纪的前 50 年，整个世界仍处在煤炭时代。而后由于石油工业的崛起，到 20 世纪下半叶，以西方国家为首的众多国家纷纷过渡到石油时代。20 世纪末，随着人类社会经济尤其是大工业的高速发展，石油的地位变得更加举足轻重，这种"工业的血液"，成为工业发展和交通运输必不可少的能源物资。

然而，中国是一个富煤缺油的国家，石油资源的短缺一直困扰我国经济社会发展，不稳定的国际环境和石油供给渠道严重干扰着中国未来的可持续发展。这种局面决定了煤炭在很多时候依旧是中国能源供应的定海神针。

最近一二十年来，国际国内能源利用的环境都发生了很大的变化，全球能源都在转型发展，在二氧化碳超排导致全球气候变暖的大背景下，煤炭开始遭受越来越多的指责，中国作为煤炭能源为主的国家更是首当其冲。

中国煤炭工业的未来该如何发展？是岑可法经常思考的问题。

如何充分利用煤炭，最大限度地发挥煤炭的价值？长期以来，国内外不少能源工程领域的研究人员一直在不停地摸索。其中，煤变油最为令人激动，只是这条路一直走得磕磕绊绊，直到现在前景依旧不是十分明朗。

如果国际油价持续低位运行，制造成本很高的煤炭企业就算生产出的油品质量再高，也卖不出高价格，就会长期处于亏损状态，此外随着国际能源格局出现新变化，环保约束越来越强，煤制油产业面临的内外部环境较此前更加严峻复杂，如何走好煤制油产业发展之路，依旧是一个值得研究的课题。

按照 2014 年的数据计算，中国成品油表观消费量(当年产量加上净进口量)为 2.92 亿吨，煤制油品产能只有成品油表观消费量的 1%

左右，石油基油品占有绝对的主导地位。并且，在我国，煤制油项目所在地都是水资源缺乏、生态环境脆弱的地区，部分项目的污染物排放量、用水量、能源消费量已超过国家总量控制指标。

当前，煤直接液化项目平均每吨煤用水 6 吨，煤间接液化项目用水 6～9 吨，用水将成为煤制油产业发展的一大突出矛盾。另外，煤炭深加工项目排放的二氧化碳虽然具有浓度高、捕集成本低的优势，但至今还未找到经济有效的减排方案，在驱油驱气方面还缺少实质性的工程实践和进展。受资源环境条件的制约，规划的许多煤制油项目预计很难全部实施。

有时，在传统煤炭产能严重过剩的情况下，许多地方和企业不计代价，把发展现代煤化工作为投资的重要领域。特别是西部煤炭资源丰富的地区，"逢煤必化"的倾向十分突出，规划投资的现代煤化工项目的规模越来越庞大。但是，在国际原油价格大幅下降的形势下，煤制油项目的经济性面临着严峻挑战。

根据业界的估算，煤制油项目中固定资产成本、财务成本、管理费用占总成本的 80%，而在炼油总成本中，原油成本占 80%，因此，在国际原油价格大跌的情况下，必然会导致成品油价格大幅下降，对煤制油企业来说，固定成本却几乎不会变，油价降到某一点时必然会出现亏损。经测算，消费税提高后，煤制油示范项目柴油综合税负为 36.82%，石脑油综合税负为 58.98%。煤制油示范项目产品成本由此大幅提高，导致示范企业全部陷入经营困境。2015 年，我国煤制油企业每生产 1 吨柴油，亏损 1592.85 元；每生产 1 吨石脑油，亏损 1835.99 元。就是到了现在，煤制油的制造成本依旧没有下降多少。

也许有人会说，随着技术的不断成熟和生产规模的扩大，煤制油的成本下降是一个必然的趋势。从大的趋势方面讲，这样的判断并没有错，但是能够下降多少成本，在使用中是否具有比较优势，却依旧是一个不容易回答的问题。

150

2016 年 12 月，中国神华宁煤工厂 400 万吨煤制油项目建成并试车成功，生产出了高品质的柴油、石脑油、蜡等产品，使我国一举进入到少数掌握煤制油工业化技术的国家行列，并使我国煤制油技术达到了国际领先水平。

南非一直在煤制油领域持续发力，南非萨索尔公司经过50年的开发研究，已经成为目前世界上该领域内唯一的商业化规模生产商。截至2024年，萨索尔公司通过煤炭转化成的燃油已超过15亿桶，帮助"贫油国"南非确保了能源供应安全。

但依旧高企的煤制油成本也让不少企业望之却步。从某种程度上说，制造成本依旧是煤制油技术的一个死结。

岑可法看来，在可以预见的未来，单纯的煤制油都不会有很好的市场前景，其中最主要的原因是成本不具有优势。煤制油产品也严重受到石油价格波动的影响。

"这也并不是完全没有破解的办法。"岑可法说，煤炭分级转化清洁利用多联产技术可以予以很好地弥补，该技术通过热解工艺将煤炭所含富氢组分转化为煤气和焦油，煤气可以制天然气，焦油可进一步加氢制汽柴油，热解后半焦再进一步气化燃烧利用，从而实现热、电、油、气多联产。在这种系统中，煤制油的成本就可以从整个系统予以考虑，不仅成本有望下降，该技术也将大幅提高煤的资源化利用水平和综合利用价值。

面对我国一次能源以煤为主、能源需求日益增长以及世界环境恶化的现实，岑可法认为，构建资源、能源、环境整体化的可持续发展能源系统是我国的能源战略方向。煤分级转化、清洁利用多联产技术不仅可以缓解我国油气供应不足问题，也是煤炭清洁利用的发展方向。

20世纪80年代末，岑可法向时任浙江大学校长路甬祥申请热能所的筹建时，就已经全面布局煤分级转化、清洁利用、多联产技术，他们的构想是：通过研究和技术推动将煤是能源变成煤是能源也是重要的资源（实现煤分级转化、清洁利用、多联产技术），再进一步发展到将来煤是资源也是重要的能源。煤炭工业的这种科学发展路径，岑可法称之为煤炭工业三部曲。

煤是一种复杂的混合物，作为单一用途来利用往往会造成很大浪费，如果能把以煤作为资源的多个生产工艺作为一个整体考虑，从整体利用的角度，分级转化，分级利用，实现煤炭高效低污染利用，更好地解决人们所面临的资源与环境问题。岑可法在撰文中认为，基于煤气化技术的不同，目前多联产系统的主要技术方向可以分为以下三类：其一，以煤热解燃烧为核心的多联产系统；其二，以煤部分气化为核心的多联产系统；其三，以煤完全气化为核心的多联产系统。

针对我国煤炭以发电为主的国情，岑可法作为第一导师带领几位博士研究生分别研究了煤的分级利用多联产技术和煤的清洁利用，即在煤燃烧发电前先提取液体燃料和可燃气体，剩余半焦再送锅炉燃烧，灰渣提取有价元素并用于建材生产综合利用，实现煤炭的分级利用，这将大幅提升煤炭的综合利用水平。计算表明，与常规的煤燃烧、焦化、气化、液化技术相比，煤炭的分级利用技术可以实现节能率10%以上，减少硫氧化物（SO_x）、氮氧化物（NO_x）等污染物排放50%以上。

甲醇可从煤制取，特别是可利用劣质高硫煤和焦炉气回收制取，也可以从生物质（如林木、有机垃圾等）提取。甲醇生产是我国化工行业中的成熟产业，生产工艺简单，投资和生产成本都较低。

在岑可法的领导之下，最近一些年来，浙大热能所主攻的科研方向已经从煤的高效利用转向煤的清洁利用，开辟出了一系列对燃煤烟气多种污染物协同脱除的新方向。

浙大热能所在煤的分级利用多联产技术和煤的清洁利用研究和产业化推进方面也聚集了一批优秀的人才。一些优秀的博士生毕业后不仅留下来在岑可法的领导下继续一起研究，他们也积极参加指导新的博士生，一直到研究的结果完成。整个研究过程中，大家还积极协同企业一起研究。

有付出，就有回报。2008 年，浙大热能所的"电厂锅炉多种污染物协同脱除半干法烟气净化技术"获国家技术发明奖二等奖。2012年，他们的"湿法高效脱硫及硝汞控制一体化关键技术与应用"获国家科学技术进步奖二等奖。

这两项国家奖项目分别由骆仲泱和高翔领衔[①]。其中半干法由煤泥流化床污染物控制发展而来，起步于 20 世纪 80 年代末期，以脱硫为主，兼及氮氧化物、汞等污染物的脱除，通过多点喷水，使脱硫剂进入脱硫塔后与二氧化硫等污染气体的反应在较长时间内维持气液固三相反应，大大提高了脱硫反应的速度，目前主要应用于中小电厂和特殊行业。湿法脱硫则是目前火电厂应用的主流技术，所发明的"钙法"技术深具创新性——利用碳酸钙跟二氧化硫、三氧化硫等烟气反应，使其生成石膏，石膏是可以再次利用的工业原料。

近 10 年来，我国着力构建清洁低碳、安全高效的能源体系，因地制宜推行煤炭分级分质利用正在规模化铺开。尽管由于多方面的原因，岑可法研究团队关于煤炭的分级利用多级联产系统应用走上规模化发展之路还有较长的路要走，但已经是大势所趋。

研究表明，我国含油率 7%～12% 的低阶富油煤储量约 5000 亿吨，潜在油资源含量约 500 亿吨、气资源含量约 75 万亿立方米。这种煤炭通过分级分质清洁利用，即原料煤进行中低温热分解可以产生气体(热解气)、液体(煤焦油)和固体(半焦)三相物质。其中，气体中的有效成分可制取氢气、液化天然气(LNG)或合成多种化学品，煤焦油采用悬浮床技术可生产芳烃和清洁燃料，清洁焦炭可作为发电和化工的原料。现在针对这种煤炭的分级利用正在规模化展开。

很显然，岑可法看得更远。在他的梦想中，他是想构想一种更为完美和高效的煤炭利用系统。随着科学技术的发展，他的梦想照进

① 此时骆仲泱和高翔已经晋升为教授，岑可法为项目的主要参加者。

现实变得越来越近了。

尽管研发的过程几经磨难，煤的分级利用与多联产的工业规模化应用依旧没有展开，岑可法依然看好煤的分级利用与多联产的未来。他说，中国已成为煤炭、钢铁、铜的世界第一消费大国，电力和石油的世界第二消费大国。通过分级利用多联产可以健全煤化工、氢化工、金属、建材等整个产业链，很多国民经济紧缺的产品也可实现自产，无需进口。如对一个实例的分析表明，一台 100 万千瓦的机组燃烧产生的灰渣可以生产 22.5 万吨三氧化二铝（Al_2O_3）、56 万吨二氧化硅（SiO_2）和 5.7 万吨品位较好的三氧化二铁（Fe_2O_3）铁矿石，另外，还能获得数量可观的五氧化二钒（V_2O_5）。

五氧化二钒广泛用于多个领域，其中，最重要的是做钢铁合金的添加元素。近些年在国际市场上的钒价逐渐增加，但我国的钒储量并不高。浙大提钒技术的多联产系统同传统的提钒工艺相比更具有优势，譬如其通过石煤发电、提钒、制水泥等分级利用技术可节能 30%，且建成的钒厂能在短期内实现投资回收。

当前，在地缘政治和能源安全考量增加的形势下，电池已经成为矿物密集能源供应模式，然而锂、镍、锰、钴、稀土等电池原料的获取也会影响电化学储能技术创新和产业发展。岑可法研究团队多级燃烧的技术中关于一些金属的提取思路，也许能够为电池原料的获取提供一种全新的思路。

由于尚处于起步阶段，目前分级利用多联产系统的投资成本尚难以确定，但对老电厂改造的成本估计低于 1000 元/千瓦。岑可法表示，这种方法成本低、改造容易，许多老发电厂都可以进行改造。

"煤的分级利用多联产是在多年实践之后，完全依据中国国情而生的技术路线，是一条 100%自主知识产权的路线。"岑可法的语调中也充满了自豪。

针对我国煤炭行业的现实状况，岑可法研究团队提出了以发电为主、分级利用的多级联产系统。在岑可法的构想中，分级利用多联产的路线并不集中在一个电厂,而着力于中国各个电厂的减排,如果推广开来,节能效果一样好,并且附加产品多、投资少。

岑可法说,能源是基础行业,改革不容易,一般需要30年左右的时间才能进行一次技术的改朝换代。但是做研究的人,永远只能做先行者。

"我从20世纪80年代就开始构想琢磨以发电为主、分级利用的多级联产系统。这个构想一路走来一直磕磕绊绊,实在是太不容易了,主要是因为这是一个跨部门跨学科的系统,我国的发电部门和冶金、化工、建材部门都不交叉,分头管理,没人肯去牵头。"

但是岑可法从来就没有对这个项目失去信心,他认为只要做好协调工作,这项具有国际先进水平,又符合国家重大需求的技术就一定会推广开来,他也要求所里的研究人员坚持下去,把示范工作做好。

这种技术路线也有望给IGCC(整体煤气化联合循环发电系统)带来新的技术变革。原浙大能源清洁利用国家重点实验室主任骆仲泱指出,IGCC的生命力在于同多联产结合,而若构成类似系统,浙大提出的系统对应的是部分煤气化联合循环(PGCC)。"这主要是由于中国动力煤的煤质不适合完全气化"。

岑可法表示,中国的煤质很难实现100%气化,浙大热能所的原则是容易气化的进行气化,剩下的用作他途。这样一来,对设备的要求就降低了很多,工作条件在常压条件下就行,不需要高温高压设备,成本较低。

近些年很多企业都把技术路线盯在IGCC上,岑可法认为鉴于中国煤炭的一些现实情况,短期内大批推广这种技术不现实,而他们提出以发电为主、分级利用的多级联产系统,其意义不亚于IGCC,综合节能减排效益甚至比IGCC更好。

煤炭的利用方式的确需要新的变革。在漫长的历史时期,煤炭为人类的发展做出了巨大贡献,现在社会的发展让煤炭传统的利用方式出现了一些问题，但岑可法认为，这些问题出在人身上，煤还是原来的煤，只是人利用煤的方式并没有跟上时代发展的步伐，这个时候最需要的是对煤的利用方式做出调整，而不是给煤炭扣上污染元凶的帽子。

放弃大规模使用煤炭对中国这个正在高速发展的大国而言，几乎也是不可能的事情。

不管中国未来的能源格局如何演变，煤炭依旧是中国能源供应的中流砥柱。就是在世界范围内，无论各国能源政策如何变化，也都难以做到彻底地"去煤化"。

这里面一个至关重要的因素是，时至今日煤炭依旧是能源品种中最经济、最可靠的能源。按同等热值折算，煤炭、石油、天然气的比价为1:9:3，相当于我国同等热值的煤炭价格是汽柴油价格的1/9、天然气价格的1/3。市场是逐利的，只要满足消费要求和标准规定，市场总是会青睐那些有成本效益的商品，因此，煤炭和其他能源相比一直是有底气的。

作为一位耕耘在煤炭领域超过半个多世纪的能源科学家，岑可法相信，煤炭的污染问题将会得到解决。他们关于煤的分级利用与多联产方案也将解决煤炭工业很多污染方面的难题。

岑可法表示，火电耗煤量大，在重点耗煤行业的污染物排放比例仍然是最大的。但是大型燃煤电厂监管较为容易，加上近些年来的技术升级，污染得到了很大的控制。譬如浙江嘉兴新嘉爱斯热电有限公司 5×220 吨/小时热电联产锅炉通过实施烟气清洁化排放改造，对现有的除尘、脱硫、脱硝系统进行提效，采用高效协同脱除技术，使燃煤机组烟气的主要污染物(烟尘、二氧化硫、氮氧化物)排放浓度达到国家燃气排放标准限值水平。另外，通过分级利用方案对现有电厂进行改造也是一种比较有前景的方式，其可以保证发电同时产生煤气或天然气供应分散的工业窑炉。

比较难办的是工业锅炉，统计表明，工业锅炉燃烧 1 吨煤的污染物排放量是大型燃煤电厂燃烧 1 吨煤的污染物排放量的几十倍，而工业锅炉容量小、数量多、分布广，污染控制装备运行难以监管。有没有比较好的系统化解决方案呢？岑可法表示，对于小锅炉特别是 10 吨/时以下的燃煤工业窑炉，通过煤气或天然气等清洁燃料来替代，就可以实现对污染物的控制。对工业园区等中小锅炉集中地区，还可以采用集中供热方式，并在集中供热锅炉上采用超低排放技术，实现污染物排放达到天然气排放限值要求。

煤基清洁能源不是传说

当前全球能源格局和治理体系正在加快重塑，清洁低碳发展已成为大势所趋，积极发展清洁能源，推动经济社会绿色低碳转型，已经成为国际社会应对气候变化的普遍共识，中国也在积极推动之中。煤炭作为能源利用的方式受到越来越大的挑战。

随着对绿色环保的日益重视以及"双碳"目标的提出，社会上出现了片面强调煤炭的"污染"和"碳排放"，鼓吹"去煤化"和"退出煤炭"的现象。

虽然国家已多次强调煤炭保供的重要性，但给煤炭行业造成的悲观预期仍未根本改变。这种现象引起了岑可法等煤炭行业资深人士的忧虑，这并不是非要为煤炭行业说话，而是他们觉得社会上人们对煤炭这种化石能源产生了很大的误读。

岑可法认为，中国的能源结构转型不应只盯着风电、光伏等，而是要改变以往只简单根据能源品种来判断是否清洁能源的方法。

"对煤炭行业来说现在需要的是转型发展，实现煤炭的清洁化发展，煤基清洁能源也应成为能源转型的重要发展方向，煤炭也是可以转变成清洁能源的。"

煤炭也能变成清洁能源？怎么变？

"通过现代先进技术的使用可以做到这一点！"岑可法不是现在才有这个想法，纵览他的整个工作生涯，都一直在推进煤炭的清洁化利用。面对很多人对煤炭的批评和指责，岑可法大声疾呼，我们需要重新认识煤炭，不能再把煤炭视作传统能源。发展到今天，我们对煤的利用不再是简单燃烧发电，煤可以热解气化、制油，甚至从煤灰中提炼钒、铝、铀等金属，煤渣还可做水泥，从这个角度而言，煤炭除了能源属性，还是资源。并且，在现有技术条件下，煤炭已经可以变成清洁能源。比如，煤制造更加清洁的氢气就是一条重要的路径。

煤炭可以变成清洁能源也不是岑可法一个人的看法，在能源界有不少人都持有这样的观点，并为之展开了相应的探索。在岑可法的领导下，浙大热能所的研究团队甚至还取得了很大的突破。他们的突破主要针对燃煤排放的多种污染物展开，研究已经发现，燃煤排放的颗粒物、二氧化硫、氮氧化物等多种污染物，是造成区域性灰霾的重要原因。我国燃煤电厂每年要消费 18 亿吨煤炭，能否达到燃气排放限值并实现超低排放对解决我国燃煤污染问题具有极其重要的意义。针对我国燃煤电厂锅炉炉型多样、煤质复杂多变(高硫高灰高碱高钙煤占比高)和负荷波动频繁(35%～100%BMCR)的现实国情，高翔团队历经 20 余年的理论、试验研究和工程实践，确立了燃煤电厂烟气多污染物系统减排达到超低排放的技术路线，并构建涵盖锅炉-煤质-吸收剂-环保装备和运行工况的系列数据库，在此基础上研发形成了燃煤烟气中颗粒物、氮氧化物、二氧化硫、三氧化硫和汞等多污染物高效减排关键技术及系统，包括多场强化颗粒物/SO_3 脱除、多活性中心催化剂及再生改性一体化、全局设计与优化等关键技术与装备。

他们还发明了温/湿系统调控多场强化的复合静电除尘装备及增湿均流预荷电器、凝并团聚强化装置等关键部件，实现 $PM_{2.5}$/SO_3 高效脱除，并解决了燃煤电厂烟气多污染物高效减排系统工程化应用的技术难题。他们的研究成果率先在百万燃煤机组上实现工程示范应用，首次实现燃煤机组超低排放，主要污染物排放优于燃气排放限值。通过产学研合作，成果在浙江、广东、河北等十几个省市 50～1000 兆瓦新建和在役燃煤机组上广泛应用，累计装机容量超过 1 亿 kW，仅

2014～2016 年期间新增销售额 109.6 亿元。

因为这样的成就，高翔、吴国潮、朱松强、郑成航、胡达清、岑可法等人共同完成的"燃煤机组超低排放关键技术研发及应用"项目获得了 2017 年度国家技术发明奖一等奖。岑可法的弟子高翔由于成绩突出，2021 年被评为中国工程院环境学部院士。有评价说，这一发明提升了燃煤电厂污染防治技术水平，促进煤电绿色发展和大气环保产业升级，为推动国家燃煤电厂超低排放战略实施做出重要贡献。

他们的成功表明，煤炭转变成清洁能源并不是天方夜谭，完全是能够实现的，在科学和技术上都具有可行性，这为发展煤基清洁能源提供了有力的支撑。

岑可法认为，当前在发展新型能源之时，也需要大力支撑煤基清洁能源颠覆性技术创新，加快构建以煤基能源为主体的低碳能源体系。

"中国煤多油少气不足，煤炭是中国的优势资源，储量最丰富、性价比最高、生产能力最大。"岑可法说，在中国推进能源转型的当下，煤炭利用根本无法绕开。他认为，煤炭的利用到现在已经走过了两个阶段，第一个阶段是以能源的方式加以利用，第二个阶段是分级利用以后变成煤，既是能源又是重要资源，如今在全球新的能源格局和环境保护形势下，煤炭正在向第三个利用阶段转变，即向不是以发电为主而是以资源利用为主的方向转变，这是低碳或者零碳利用的新方向，具有良好的发展前景。

当前，煤炭的高效清洁低碳利用是中国能源战略的重中之重，而且相关技术正在朝着有利的方向发展。岑可法一次又一次地告诉他的弟子和学生们，在不断推进其他能源研究的同时，也要脚踏实地地做好煤炭高效清洁低碳利用。

按照现在的全球能源发展趋势，很多人判断大约在 2050 年以后，世界能源或将迈入新型核能和太阳能的新时代。这是能源领域新的革命！能源革命必然伴随煤炭工业的自我革命，但这绝不是要"革煤炭的命"，这是完全不现实的。

岑可法相信，在不久的将来，我国的煤炭工业在清洁利用方面就会迎来彻底蝶变的一天。

"很多技术方面的储备，我们都已经准备好了！"他说。在他的简陋的办公室里，到处也都是关于这些技术储备的书籍和文件。

这里面有很多都是岑可法一辈子的心血，他也一直在期待着一些还没有大规模应用的技术能够早日迎来大放异彩的一天。

第|八|章

在清洁能源中绽放

2024 年的夏季，一轮又一轮的热浪炙烤着全国的多个地方。8月上旬，副热带高压的控制力如同铁壁一般，牢牢覆盖着江浙沪大部分地区，就像一顶巨大的锅盖，将热量牢牢锁住，杭州、上海、南京等地的气温纷纷突破 40℃。

8 月 3 日 14:33，杭州国家级气象站的气温表猛然攀升至 41.9℃，这一数据不仅突破了 2022 年创下的 41.8℃的纪录，更成为杭州气象站有史以来的最高气温。这股热浪甚至还在浙江桐庐、义乌等地催生了 42.4℃和 42.8℃的极端高温，刷新了观测史上的最高纪录。

持续高温引起大量空调的长时间使用以致电力需求飙升，多地面临电力供应紧张的窘境，浙江省会杭州市也未能幸免。8 月 6 日，杭州市政府新闻办公室旗下微信公众号"杭州发布"发布通报称，杭州自 8 月以来遭遇 2024 年第三波高温天气，用电负荷连创新高，极端高温天气导致电力保供形势更加严峻。通报说，为切实做好连续极端高温天气的电力保供工作，根据杭州市应对极端高温天气和电力保供工作有关部署，8 月 5 日～9 日，全市景观照明非必要不开启，灯光秀暂停展示。

90 岁高龄的岑可法也只得和夫人待在房子里，哪里也不敢出去。岑可法知道，这是全球气候变暖的后果，而这几年的情况变得越来越严重。尽管一个多世纪以来的全球气候变暖存在多方面的原因，但是国际主流科学界比较一致的意见认为化石燃料的使用是这一轮推动地球变暖的首要因素，在这种背景下，加速推动清洁能源的使用、推动化石能源的清洁化利用是人类必须采取的措施。

除了一直在推动煤炭的清洁化利用，其他清洁能源的研发领域，岑可法在 20 世纪末就开始布局。

最开始带领团队将研究方向向清洁能源拓展的时候，一些人对岑可法的这种举动投来了怀疑的目光，认为他的这种搞法是不务正业。

多年之后，当浙大热能所越来越多的研究者开始在清洁能源中绽放光芒，当初的怀疑者也不得不佩服岑可法的先见之明。

岑可法倒不认为自己带领团队耕耘清洁能源是有多么智慧的远见，在他看来，他们走到这一步是自然而然的事情。

"在研究煤的废弃物燃烧时，我们自然而然地拓展到了生活垃圾的燃烧，而后又自然而然地拓展到了生物质能和其他新型能源利用形式的研发。"岑可法微笑着说。

进入 21 世纪以后，外边的能源世界谋求转型发展成为大势所趋。中国作为一个能源需求大国，煤炭能源利用占比过高，除了加速推进能源转型，再没有更好的道路可走。

一直以来，煤炭作为中国的主体能源，担负着保障国民经济快速健康发展的重大使命。特别是改革开放 40 多年以来，全国煤炭的供应保障能力得到持续大幅提升。中国煤炭工业协会数据显示，1978～2022 年，全国煤炭产量由 6.2 亿吨增加到 45.6 亿吨。新中国成立以来，全国累计生产煤炭超 1010 亿吨，其中，改革开放以来累计生产煤炭约 937 亿吨。

中国已经连续多年成为世界第一煤炭生产大国，煤炭产量占世界煤炭总产量的比重从 1978 年的 16%，提高至 2022 年的 50.6%。

岑可法说，中国资源禀赋的特点是"富煤、贫油、少气"，未来，煤炭仍将长期发挥国家能源安全"压舱石"的作用。

另外，中国在环境方面面临着越来越大的压力。在这种局面下，大力发展可再生能源等多种形式的新型清洁能源利用，已经成为能源工业发展的重要方向。2015 年，中国"十三五"规划提出，要推动低碳循环发展，建设清洁低碳、安全高效的现代能源体系，即高质量能源体系。其中，发展清洁能源是其中的重中之重。

浙大能源工程的研究该如何拓展，这是岑可法一直在思考的问题。不过对岑可法来说，能源工程的这种拓展倒不是新鲜事儿，从某种程度上说，部分领域他的团队还是率先吃螃蟹的人。

生物质能的飞跃

作为正在冉冉升起的新型能源利用方式，生物质能最近几十年来受到越来越多的关注。这也是岑可法研究团队踏出煤炭利用领域之外，在研究方向上的一个重要选择。

生物质能是太阳能以化学能形式贮存在生物质中的能量形式，即以生物质为载体的能量。它直接或间接地来源于绿色植物的光合作用，可转化为常规的固态、液态及气态燃料，取之不尽、用之不竭，是一种可再生能源，同时也是唯一一种可再生的碳源。

生物质能利用是一种环境友好型的能源利用方式。实践表明，生物质粉体燃烧效率可达99.5%以上，氮氧化物排放量小于200毫克/标准立方米，净化后小于50毫克/标准立方米，低于中国大气污染物排放控制指标150毫克/标准立方米。另外据测算，一台1.2万千瓦的生物质能发电机组每年可实现减排二氧化碳7.6万吨，生物质能是可以实现零碳排放的可再生能源。

岑可法的能源嗅觉很灵敏，他很早就提出，可以将资源量丰富的低品位生物质转化为高品位液体燃料，满足我国能源可持续发展的重大需求。

"我国电力能源需求巨大，生物质能源可以再生，是人类未来获得电能的重要方向之一。"20世纪80年代，生物质能在国内几乎还没有多少人重视时，岑可法就这样告诉他的研究团队。那时，我国的能源利用还没有关注到碳减排这个领域。

岑可法及其研究团队在开展煤等化石燃料的高效清洁利用研究的同时，预感到生物质能以后会有大发展，他们决定在生物质能领域中布局，组建团队推动生物质能的发展。

在岑可法的指导和建议下，后来成为浙大能源清洁利用国家重点实验室主任的骆仲泱是岑可法作为第一导师带的第二个博士研究生，他在20世纪末就开始投身于生物质能源化综合利用的机理性研究中。

生物质能最主要的转化途径就是燃烧发电，生物质所含能量约为标煤的一半，实践表明，1 吨生物质大约可以发电 1000 千瓦时，但要实现长时间稳定地发电并不是一件容易的事情。

我国之前使用较多的进口设备采用炉排燃烧技术，炉膛温度高，可达 1000℃以上，但生物质含钾、钠等碱金属高，炉内燃烧温度一到 800℃，钾、钠就开始熔融，容易造成锅炉沉积、结渣，阻碍传热、诱发高温腐蚀。当时，这样的问题只有水冷震动炉排这一种技术能够解决问题，即通过水冷降温的方式将粘在炉子上的结团震落，但水冷震动炉排都要从丹麦进口。我国建设这样的电站光进口设备的采购就是一笔不小的开支，这并不划算，没有多少地方政府和企业愿意干。

核心是要把燃烧的温度给降下来！岑可法陷入深思。搞低温燃烧是他的拿手本领，并不存在太大的困难，但是怎么制造出能够低温燃烧生物质能的锅炉，这还得好好动一番脑筋。

不断地头脑风暴和实践摸索之后，岑可法研究团队率先提出了使用循环流化床燃烧生物质的新技术方案，在设计上将锅炉炉膛适当提高增大，控制炉内温度，实现低温燃烧，很好地解决了炉子容易被腐蚀损坏的问题。该技术的燃料适应性较强，符合我国生物质资源多样化的现状。

江苏宿迁是中国第一台循环流化床燃烧生物质锅炉的所在地，设计的 75 吨/小时的锅炉由南通锅炉厂制造，技术方案由浙大热能所提供。这个实践刚一开始就遇到了一些麻烦，这是因为生物质又蓬又轻，为了保证燃烧需要有巨大的堆料空间，而锅炉旁得安排工人专门负责给料，这让在现场添加燃料的工人叫苦不迭。针对这种情况，浙大热能所设计了一种拨散装置，大大减轻了工人的劳动量，后来还和企业合作办厂专门生产这种装置，解决了人力给料的难题。

生物质能制氢、制柴油方面，岑可法研究团队也展开了多方面的实践，此外，骆仲泱教授与欧盟最早合作的生物质制煤气项目，为浙江省温州市永嘉县的 120 户农户提供了家用煤气。

发展生物质能必须找到丰富的生物质燃料来源。早些年，骆仲泱研究团队准备帮广东湛江建一个 100 兆瓦机组的生物质能电厂。还在筹建阶段时，骆仲泱曾经担忧生物质材料的供应问题，为了稳妥起见，他跟着筹建班子下乡一个点一个点地跑，看农村有多少秸秆、多少林业废弃物，直到确认发电用生物质资源很丰富，这才放心。2016 年，江苏镇江生物质发电厂也顺利建成投用。

发展到目前，我国生物质能利用已初步形成了以发电为主，生物天然气、清洁供暖等非电为辅的多元化发展格局，初步建立了生物质发电、供热、厌氧发酵及成型燃料加工等关键装备技术体系。

科学界估算，地球每年经光合作用产生的物质有 1730 亿吨，其中蕴含的能量相当于全世界能源消耗总量的 10～20 倍，但目前的利用率不到 3%。我国的生物质资源年产生量也是一个规模庞大的数字，粗略估计要超过 35 亿吨，主要包括农作物秸秆、畜禽粪污、林业废弃物、生活垃圾等多种资源。2021 年 9 月，中国产业发展促进会生物质能产业分会、德国国际合作机构(GIZ)、生态环境部环境工程评估中心、北京松杉低碳技术研究院在北京联合发布的《3060 零碳生物质能发展潜力蓝皮书》显示，当前我国生物质能的开发潜力约为 4.6 亿吨标煤。然而，目前实际转化为能源的不足 0.6 亿吨标煤，占比较小。这主要是因为我国每年还有数亿吨的农村废弃物未能得到有效利用，长期以来它们中的绝大多数都是在野外废弃，或者只是简单的焚烧或填埋处理，结果给环境带来了不小的污染。

为了禁止焚烧秸秆造成的污染，一些地方不得不开始采取强力管制的手段。浙大热能所的一位老师前几年在浙江下乡时，曾看到田野里悬挂着这样的一幅标语——"蹲在田里放把火，拘留所里过生活"。这是在用非常重的语言禁止农民在田里面烧秸秆。"将秸秆留在田里面一把火烧掉，大量烟尘排出来，PM$_{2.5}$ 非常高，严重污染环境，而且浪费能源。如果把农林废弃物利用起来，不光增加可再生能源的利用，去买这些生物质进行能源化利用，还可增加农民的收入，农民们也乐意，所以这是一个非常好的事情，国家也希望推广。"岑可法说。

在其他生物质方面，除了城市生活垃圾在一些地方通过补贴的形式被用于焚烧发电以外，其利用率也很低，而城市生活垃圾在我国居于主导地位的处理方式依旧还是填埋。

为何长期以来生物质能的利用率一直比较低？主要原因是生物质在原料特性上存在先天性的能量密度低，原料收、集、运也比较困难，导致其利用效率低下，成本也比较高。为解决这些问题，多年来浙江大学热能所的研究者们也一直在进行探索。

骆仲泱主持的"生物质转化为高品位燃料的基础问题研究"项目（岑可法时任科技部973计划顾问专家推荐），被列入2007年国家重点基础研究发展计划。

岑可法和骆仲泱率领的团队着手开展秸秆直接燃烧发电的研究，不管是在基础研究还是工程实践方面也都取得了很大的进展。到目前为止，他们通过三个途径终于让稻草也变成"金子"：一是改变炉型，采用循环流化床，再次破解了国外技术"水土不服"的难题，通过自主技术将秸秆直接燃烧发电；二是将秸秆做成液体燃料，使它们能像乙醇、重油、柴油那样燃烧；三是生物质气化，把柴草、树叶、农作物秸秆等进行热裂解生成可燃性混合气体，直接供农村居民生产、生活之用。

除此以外，他们还在生物质的混合燃烧方面开展了多种探索和实践。发展到现在，生物质高效清洁发电的典型技术主要包括：生物质直接燃烧发电、生物质气化发电和生物质—煤混合燃料发电三种路径。由于管理等多方面的原因，生物质直接燃烧发电、生物质气化发电研究和工程实践的较多，生物质—煤混合燃料发电等方式的生物质混烧发电工程探索和实践的并不多。但是，生物质混烧的技术难度更低，发电的效率却更高，是一条比较有前景的生物质燃烧发电的技术路线。

在岑可法的大力支持下，骆仲泱研究团队关于生物质能的研究也取得了一系列丰硕的成果。2009年，由骆仲泱领衔的"生物质转化为高品位燃料的基础问题研究"，获得了浙江省科技进步奖一等奖。2019年，广东能源集团与浙大等单位合作完成的"农林废弃物类生物质流态化清洁高效燃烧技术及产业化"项目荣获教育部科学技术进步奖一等奖。这两次获奖，骆仲泱都是第一获奖人。

尤其是"农林废弃物类生物质流态化清洁高效燃烧技术及产业化"项目的研究，对我国生物质能的发展有着十分重要的意义。该项目针对解决秸秆露天焚烧污染环境和发展可再生能源国家的重大需求，成功研发出了适用于我国的农林废弃物清洁高效燃烧技术，颠覆了国内外学术界不能用流化床燃用秸秆类高碱生物质的论断，形成了新的技术流派，主要性能指标及建设成本均显著优于引进的水冷振动炉排技术，打破了国外技术的垄断，引领了我国生物质流态化燃烧利用技术的发展和应用，已成为我国生物质燃烧利用领域的主流技术。到2019年底，该技术已应用于109台套生物质燃烧锅炉，国内市场占有率超过1/3，取得了显著的经济和环境效益。

最近一二十年来，生物质能的研究已经成为显学。不少国内外科研团队都在开展探索和研究，各种试验性的生物质能转化工厂也如同雨后春笋一样崛起。

为了开发新的生物质能，岑可法及其团队还向藻类开发进军。岑可法向浙江省领导、向浙大校长申请立项对海藻展开研究。他说，"每克干掉的藻类中，就含有0.5克的油。如果将其提取处理应用，可以开拓出一片全新的能源供应空间。"他们发明了一种新技术，能击破藻类细胞壁，提炼藻类中的油。

10多年以来，岑可法一直在指导年轻科学家研究藻类变成生物柴油的尖端技术。2012年，"微藻能源"项目也被纳入"985"新一期重大研究计划，这已经成为我国为解决石油危机布下的一枚长远发展的棋子。

布局太阳能热发电

尽管直到自己人生的后半程，岑可法才把视野投到太阳能这个领域，其实对太阳能的利用，他一点儿也不陌生。少年时代，他从河中游泳上岸后，有时冷得直打哆嗦，可只要平躺在太阳底下晒上几分钟，身体立马就暖和起来了。这也是他小时候对太阳能最为直观的感受之一。

太阳能无处不在。在我们人类所生活的太阳系中，太阳是中心。太阳是地球之外和人类关系最为密切的单一天体，地球上万物所需要的几乎99%以上的光和热，都来自太阳。

根据现代科学研究的结论，太阳能是由太阳内部氢原子发生氢、氦聚变而释放出巨量核能而产生的能量，其以太阳光的形式每年达到地球表面的总辐射量可以达到$3×10^{21}$千焦，约为全球能量年消耗总量的5000倍，也是地球上最大的能量来源，因此被誉为人类的终极能源。

目前太阳能发电主要有两种形式：一是光伏发电，太阳光照射到光伏板上，通过光伏效应进行发电；二是光热发电，先将太阳光聚集起来，转换为热能并储存，再通过热功转换来发电。光伏发电过程中没有储存环节，电流会随着太阳能的变化而波动，电力输出不稳定。光热发电可与大规模低成本的储热相结合，电力输出稳定还可以为不稳定电力调峰，是未来发展的重要方向。

岑可法10多年前就敏锐地觉察到光热发电技术的重要性，但该技术涉及多学科交叉，研发周期长、难度大，门槛很高。为此，岑可法思索了很久，还专门找来了青年教师肖刚，与他讨论我国能源技术前沿和能源革命等重大战略问题。经过与各位学术带头人和肖刚老师本人认真研讨后确定，肖刚老师放下自己手中已经开展的研究方向，全心投入到光热发电技术的研发中去。

鉴于光热发电技术主要采用熔融盐作为吸热介质，温度不超过570℃，发电效率约18%，全球平准化度电成本（LCOE[①]）约为0.7元/千瓦时，为燃煤电站成本的2倍左右。为了将其成本降低到平价，亟需开发新一代光热发电技术，首先就需要将太阳能吸热器温度提高到800℃及以上。这就是浙江大学团队需要攻关的第一个创新课题。在世界范围内，应对全球气候变化要求能源转型，而能源转型需要非化石能源替代化石能源，于是几乎取之不尽、用之不竭的太阳能被推到了前台，众多发达国家和发展中国家都将太阳能开发放在能源发展战略的优先地位，这也是近些年来光伏发电迅猛增长的重要原因。

最近几十年来，太阳能光伏发电发展得很快，但是光伏发电一个巨大的短板是利用太阳能电池板吸收太阳光中的可见光形成光电子，产生电流发电，这种发电方式易受天气影响，电力输出波动性大，易对电网产生冲击。

如何更大规模地开发和利用太阳能，更高效率地利用太阳能？如何让太阳能为人类文明奉献更多的能源，为人类社会发展和进步做出更大的贡献？已经是绕不开的问题。

在这种大背景下，太阳能热发电技术走上了太阳能利用技术的前台。

伴随着清晨的第一缕阳光，浙江大学青山湖能源研究基地太阳能热发电实验室逐渐忙碌起来，检查调试实验设备、准备样品、检查服务器，十几位20多岁的年轻人专注、投入地进行着实验，为平静的大山增添了一抹不一样的生气。他们就是来自浙大能源工程学院

---

① LCOE 是英文 "Levelized Cost of Energy" 的缩写，中文全称为"平准化度电成本"，一般以兆瓦时（MWh）或千瓦时（kWh）为单位。LCOE 作为量化指标，最早被外国机构用于火电、水电、气电等传统能源项目的发电成本计算，之后拓展到新能源行业。这个指标是将项目生命周期内的成本和发电量按照一定折现率进行折现后，计算得到的发电成本，即项目生命周期内的总成本现值/总发电量现值，通常与电价进行对比，具有一定的指导意义。

肖刚教授浙大太阳能团队的研究生，这里面有很多同学从本科二年级就进入实验室，参与新能源开发和利用研究已经有将近 10 年的时间。

经过 10 多年的艰苦奋斗，浙大团队在杭州青山湖能源研究基地建立了国际领先的兆瓦级太阳能热发电试验平台。这是国内高校首个，也是截至 2024 年唯一一个太阳能热发电试验平台。

青山湖太阳能热发电试验平台，高耸的是吸热塔

光热发电，也叫聚焦型太阳能热发电，即通过大量反射镜以聚焦方式将太阳能直射光聚集起来，加热工质并产生高温高压蒸汽，以此驱动汽轮机发电。它是将光能转变为热能后，通过传统的热力循环做功发电，从而将热能转化为电能的技术，现在一般被称为太阳能热发电。

光热发电是一个近乎天才型的完美构想。其大致的发电过程是：白天，光热发电设备将大面积的阳光汇聚到塔顶的吸热器中，同时，熔盐泵也将低温熔盐罐里 290℃的液态低温熔盐源源不断地送至吸热器，熔盐吸热后温度升高至约 565℃，再通过管道被运到地面的热熔盐贮罐。随后，来自热熔盐贮罐的高温熔盐通过熔盐泵被送至熔盐蒸汽发生器，熔盐蒸汽发生器产生大量蒸汽，蒸汽推动汽轮机产生电力，而熔盐温度降低后流回冷熔盐贮罐，一次循环便完成了，就这样，光能被源源不断地转化为电能，从而实现光热发电。到了夜晚，为满足夜间吸热系统停机状态下的电负荷需求，吸热器中熔盐白天的吸热负荷要大于蒸汽发生系统中的放热负荷。这样，多余的热量逐渐在热盐罐中积累蓄积，就可以用于夜间循环发电。

光热发电系统利用太阳光的热量进行发电。在发电的同时，可以将多余的热能储存在储能容器中，在晚间或阴雨天时释放，能保证24 小时连续稳定发电。这与光伏发电波动性大、容易冲击电网存在明显的区别。与光伏发电相比，光热发电在连续发电、储能容量、储能成本、稳定性、安全性、环保性及寿命等方面都具有优势。

目前，主流的光热发电系统有槽式、菲涅尔式[①]、塔式、碟式等光热系统。其中，熔盐塔式光热发电在全球范围内被公认为是一种极具潜力的技术路线。由于它采用熔盐作为介质，相比常规槽式导热油光热发电技术，系统工作温度更高，发电效率也更高。同时，由于工艺流程相对简单，阀门管路易运维，系统更紧凑，也更适宜进行大规模的建设。现已建成投运的商业化项目众多，技术成熟。浙大热能所研究团队盯上的就是太阳能发电的这种技术。

浙大热能所在浙江大学青山湖能源研究基地实验的这个试验平台占地约1 万平方米，定日镜面积2000 平方米，塔高40 米，一期镜场包括100 面定日镜，单面定日镜面积为20 平方米，镜场聚焦热功率最大可达1000 千瓦，其吸热塔从上往下，分别布置有四个聚光孔，它们能够把100 面镜子反射的阳光统统吸收过来，传递到铁塔上的集热器中，聚集在一起的温度可以达到800～1000℃，在这样的高温下空气推动发电机转动，实现了光电转换。在有阳光的日子里，可以及时根据太阳的位置变化，通过计算机调控定日镜的角度，以确保所有的定日镜将阳光反射到接收器上。

---

① 菲涅尔式热发电技术是以菲涅尔透镜作为光聚焦装置，将太阳光线聚焦在一个小面积上，产生高温，进而转化为电能。

青山湖太阳能热发电试验平台的定日镜面积达 2000 平方米

利用该试验平台，浙大研究团队开发出基于廉价金属氧化物的高温热化学储热材料。储能温度可达 800℃，储能密度可达 500～1000 千焦/千克（为熔盐的 2～5 倍）。并在此基础上，开发了超临界 CO_2 布雷顿循环技术，为新一代光热发电技术提供可靠的理论与试验指导。

在岑可法及倪明江等人的培养、鼓励与大力支持下，肖刚已经成长为国家杰出青年科学基金获得者、国家太阳能光热产业技术创新战略联盟副理事长。他一直非常感激岑可法院士推荐他去加拿大不列颠哥伦比亚大学（UBC）留学的经历。肖刚师从 John Grace 院士学习了两年，回到浙江大学任教后，他以十年磨一剑的精神投身到太阳能光热发电和先进储能的研究中去，到 2023 年底，已经获得美国发明专利 7 项、日本发明专利 3 项、欧洲专利 1 项、中国发明专利 100 多项，为该项技术的产业化奠定了扎实的基础。

太阳能热发电技术作为唯一可以承担基础负荷并参与调峰的非水可再生能源，发展潜力大，但门槛高，没有"板凳甘坐十年冷"的功力，难以为相关技术研发奠定坚实的基础，实现产业方面规模化发展更是还有很长的路要走。

"太阳能发电是一个涉及多学科交叉融合的新型能源利用技

术系统，包括光学、控制、材料、机械和能源等众多学科。这意味着它的复杂性很高，不仅是局部的创新，更应该是系统的创新，并需要从全生命周期体系去研究光热发电的价值和意义。"2019 年 8 月，在杭州举行的第五届中国太阳能热发电大会上，岑可法如是说。

岑可法表示，太阳能热发电作为清洁发电行业发展的一个新方向，应做到"分步走"。第一步把太阳能布置在太阳能资源好的地方，形成大数据，使太阳能和其他能源互补，延长发电时间；第二步，太阳能利用由多个学科组成，必须有各种学科本身的物理模型、运行模型，把这些模型综合考虑，进行优化，使得能够全天候使用太阳能转化的电能；第三步，要想方设法将太阳能热发电的参数提高。

目前，光伏的年发电效率在 12%～17%，大部分太阳能都被浪费掉了。岑可法梦想着将来太阳能热发电能够达到 60% 以上的发电效率。到那个时候，太阳能就真正成了化石能源的重要替换对象了。

根据一些能源学家的展望，在人类未来数十年之内，太阳能开发利用都是十分具有前景的方式。如果将分布式的太阳能光伏发电和集中式的太阳能热发电相互结合利用，在太阳能发电发展比较好的地方既有光热发电系统，又有光伏发电系统，两种各具优劣的发电系统实现互补，人类对太阳能的利用格局将会呈现新的飞跃。

岑可法说，中国国土面积广阔，以面积计算，太阳能可以提供的能源大约是中国人所需要的 1.9 万倍，很多地方都拥有非常好的可以被利用的太阳能资源，在未来还有着很大的发展空间。

不过对于中国发展太阳能的规模，岑可法也表示，"在每一寸空间都利用太阳能并不现实，我们不可能一粒米不种，水果也不吃，全部用来铺太阳能，根本做不到，这样人是生存不下去的。所以我们还要找到其他有效的绿色低碳能源。"

储能与氢能

岑可法说的其他有效的绿色低碳能源，在现阶段最有前景的就是储能与氢能。

就当前技术创新和商业化水平而言，太阳能、风能是全球装机最多也是前景最好的绿色能源。这些年中国风电和太阳能发电的增长很快，几乎可以用突飞猛进来形容。

随着风电和太阳能发电的快速发展，二者占中国总发电装机容量的比重不断增加，其中并网风电装机容量占比由 2016 年的 9.03%提升至 2023 年的 15.12%，并网太阳能发电装机容量占比由 2016 年的 4.70%提升至 2023 年的 20.88%，而火电装机容量占比由 2016 年的 64.04%降低至 2023 年的 47.62%。以风电和太阳能发电为代表的可再生能源发电在我国发电结构中的比重越来越高。

但是当前主流的太阳能和风能技术因受自然条件影响，存在产能波动大、随机性高的特点，属于间歇性能源。

让岑可法忧虑的是，能源结构中间歇性能源份额的增加，会对电网稳定平衡性造成巨大压力，给间歇性能源电价带来大的波动，这种局面也会对产业的发展带来动荡。

另外，就中国而言，与火电相比，中国的风电与光电也存在明显资源分布不均衡问题。西北地区是中国风电和光电资源相对较为丰富的地区，除沿海地区发展海上风电外，内陆省份风、光资源相对匮乏。由于风电与光电资源的地域、季节不均衡性，导致中国风电和光电的消纳、储能、输送等环节，越来越成为制约其发展并发挥潜力的障碍。近些年随着各地新能源发电项目的迅猛增长，制约也就越来越突出。

并且，由于供过于求，在全球范围领先的中国光伏产业被迫陷入日益激烈的价格战来扩大市场份额，而这并不是一种良性的发展方式，中国的新能源供应需要破局。

解决思路在哪里？除了加快发展太阳能热发电技术，就是加快发展储能技术。

"现在提出的补救办法是用储能，把太阳能储起来、把风能储起来，在没有阳光、没有风的时候拿出来、放出来使用。"

岑可法认为，储能技术是解决绿色能源有效利用的关键，可作为电网与供热系统、燃气网络、电气化交通网等的连接桥梁，对改善间歇性能源的波动性和实现电力供需的一致性非常重要。

岑可法的构想中，在未来的低碳能源系统中，绿色能源和储能的多种灵活性组合，将会成为最具经济性的解决方案。因此，在未来的能源开发中，技术创新的主要目标是实现绿色能源供给端、储能端的降本增效和灵活可靠，发展以储能为核心的多种绿色能源、清洁能源的互补体系。

也正是这种互补体系，让储能被推到了历史的前台。

当前的储能技术分为电化学储能技术与物理储能技术等。电化学储能技术包括液流电池、锂离子电池、铅炭电池、钠基电池技术等，具有位置环境不受限的灵活优势，在发电、输配电和用电过程中均可进行规模化应用，更有利于绿色能源的消纳。物理储能技术包括储电和储热，储电有抽水储能、压缩空气储能、飞轮储能、超导储电等。相较于电化学储能技术，物理储能技术具有规模大、成本低、寿命长、环保等特点，但较易受位置与环境限制。从技术特点和当前发展来看，物理储能更适合于发电和输配电过程，化学储能更多应用于交通领域，尤其是电动汽车的电池需求。太阳能、风能等绿色能源发电和储能技术的组合对传统发电技术形成越来越强的竞争，竞争结果主要取决于电池技术的发展，同时电池回收与处理技术也会影响这一组合的未来发展。

太阳能、风能和储能的结合也不是没有短板。岑可法说，我们一年 8000 多小时都需要能源，而太阳能一年只能提供 1000 小时的能源、风能则是一年 2000 小时，从 1000 小时或者 2000 小时到 8000

小时，这就要储 6000～7000 小时的电。如果单纯储存太阳光伏和风发的电，远远满足不了需求，于是很多人把眼光投向了氢能。

氢是宇宙中储量最为丰富的元素，也是普通燃料中能量密度最高的绿色能源之一，因其绿色高效的特点而被称为 21 世纪的"终极能源"。氢储能是一种新型储能方式，具有调节周期长、储能容量大的优势，在促进可再生能源消纳、电网调峰等应用场景中潜力巨大。

然而，因为技术创新少和成本较高等原因，氢能在工业应用领域的市场规模一直有限。在全球气候加速变化的情境下，氢能逐渐被视为实现碳中和目标的关键燃料。

氢能是由氢和氧进行化学反应释放出化学能，是一种二次清洁能源。氢能作为能源具有热值高、利用形式多、无毒无害、储运灵活、环保绿色等诸多优点。在全球加快能源绿色转型的背景下，氢能产业已成为全球能源领域投资增速最快的行业之一。

氢能源产业链上游是氢气的制备，主要技术方式有传统能源的热化学重整、电解水和光解水等。目前工业制氢气（H_2）的方法主要有以下五种：一是采用化石燃料制取氢气；二是从化工副产物中提取氢气；三是采用来自生物质的甲醇甲烷制取氢气；四是利用太阳能、风能等自然能量进行水的电解；五是余热制氢。

还有人提出直接通过太阳能光伏发电来制造氢，岑可法并不看好这种技术路线。他说太阳能光伏发电，只有 12% 的利用效率，其发的电制氢，效率有 70%，这样整体算下来，只有 8.4% 的效率，意味着太阳提供数值为 100 的能量，只有 8.4 能用，其他都没用，浪费了。所以用太阳能光伏发电产生的电来制造氢气，并不是一个合算的能源发展策略。

从大规模制氢的可行性来看，因为焦炉气制氢利用的是炼焦的副产物，天然气制氢利用的是化石燃料，这二者更有可行性。并且从经济性角度看，因为原料价格较低，焦炉气制氢和天然气制氢成本较低，理论上这两者均适用于大规模制氢，只是受限于原料供应。

甲醇裂解制氢具有投资低、建成快、无污染等特点，并且甲醇作为原料可以更为灵活，也是一种较好的制氢方式。

数据显示，目前我国制氢原料中，煤炭使用最为广泛，占比达到64%，其次是工业副产品占比达21%，天然气占比达14%，电解水使用最少，占比仅为1%。

岑可法说，从各制氢路径的特点来看，传统制氢工业中以煤、天然气等化石能源为原料，并且我国煤制氢技术也较为成熟。目前全国60%左右的氢气由煤制氢而来，煤制氢现在也有生产成本方面的优势。即使考虑碳排放治理成本等因素，在相当长时期内，煤制氢均具有成本优势。

对于煤、天然气等化石能源的制氢，这些年浙大热能所也在进行相关探索，并在一些方面取得了不小的突破。但岑可法知道，从长远来看，因为原料供应的问题，它们无法作为大规模集中化的氢能供应来源，更有前景的未来还是得依靠电解水。

电解水制氢纯度等级高，杂质气体少，易与可再生能源结合，被认为是未来最有发展潜力的绿色氢能供应方式。虽然电解水方式现在的占比很低，随着技术的进步，这种制氢方式的规模将会变得越来越大。

除了电解水制氢，加热水制氢也是一种正在研究的方式。只不过岑可法表示，水的这种分解要加热到 3000K（2726.85℃），条件十分苛刻，现有的工业条件下很难大规模办到，于是能否通过化学反应实现水的分解就成为国内外不少研究人员考虑的方式。现在的研究发现，通过一系列的化学反应，在可接受的条件下（温度<850℃）可以实现水分解，制备出氢气（H_2）和氧气（O_2），而且能源转换效率可达到50%左右。

10 多年前，年轻的王智化在导师岑可法指导下开始布局硫碘余热制氢的新课题，和当时的博士生何勇一起努力了十多年，不但完成了硫碘余热制氢基础试验和台架，并建立了中试系统。作为余热制氢项目负责人的王智化于 2011 年晋升为浙大教授，并于 2021 年进入国家杰青梯队。何勇于 2021 年晋升为浙大教授，一个课题团队又形成了，该方向到 2024 年已经培养了 12 名余热制氢博士。

岑可法透露，浙大热能所近些年在重点研究低温余热制氢。王智化教授团队采用的是硫碘余热制氢并循环利用的方式，他们已经建成 120 立方米/天的热化学硫碘循环水分解制氢全工程材质中试系统，于 2021 年 9 月完成全流程调试，并顺利产出氢气。目前正与东方电气集团开展合作，力求尽快实现该技术的大规模工程应用。

"该项研究采用自主设计的流程和反应器，以及自主研发的催化剂体系，研究成果为发展高效、低碳、廉价的热制氢技术奠定了坚实基础。"岑可法说。

随着全球气温变暖加速，发展低碳能源成为时代重任，中国在探索应用低碳能源方面走在全球前列。岑可法说，氢能源作为清洁低碳能源，被国家寄予了厚望，是未来需要予以重点发展的领域，也正在日益受到国家的关注和支持。

2022 年 3 月 23 日，国家发展和改革委员会、国家能源局联合印发《氢能产业发展中长期规划(2021—2035 年)》，强调氢能是未来国家能源体系的重要组成部分，是用能终端实现绿色低碳转型的重要载体以及战略性新兴产业和未来产业重点发展方向。

我国已成为世界上最大的氢气生产国，根据中国煤炭工业协会数据，2022 年我国氢气产量达 3781 万吨，同比增长 32%，占 2021 年全球氢气产量的 28%。

但是国内氢能产业尚处于市场导入阶段，除部分气体公司外，市场化供氢渠道有限。在制氢的技术路线上，各个方向也都还在摸索之中，这也意味着从事相应能源工程研究的科学家，还有很多事情要做。

氢气自身的理化性质也带来了一系列的安全、储存和运输难题，主要是：氢气无色无味，且逸散速度极快，一旦发生泄漏很难察觉，环境温度下易燃；氢气体积能量密度低（12.1 兆焦/立方米）且火焰辐射微弱，导致氢气火焰很难被探测和控制；氢气具有极宽的可燃范围和极大的层流火焰速度，在储运的过程中容易产生爆炸。

如何引领我国的制氢工业研究和应用推广？如何解决氢气应用面临的安全、储存和运输等系列难题？岑可法对他的弟子和浙大的年轻科研人员和学子们寄予了厚望，他相信在大家的共同努力下，浙大的氢能研究一定可以走得更远。

第九章

"点石成金"的垃圾

研究煤泥等这些原来属于废弃物的燃烧利用之时，岑可法又将自己的视野扩展到垃圾的燃烧和利用上。

搞煤炭研究的怎么又搞上了垃圾处理？每当有人提出这样的疑问，岑可法都微笑着回答说，这是一个自然而然的过程。

这不是一时心血来潮

垃圾，是固体废弃物的通俗说法。固体废弃物是指在生产、生活和其他活动中产生的丧失原有利用价值或者虽未丧失利用价值但被抛弃或者放弃的固态、半固态和置于容器中的气态物品、物质以及法律、行政法规规定纳入固体废弃物管理的物品、物质。

固体废弃物有着不同的分类。按化学性质，分为有机废弃物和无机废弃物，如砖瓦、块石、混凝土等是无机废弃物，西瓜皮、蔬菜、厨房垃圾等是有机废弃物。按形态，分为固态废弃物、半固态废弃物和液态废弃物。按危害状况，分为有害废弃物和一般废弃物。按法律规定，分为生活垃圾、工业固体废弃物和危险废弃物。20 世纪 80 年代末，岑可法的目光一步步开始聚集到生活垃圾的处理上，他关注到生活垃圾的处理也并不是一时的心血来潮。

"既然煤泥能燃烧发电，其他垃圾应该也能够燃烧发电。"在岑可法看来，他们研究视野的这种拓展是很自然的事情，他们的这种做法不仅是在寻找新的能源利用方式，也是在帮助解决颇为令人头痛的生活垃圾围城问题。

生活垃圾是固体废弃物的其中一大类，指在日常生活中或者为日常生活提供服务的活动中产生的固体废弃物以及法律、行政法规规定为生活垃圾的固体废弃物。长期以来，除了部分生活垃圾进入回收利用环节外，余下的生活垃圾的处理一直是个难题。早些年，垃圾回收利用的理念并没有深入人心，绝大部分生活垃圾都成了无用的废弃物。

随着我国社会、经济和科技的飞速发展，城镇化进程快速推进，人们生活质量日益提升，与此同时产生的垃圾也在与日俱增。

解决城市生活垃圾问题已经成为一件迫在眉睫的事情。

"垃圾焚烧发电，可以是一条能够解决问题的出路。"岑可法说，他甚至还从另外一个角度来思考垃圾的处理问题，"垃圾是被放错了的资源，为什么不用？"

国际上，城市生活垃圾的处理通常有三种主流方式：填埋、堆肥和焚烧，而在我国，长期以来，直接填埋法一直居主导地位。

随着时代的变迁，垃圾处理领域焚烧法正逐渐崭露头角，其原理是将垃圾投入高温炉中，让可燃成分完全燃烧，同时将其产生的热能转化为电力和取暖。

20世纪90年代，一些发达国家如瑞士、日本、丹麦利用垃圾焚烧发电已占垃圾处理的65%～75%，法国也有三成，而垃圾焚烧技术尚处于起步阶段的中国尚不足一成。

这背后的一个重要原因是在很长的时间里我国的城市垃圾未进行分拣，其成分驳杂、热值偏低、水分偏高，这使得国外先进的焚烧技术在我国难以施展。虽然一些地方陆陆续续上马了部分垃圾焚烧发电的项目，但效果并不是很理想。

岑可法研究团队认为，并不是垃圾焚烧发电的思路存在问题，只是相关工艺还不成熟，国外的一些技术和方案到了国内就会遭遇到水土不服的问题。

所以，在垃圾焚烧处理的问题上，中国的很多地方需要因地制宜的中国方案，中国需要使用国内自己开发的垃圾焚烧发电技术。利用研究团队在洗煤泥、湖泊污泥等废弃物利用方面积累的丰富经验，1993年，岑可法又带着大家深入研究中国城市生活垃圾的特性，开发相应的燃烧发电技术。

经过不懈的努力，他们终于研发出了以"异重循环流化床"技术为核心的垃圾焚烧集成技术。这项技术围绕环保和可再生能源两个主题进行了一系列的研究，研究者们从对城市生活垃圾燃烧特性入手，在对城市生活垃圾的成分和热值、焚烧过程中的污染物生成和控制进行了研究之后，开发完成了包括垃圾预处理、焚烧炉、燃烧系统、灰渣系统、尾气处理系统和热工自动控制 6 个子系统在内的大规模垃圾焚烧集成技术。这一整套技术的诞生，不仅解决了进口焚烧炉在我国"水土不服"的问题，更使得同等规模的国产化设备投资减少了近一半。

1998 年，浙大热能所与杭州锦江集团和杭州锅炉厂产学研合作，由杭州锦江集团投资建设了日处理 150 吨生活垃圾的国内首座循环流化床生活垃圾焚烧发电项目。而后垃圾焚烧发电技术在国内的很多地方迅速推广。

到 2006 年初，浙江的杭州、义乌、嘉兴以及山东菏泽、河南郑州、广东东莞的 8 座垃圾焚烧电厂的 21 台焚烧炉，日处理垃圾量已经可以达到 6050 吨。

岑可法团队的垃圾焚烧发电技术为发展中国家生活垃圾无害化、资源化处理提供了成功经验。印尼、新加坡、泰国、巴西、印度和越南等国的有关人员也前来洽谈这一垃圾发电技术的应用。

2006 年，他们的这项"生活垃圾循环流化床清洁焚烧发电集成技术"获得国家科学技术进步奖二等奖，这是生活垃圾焚烧发电技术获得的首个国家奖。该项技术还获得了中国专利优秀奖。

国际废弃物能源化理事会主席、美国工程院院士、美国哥伦比亚大学 Nickolas J·Themelis 教授在一次国际动力工程会议的特邀报告中，将浙大的循环流化床垃圾焚烧发电技术列为国际五大主流技术之一，这是欧美日发达国家以外唯一列入的技术，由此足可以看出该项技术研发的含金量。

2007 年左右，岑可法将生活垃圾变为资源利用的这种信念变得越来越坚定。

当时上海每天产生生活垃圾约 12000 吨，北京每天产生 8000～9000 吨，杭州每天也有 2200 吨左右。据航空遥感所测，当时北京附近堆放的垃圾占地已达 1250 万平方米，成了一座座垃圾山。

而 2007 年时我国人均发电量只相当于美国的 1/5、日本的 1/3。在很多地方尤其是大中型城市中，一边是大量的垃圾无处可放，另一边是电力资源的严重不足。

时至今日，中国每年产生的生活垃圾数量巨大。根据国家统计局《中国统计年鉴 2023》的数据，2022 年，全国生活垃圾清运量超过 2.4 亿吨。作为我国最繁华城市之一的上海，2022 年产生的生活垃圾量高达 890.1 万吨。上海每天产生的生活垃圾，如果用普通厢式货车来装载可以从人民广场一路排到浦东机场，平均每 15 天的生活垃圾就可以堆出一座金茂大厦。

2023 年北京市每天产生近 2.6 万吨生活垃圾，人均每天约 1.2 千克，如果用载重 2.5 吨的卡车运输，这些卡车连成一串，能够排满三环路一圈。加上各行各业在生产时产生的工业固体废物、建筑垃圾等固体废物，体量更为惊人。这些巨量的垃圾如何处理，首都面临着比上海更大的挑战。

统计显示，我国城镇生活垃圾基本上每年都会以 5%～8% 的速度增长，尽管 2022 年增长有所放缓，但总体仍呈上升趋势。生活垃圾的增加对城镇生活环境造成了巨大压力，垃圾处理问题成了和我们生活息息相关的议题。

尽管城镇生活垃圾的能源品位较低，但其蕴含的能量却不容小觑。研究表明，我国每 6 吨生活垃圾就蕴含 1 吨标准煤的热值，而且随着社会的不断进步，垃圾的热值还将继续攀升。如果将这些垃圾予以焚烧发电，不仅能将废弃物变成宝贵的资源，可以为国家和社会创造巨大的财富，还可以解决"垃圾围城"的难题。

岑可法的视野瞄上了这些巨量的垃圾。他一直坚信，垃圾等这些被很多人当成废物的东西，其实只是放错了位置的资源。如果对它加以科学利用，就完全能够变废为宝。

跨界攻关二噁英污染

建一个填埋或焚烧工厂并不复杂，难的是技术工艺和运营管理，垃圾处理作为一个全环节过程，并不是单个学科可以解决的，它涉及热能、机械、烟气控制、渗滤液控制，而且垃圾的波动性强，每天的垃圾都不同，不是均匀的物料，难以控制其品质。

垃圾目前有两种处置工艺，就是卫生填埋和焚烧发电。卫生填埋，不是简单地将垃圾堆放在一起，而是有严格科学的设计标准和填埋作业工艺，确保垃圾填埋过程和填埋之后的恶臭、渗滤液等污染物得到妥善控制。垃圾焚烧发电，也是当前非常成熟的垃圾处理技术。垃圾经过燃烧会产生大量的热能，热能最终会转化为电能。在焚烧厂经过 5～7 天发酵后的生活垃圾，一吨垃圾可以产生 500 余度电。垃圾焚烧最大的难题是对空气污染的控制是否能够过关，其中二噁英排放的控制最受关注。

二噁英又称二氧苣气体，是一类无色无味、毒性严重的脂溶性物质，包括 200 多种化合物。二噁英的毒性十分大，有研究人员认为其是氰化物的 130 倍、砒霜的 900 倍，有"世纪之毒"之称。

国际癌症研究中心已将二噁英列为人类一级致癌物。环保专家称，二噁英常以微小的颗粒存在于大气、土壤和水中，主要的污染源是化工冶金工业、垃圾焚烧、造纸及生产杀虫剂等产业。其中，垃圾的燃烧就是罪魁祸首。譬如日常生活所用的胶袋，PVC（聚氯乙烯）软胶等物都含有氯，燃烧这些物品时便会释放出二噁英，悬浮于空气中。

虽然聚氯乙烯塑料、纸张、氯气以及某些农药的生产环节、钢铁冶炼、催化剂高温氯气活化等过程都可向环境中释放二噁英，二噁英还作为杂质存在于一些农药产品中。但研究表明，大气环境中的二噁英 90%左右都来源于垃圾焚烧。含铅汽油、煤、防腐处理过的木材以及石油产品、各种废弃物特别是医疗废弃物在燃烧温度低于 300～

400℃时容易产生二噁英。

直到现在，垃圾焚烧过程中二噁英的形成机制仍在研究之中。目前认为主要有两种途径：其一，在对氯乙烯等含氯塑料的焚烧过程中，如果焚烧温度低于800℃，含氯垃圾不完全燃烧极易生成二噁英。燃烧后形成的氯苯，会成为二噁英合成的前体。其二，其他含氯、含碳物质如纸张、木制品、食物残渣等经过铜、钴等金属离子的催化作用，在燃烧中不形成氯苯也会生成二噁英。

正常情况下，大气中的二噁英浓度一般很低。但是监测数据表明，与农村相比，城市、工业区或离污染源较近区域的大气中含有较高浓度的二噁英。

现在很多人之所以谈到二噁英就为之色变，是因为排放到大气环境中的二噁英可以吸附在颗粒物上，沉降到水体和土壤，然后通过食物链的富集作用进入人体。已经有研究人员发现，食物是人体内二噁英的主要来源，而经常接触二噁英的人更容易得癌症。二噁英还能干扰机体的内分泌，造成不孕不育，引起动物胸腺萎缩、细胞免疫与体液免疫功能降低等。正是这些研究，让越来越多的人开始关注二噁英的排放问题。

中国虽然缺乏有说服力的二噁英污染数据，但是中国在人体血液、母乳和湖泊底泥中都检出了二噁英。尽管其浓度水平较低，但也证明二噁英在环境中的确存在。从美国和日本等发达国家对空气中二噁英来源进行的调查结果来看，焚烧设施的二噁英排放量占有较大比重。尤其是很多地方以前建设的炉型比较落后的小型焚烧炉更为很多人所担忧。

垃圾发电的二噁英污染问题，一直是个国际难题。岑可法研究团队涉足垃圾焚烧发电，二噁英的排放无论如何都是绕不过去的。

既然绕不过去，那就正视二噁英的污染，开展相关研究。岑可法的头脑中几乎没有犹豫，就闪现出这样的想法。

通过对二噁英众多研究材料和数据的了解，岑可法意识到二噁英已经成为垃圾焚烧发电的一个巨大拦路虎，必须想办法予以攻克。如果不解决这个问题，垃圾焚烧发电就会遇到很大的难题。

岑可法带着研究团队建起了超洁净二噁英实验室进行攻关。作为这个领域的外行，参与研究人员的很多工作几乎是从零开始，除了搭建实验室，他们还得赶紧学习二噁英的有关化学和检测知识。做事情，很多时候就怕认真，搞科学研究也是如此。尽管是从头开始，如果一门心思去攻关，有时就能够啃下硬骨头。

反复实验之后，研究团队在 21 世纪初解决了这个难题，其排放量大大低于国家标准甚至优于欧盟标准。这为我国生活垃圾的燃烧发电解决了一些环保技术上的难题。

正是这样的原因，他们的垃圾焚烧发电技术获得了当地一些居民的认可。来自城市各个居民点的生活垃圾在附近建设的垃圾焚烧发电厂被送上传送带，解决了自身的环境污染问题，燃烧产生的热能被转换成了电能，并输入电网，进入到千家万户。

随着浙大的垃圾燃烧发电技术变得越来越先进，与之合作的电厂也越来越多。据统计，到 2013 年底，应用岑可法研究团队技术的垃圾焚烧发电厂每天焚烧的垃圾，就已经超过全国城市生活垃圾焚烧处理量的 1/3。

"对垃圾的利用关键是要改变一些人对它的看法。实际上，垃圾是可以能源化利用的，对节能减排的贡献巨大。"岑可法说。当时他做了一个计算，2012 年中国生活垃圾的焚烧量达 3854 万吨，其能量等同于 38 亿多立方米的天然气，相当于减排了 700 多万吨二氧化碳。中国每年产生 1.7 亿吨城市生活垃圾，蕴含的能量相当于 170 多亿立方米天然气。他认为，如果把中国绝大部分生活垃圾都通过焚烧发电的方式利用起来，对能源和碳减排都是相当可观的。

但是 10 多年以来，在全国范围内垃圾焚烧发电推广的速度并不快。虽然全国都在陆陆续续地兴建垃圾焚烧发电厂，但依旧走得磕磕绊绊。在一些地方，只要提到要建垃圾焚烧发电厂，就遭到当地居民的反对，甚至有些专家也不理解，导致在很长的时间里这种生活垃圾的处理方式一直风波不断。直到国务院常务会议肯定了要发展垃圾焚烧发电的方向，焚烧发电才得到重视。

实际上，只要制定严格的二噁英等污染物排放标准，有效去除了其超标排放，垃圾焚烧发电也可以实现环境友好。40多年来，岑可法和他的部分弟子考察了欧、美、韩、日等不少地方，它们的焚烧发电厂都建在哪里呢？维也纳、法国鲁昂建在市中心，设计精美；广岛、京都、首尔的也很漂亮，有些地区焚烧厂烟囱上还有观光塔。他们基本实施了欧盟标准（二噁英的标准限值为0.1纳克毒性当量值每标准立方米）。科学证据表明，只要达到欧盟标准，环境、人体都是完全可以承受的。

岑可法十分自豪的是，与他们合作的很多垃圾焚烧发电厂在二噁英等污染物质的排放上都能达到欧盟标准，这也能够解除地方政府及垃圾焚烧发电厂周围民众的担忧。

为了让垃圾燃烧发电变得更加环保安全，近些年来浙大能源工程学院的研究团队还在做的是争取二噁英近零排放。

"我们的目标比欧盟标准还要严格10倍。"岑可法说。

二噁英的检测也是一个很大的难题。在很长的时间里，因为二噁英不能实时监测，一年才做一次，检测的人走了说不定又不达标了。怎么解决这个问题成了一个迫切的挑战。

由浙大严建华教授、李晓东教授、陆胜勇教授等领衔能源清洁利用国家重点实验室科研团队研发的"可调谐激光光谱结合飞行时间质谱在线监测二噁英的方法"，在国际上首次获得垃圾焚烧炉168小时二噁英排放的连续检测图，解决了二噁英实时在线快速测量的世界性难题。通过他们研发的系统，可以在一定周期内无间隙获取二噁英实时检测数据，通过数据积累与分析，不断反馈优化焚烧运行及清洁生产，提升垃圾焚烧发电系统的运行水平。该项技术为企业产业进步、公众监督提供了支持，也得到了科技部门的认可。

2022 年 7 月 26 日，第二十三届中国专利奖正式公布获奖名单，"可调谐激光光谱结合飞行时间质谱在线监测二噁英的方法"荣膺中国专利金奖。尽管岑可法是获奖人最后一名，可看到弟子们在原来被认为是"不务正业"的领域取得巨大成就时，他的心里也乐开了花。

现在的主要问题在于，技术还停留在实验室中。岑可法说，浙大热能所还得继续推进研究，产业化应用推广也需要加速。

不能停止前行的脚步

到 2023 年，浙大热能所在全国各地总共推广应用了 50 座垃圾发电厂，累计处理生活垃圾 2 亿余吨，发电约 690 亿千瓦时，相当于节约 5000 万吨标煤，减少碳排放近 1.6 亿吨。

从技术应用的角度而言，这是一个巨大的成就。岑可法团队也再次兑现了科学研究和技术发展要为国家和社会重大需求服务的承诺。

与此同时，岑可法也如同垃圾焚烧发电领域的一个布道者，不断传播他支持中国大力推动垃圾焚烧发电、需要将其作为城市生活垃圾主要处理方式的观点。

"垃圾焚烧发电不是洪水猛兽，在中国尤其东部不推广焚烧是没有出路的。"不管是在公开发言中，还是私下场合，岑可法一次又一次地这样讲，"一般发达国家，人均土地很多的以掩埋为主，土地不够的都以焚烧为主。中国人多地少，尤其东部地区，不搞焚烧怎么办？就拿杭州来说，在城市迅速扩张的发展道路上，哪里还有新的地方可以填埋？"

然而，因为多方面的因素，时至今日，我国生活垃圾处置依旧以填埋为主。

岑可法并不认可大规模搞垃圾填埋场的生活垃圾处理方式。在他看来，垃圾填埋场一般都在城郊甚至更远，垃圾的运输距离很长，每天运输生活垃圾都要消耗能源，这是很不划算的事情。虽然垃圾填埋后产生的沼气也可以作为能源利用，但收集困难，沼气泄漏还会对环境造成温室效应，危害更大。

尽管垃圾填埋场的规划和实施方案随着科学和技术的发展已经几经改进，但依旧无法解决一些污染方面的难题。其渗滤液对周围地上地下水体的污染，所散发出令人不舒服的甲烷等异味气体，让很多人对垃圾填埋场敬而远之，部分垃圾填埋场也时常会引起周围居民的抗议，有的地方的大型垃圾填埋场甚至在规划之初就因为附近居民的抗议而胎死腹中。

与之相反的是，垃圾焚烧发电处理方式的变革则发展得很快，因为科学的发展和技术的改进，高标准建设的垃圾焚烧发电厂污染物排放越来越低。从我国近几年城市生活垃圾填埋和焚烧处理的比例变化看，焚烧发电处理方式已经逐步成为发展趋势。

当然，仅仅考虑资源化利用也不能完全解决我国"垃圾围城"的难题。岑可法认为，中国的生活垃圾处理，要走节能减排、循环经济的发展道路，做到分级、高效利用，以绿色、生态、近零排放的发展思路来考虑生活垃圾的焚烧发电技术未来的发展，只有做到这样，"垃圾围城"才能真正取得突破。

垃圾焚烧发电领域，岑可法研究团队的确还无法停止前进的脚步。近些年垃圾焚烧厂在全国各地越建越多，尤其是近10年，生活垃圾焚烧发电厂在中国内地呈现高速发展态势，全球最大处理规模的垃圾焚烧发电厂、高参数垃圾焚烧发电厂主要诞生在中国。数据显示，中国内地投入运行的生活垃圾焚烧发电厂达到107万吨/日（截至2024年6月），约占全球生活垃圾焚烧发电处理能力63%。但在对城市垃圾焚烧处理过程中，由于资金、技术等的局限，多数焚烧厂偏重垃圾焚烧，未配套热能利用及符合环保要求的污染净化设施，从而形成二次污染，这包括垃圾焚烧后排放的废气、燃烧后的灰渣、飞灰、工艺处理后的废水及恶臭、噪声污染等，尤其是烟气排放的污染依旧不同程度地存在。这些状况的存在，有管理和环保意识方面的原因，也有技术难度和成本控制等方面的原因，而后者，则是岑可法的弟子及其学生们还在继续重点攻关的问题。

岑可法认为，生活垃圾的处理依旧是当前的一个难题，在基础科学研究和处理技术上都还有许多问题需要攻克。以污染物排放为例，虽然二噁英是垃圾发电污染物控制的核心问题。但垃圾焚烧还有二氧化硫、氮氧化物、氯化氢、重金属等污染物的排放。作为燃烧的二次污染物，完全实现零排放并不现实，只能近零排放，这是今后的努力方向。

中国最开始建成的垃圾发电厂，因为垃圾热值较低燃烧不够充分，为了实现生活垃圾更为充分地燃烧，岑可法还在国内首先提出采用一定量的煤和原生混合收集的生活垃圾在异重循环流化床中混烧的技术路线。他也尝试把这种混合燃烧的方式推广到烧煤发电厂。实验表明，只要燃烧方式和配比恰当，燃煤发电厂采用煤炭和生物质混烧可以提高燃烧效率，减少碳排放，是一种能够降低污染的清洁燃烧方式。

另外，垃圾燃烧发电在管理方面也需要突破。虽然这些年很多地方都对垃圾焚烧实施补贴，但是政策引导的力度还不够合理。这主要是现在对于垃圾焚烧厂，不管企业排放多少，补贴都一样，这就打消了一些厂家愿意去做更好减排的积极性。

岑可法的思考中，最好建立一个弹性政策，企业做节能减排、做更高层次的减排，也是在为环境做贡献，就应该多给他们一些补贴。

他说，国内的技术发展很快，最主要的排放指标都能做到欧盟标准，甚至好于国外，如果给予公平的竞争条件，为企业和行业的发展创造公平的竞争环境，垃圾焚烧发电厂在环保推进方面就会进入螺旋式超前发展的局面。这样他们研究的很多减排技术也就有了更为广阔的用武之地。

"在经济效益不是很充分时，只要有了好的政策引导，优秀技术才会在企业中得到迅速推广和应用。"岑可法表示。

对广大社会公众及时做好科学传播，让大家理性、客观地看待各种生活垃圾处理的优劣，也是极为重要的事情。岑可法的意见是政府和媒体应该做到正确地引导和传播，既不能言之不实，也不能言过其实。

岑可法还一次又一次告诉参与建设垃圾焚烧发电的企业，在建设电厂的过程中，也要公开透明、要高标准严要求，确保焚烧发电厂的污染物排放在达标的基础上做到更好。只有这样，公众才会接受和理解政府解决垃圾围城问题的各种可行方案和决策。

第十章

破译浙大人才的
"岑可法现象"

岑可法是一位出色的科学家，也是一位极其优秀的老师。数十年来，他一直站在科研和教书育人的第一线。

有人说，一个人在自己的人生旅途上遇到一位好老师是人生的幸运。岑可法的弟子和学生们都是极其幸运的。

岑可法的弟子，从近80岁的第一代到30岁出头的第五代，覆盖各个年龄层。如果把浙大热能所比作武当派，岑可法就是德高望重的"岑真人"，他站在高处，带领着一代代弟子成长成才。在他的引导之下，一位位青年才俊从青年、到中年，一路闯关夺隘，不断攀向科研的高峰。

在岑可法看来，好的老师给学生传授既有专业知识只能占传授内容的七成，另外三成要给学生留下思辨的空间。无论是为本科生或是研究生授课，岑可法在一堂课上讲述的内容70%是成熟的知识，其余则是国际上最前沿的观点和看法。

岑可法为新生上课

如此授课对岑可法自身提出了更高的要求，他需要随时学习，及时了解国内国外相关领域的发展动态。好在岑可法本身是一个爱学习的人，这对他来说并不是多大的难事。

老师讲授前沿、最新的东西有时会面临一些挑战，因为前沿的一些东西暂时无法做出判断，有些探讨可能是错误的，但岑可法说要鼓励学生们自己去思考、去辨别。他时常告诫学生，课本上的知识很多都是几十年前的内容，比较陈旧，而且大多只是对现象进行描述，细节和过程的解释不甚清楚，这些内容对自己眼前的科研创新并不会有太大的帮助。由此，他常常鼓励学生们自己思考和钻研问题，争取有自己的创新想法。

这样的老师，同学们自然很欢迎，觉得不管是听他讲课还是当面一对一的教诲都是一种荣幸。因此，多年来，岑可法的课一直很受学生们欢迎。到了老年，他讲公开课或者做报告的时候，更是常常被围得水泄不通，很多人觉得听他讲东西完全就是"听君一席话，胜读十年书"。尽管他说的是带着浓重广东味儿的普通话，大家还是爱听，习惯了也就听得明白了。

岑可法也有让学生吐槽的时候。在浙大热能所，学生们对岑可法有"两怕"。一是怕他开会。有人说，"岑老师精力旺盛，上午开会，有时会一直开到晚上，甚至凌晨。晚饭往往就是一顿盒饭，还是在肚子饿得咕咕叫之后。"二是怕他批评，一位博士说，"有时兴冲冲地拿个论文请他看，他却挑了一堆'刺'，要求很严格。可他要不'骂'你了，你就没有进步了。"

严师出高徒。学生们的"两怕"，正是岑可法教学认真严谨的体现。数十年中，浙大热能所的众多博士研究生们从开题到做实验、写论文再到毕业答辩，他都是全程指导，毫不懈怠。也是在这种指导的过程中，一个个有才华的青年人才被他发掘了出来，并培养了大量服务国家能源战略需求的核心人才。

以岑可法为首的人才梯队已经成为浙大的重要硬核之一，不管是在热能所抑或能源工程学院，这里老中青队伍中随时都能够找到挑大梁、担重担的人，几十年来，这样的局面从来都没有改过。也正是这种人才结构，不管是在教学领域还是在科研领域，岑可法和弟子、学生们取得了众多让人艳羡的成就。

从某种角度而言，浙大热能所以及能源工程学院形成的这种局面可以称为浙大人才培养中的"岑可法现象"，这一切发生背后的秘诀究竟在哪里？

第一个博士生

岑可法爱惜人才，只要他认定一个人具有培养前途，就愿意尽可能提供最好的平台和条件供其发展，有时甚至还会为之做出一些"破格"的事情。

后来曾经担任浙大常务副校长的倪明江，他的科研成长之路就是一个最为典型的例子。

1975年从东北电力学院动力系毕业后，倪明江留校任教了4年。1979年，想继续深造的他考入浙大热物理工程学系攻读硕士学位。硕士毕业以后，在浙大继续攻读博士学位的倪明江成了岑可法的得力助手。当时倪明江的一导是陈运铣，二导是岑可法，但陈运铣当时身体不太好，其他事情也多，加上不久就病逝，岑可法就成了倪明江事实上的唯一导师。为了把倪明江带出来，岑可法费尽苦心为他寻找各种机会锻炼他。

1983年，北京召开的中美能源会议，是中国跟美国联合召开的第一次大型的国际会议，规格非常高，出席嘉宾有美国大使伍德科克、中国驻美大使，还有袁世凯的孙子袁家骝。当时袁家骝已经是美国很重要的能源学家，他夫人就是享誉世界的著名物理学家吴健雄。为了给学生更多的发展机会，岑可法决定让倪明江去参加，那时倪明江还是个博士生。

第一次经历这种场面，倪明江还是很有些紧张，但参加这次会议大大开阔了倪明江的眼界，他才明白导师岑可法对他的一番苦心。

1984年6月25～27日，美国能源部在佛罗里达州奥兰多召开第六届国际水煤浆燃烧技术讨论会，这个会议在当时有着极其重要的意义。美、中、日、英、法等20个国家的650名代表出席了会议，中国参加此次会议的有 20 位代表，每位代表都是相应领域的佼佼者。

如此重要的会议，在会议召开之前，岑可法居然推荐年纪轻轻的倪明江去参加。20 世纪 80 年代初，出国还是一件很难的事，当时浙大出国的名额很少，全校一年也只有 7 个名额，很多教授都轮不到。岑可法的建议被学校的外事处拦住了，怎么叫一个学生去开会？

倪明江后来才得知，当时岑可法为了给他这个机会，还招来了很大的非议。当时浙大也只分配到一个赴美参加煤浆方面国际会议的名额。按照常规的思路，浙大应该会派一个教授去参会，就是岑可法当时没有时间，或者想把机会让给别人，也是其他系领导或者副教授去。

那个年代出国交流学习的机会弥足珍贵，国内的绝大多数教授都没有机会走出国门参加过国际学术会议，浙大很多资深的专家都想出去看看，然而机会却少之又少。当时教研室的教师除岑可法之外都没出过国。

岑可法反复思量，觉得参与研究煤泥发电的倪明江是他之外最为合适的人选，尽管倪明江还只是一个博士生，他还是想让倪明江出国去做学术报告，这样也可以锻炼和挑战他自己，于是他就推荐了他。

岑可法的选择让一些老师感到不快，觉得他是给自己的弟子"开后门"，也剥夺了原本属于其他老师的机会，因此反对的人很多。面对多方质疑，岑可法顶住了压力。

岑可法也跟学校的外事处长反复交流这个事情的重要性，以及倪明江的专业能力与这个会议的适配程度。教育部也不同意岑可法派一个学生去参加高规格的学术会议，为此岑可法还特意跑了一次教育部。"倪明江这个人我认为很不错，他有能力参加，如果你们认为他资历不够，不让他出去，这个出国的机会我们就不要了。"他说。

岑可法的坚持有了结果。1984 年倪明江最终得以破格出国，他背上行囊，带着自己准备充分的学术资料，踏上了去美国的旅程。

其实，岑可法是可以自己去的，这是他的领域，他有经验，有高度。岑可法的想法是做学术必须培养新人，没有新人源源不断地加入，自己再怎么努力也是孤军奋战，所以他抓住一切可以抓住的机会，把他的学生推荐出去，让他们历练。

岑可法也可以完全做个老好人，让其他想出国的老师们出去，但是这对学科的快速发展又不是最有利的。所以，他顶着所有人的眼光，坚定地选择了自己认为对的做法。

接下来的 1985 年和 1986 年，岑可法再次带领倪明江走出国门，找差距、找机会、找突破。倪明江最后也没有让他失望，1986 年，他成为我国工程热物理学科首位博士学位获得者。

因为业务出色，博士毕业后没有多久倪明江就被评上了副教授。刚评上副教授，岑可法就又给学校的学术委员会写了一封长信，力荐这位优秀学生破格提升为教授。结果，倪明江只当了两个月副教授就又成了教授。这离倪明江博士毕业才 1 年多的时间。当时，岑可法自己也才当了两年教授。

按照那时的惯例，在国内的很多高校教授都是熬年龄熬出来的，几乎 60 岁都成不了教授。岑可法却力主打破年龄限制，纯以业务能力来考察评定资格。

评上副教授后仅过了 2 个月，倪明江就被评上教授，是浙大的一个时代印记，站在今天回望，更是浙大即将大刀阔斧综合改革的一个信号，拉开了浙大唯才是举、打破论资排辈的时代序幕。

破格提拔倪明江岑可法花了很大的工夫。倪明江评副教授时，岑可法在系的学术委员会上讲了一句今天看来有些"过头"的话："倪明江的水平不但可以评副教授，教授都可以评！"当时的浙大校长韩祯祥也在，他也是留苏回来的，50 多岁，这在当时算很年轻的校长。韩祯祥听了之后很敏感，跟岑可法建议说，可以先把倪明江升为副教授，让岑可法再抓紧时间把他的材料送到该学科排名前五的大学去审，如果这五所大学都认为他的水平能评教授，学校就破格升他为教授。岑可法听了很高兴，就让倪明江着手准备。

1987 年加拿大温哥华 British Columbia 大学交流访问
（左一倪明江，左二岑可法）

推荐倪明江升教授，岑可法顶着很大压力。一方面，是因为倪明江当时确实太年轻，在年龄上实在难以服众；另一方面，做学术难免有意见相左的时候，当时一些老教师因为倪明江的研究项目跟岑可法出现了一些摩擦……所以岑可法提议倪明江升教授，自然会引起很多人的反对。

岑可法当时的这种提议也完全"破坏了规矩"。反对的声音中，有的比岑可法毕业还早，且都来自大名鼎鼎的清华大学，已经在副教授的位置上待了很久，都还没有机会得到晋升，而刚刚在 1983 年才正式晋升为教授的岑可法，就提出让自己的年轻学生倪明江升教授，这在很多人看来是匪夷所思的。

岑可法还是坚持了自己的意见，他认为自己不是出于私心，而是倪明江的确人才难得。最终岑可法胜出了。

经过学校和国家评估，倪明江确实各方面实力过人，1988 年 2 月正式被升为教授。获悉学生晋升为教授的消息，激动的岑可法还专门跑到倪明江家中通报好消息。

而后，因为自身的学术成就，加上岑可法的推荐，倪明江又成为教育部首批跨世纪优秀人才。

为了学生，岑可法一些在其他人看来很"出格""坏了规矩"的举动，给他自身带来了一些麻烦和困扰。因为他的做法曾经让很多人不服气，这也成了他后来在系主任换届选举中落选的重要因素之一。岑可法曾经懊恼过，生气过，但他始终认为自己的做法问心无愧。当然，学生的成才则给他带来了更大的欣慰。

岑可法对自己的爱惜倪明江也是知道的。"岑老师帮我较早地获得了一个广阔的平台，在这个平台上，我得以做到以前没有资历去做的事情，可以更自由地开展研究。"倪明江说，是岑可法促成了他的成长。

倪明江的破格晋升不仅仅让大家看到了倪明江的个人实力，也让岑可法的用人胆识和宽阔胸襟被看见。他显然没有担心过下属是否会超过自己，而是一心扑在学术上，谁能为国家贡献得多，谁就上去。

虽然倪明江是岑可法门下第一个毕业的博士，但从严格意义上讲，骆仲泱才是岑可法招收的第一个博士。尽管他不是岑可法门下第一个毕业的博士，但在岑可法的指导下，骆仲泱成长也很快，他不仅成了能源清洁利用国家重点实验室主任，还曾经担任浙江大学能源工程学院院长、国家煤炭分级转化清洁发电协同创新中心主任。骆仲泱同时也是浙江省特级专家，国家杰出青年科学基金获得者，长江学者，获得政府特殊津贴、全国模范教师、第四届中国青年科技奖、国家百千万人才工程第一、二层次人选、浙江省批准有突出贡献的中青年专家等多项个人荣誉奖。

倪明江和骆仲泱之后，更多的博士生从岑可法的门下毕业。岑可法培养人的原则是，只要年轻人有能力，岑可法就压担子、出课题，把出国出名的机会让给他，千方百计"逼"他成才，也敢于为之打破各种"惯例"。在岑可法的锤炼下，这些学生都成了我国能源工程或者其他领域的拔尖人才。

岑可法与各位学生合照

伯乐

唐代杰出的文学家、思想家、哲学家韩愈说，"世有伯乐，然后有千里马。千里马常有，而伯乐不常有"。这句话道破了人才和伯乐的关系。虽然千里马也就是真正的人才很重要，但能够发现人才的伯乐更重要，这无论是对一个国家、一个企业还是一个研究机构都是如此。

对一个研究机构而言，其研究能力如何，能不能持续发展壮大，除了需要人才的支撑，更需要伯乐的支撑。作为浙大热能所的所长，岑可法很好地扮演了伯乐这一角色。他这个伯乐发掘人才、招揽人才的能力有时候甚至让人叹为观止。

1987年，国家首次设立国家自然科学基金的青年基金，岑可法把这个消息告诉了时年30岁的樊建人并鼓励他申报。从课题的选择、大纲的设立、文献资料的总结，甚至具体研究内容，岑可法都给予悉心指导。

樊建人是 1984 年进入浙大的毕业于奥地利维也纳工业大学博士，慧眼识才的岑可法给了他很大的支持和帮助，这让他很快就在研究中崭露头角，1994 年成为浙大热能所历史上第一位国家杰出青年科学基金获得者。

当年樊建人所申报的国家杰出青年科学基金由于是第一届，特别引人关注，《人民日报》还专门做了报道。获得国家杰出青年科学基金以后，樊建人的科研事业迈上了全新的台阶。由他领衔的"工程气固两相流动中若干关键基础问题研究"2005 年获国家自然科学奖二等奖，这也是浙江大学热能所到 2023 年为止获得的唯一一个国家自然科学奖。

90 年代岑可法与樊建人在家中合影

岑可法乐于帮助年轻人，也善于发现年轻人。1984 年出生的郑成航教授就是岑可法当年在博士论文答辩会上一眼相中的。

郑成航高高的个子，爱笑，为人忠厚，是浙大和美国北卡罗来纳州立大学联合培养的博士生。郑成航在美国交流学习过一年，英语也非常流利，2011 年 6 月博士毕业以后他想留校做科研，但考虑到浙大留校难度大没有太大的希望，就签约了一家电力设计院。

岑可法知道这个消息后，阅人无数的他觉得郑成航是一块做科研的好苗子，不做科研很有一些可惜，就想帮他想办法。

岑可法的想法是让郑成航先给自己的学生高翔教授当助手，但他见到郑成航的那一天高翔出差了。爱惜人才的岑可法当场拍板，替高翔做主把郑成航留了下来。

高翔回来后问岑可法"这个人怎么样？"岑可法的回答是："我审查过他，让他进行了答辩，当然是好同志。"

郑成航果然也没有让岑可法失望，2017 年高翔教授领衔的"燃煤机组超低排放关键技术研发及应用"获国家技术发明奖一等奖，共有两个单位 6 人获奖，郑成航的贡献排第 4，因排名第 2 第 3 的人员是浙能集团的合作人员，故在浙大的排名实际上是高翔第 1，郑成航第 2，岑可法排名第 3。这一奖项具有里程碑意义，是浙江大学乃至整个浙江第一个国家技术发明奖一等奖。

郑成航后来成为教授、博导，依然保持着学生时代的勤奋自律，晚上经常加班到 10 点、11 点才回去。浙能集团嘉兴电厂做燃煤机组超低排放技术的工程试验时，郑成航曾连续驻守现场 3 个多月，从摸底测试到现场调试、解决问题，再到环保部门检测，他全都在现场。

郑成航的这种学术研究精神与受到岑可法的影响也有很大的关系。他做博士后时，正值浙大热能所申请国家 2011 协同创新中心，目睹过岑可法主持开会，好几次都开到晚上 10 点、11 点方才结束。他还听说岑可法 70 多岁时开起会来更猛，有一次从早上 8 点一直开到凌晨 4 点，中间两顿饭吃盒饭就解决了吃饭问题。

薄拯教授也是岑可法培养和发掘出来的人才。1982 年出生的薄拯，在浙大攻读博士学位时就得到岑可法的悉心指导。因为能力突出，2009 年至 2011 年他受聘担任美国威斯康星大学博士后研究员。完成博士后研究工作后，爱才心切的岑可法通过浙大海外优秀人才"绿色通道"政策将其招揽回来工作，初任副教授，2015 年又被破格晋升为教授，而后成为浙大最年轻的学院副院长之一。

有其师必有其徒。在浙大热能所，经常见到年轻的研究者们挑灯夜战也就自然而然了。

愿意与年轻人打成一片，也是弟子和学生们喜欢跟着他的步调学习的重要原因。

2008 年 2 月 2 日，杭州下了比较罕见的一场大雪，玉泉校区的积雪都能没过脚脖子，当天岑可法计划在所里和几个老师开一次碰头会，因雪太大，大家担心岑可法院士的安全，对能不能开会还有疑虑。结果岑可法顶着风雪就来到了所里。"风雪再大，我也不能不来。"他的脸上挂着微笑，身上的寒气，在悄然中化成青烟，消融在和大家热火朝天的讨论中。

2008 年 2 月 2 日，杭州大雪纷飞，岑可法依然坚持召开所务会议。会后在所门口留影，从照片可以充分感受到岑可法和研究团队部分人员在一起的科研豪情（左三为岑可法）

岑可法数十年的工作生涯中，工作上的事情风雨无阻、风雪无阻，向来就是常态。岑可法的想法是，越是在这样的状况下，他更不能退缩，作为所长，他必须以身作则，他和弟子和学生们打成一片，更能树立威信，言传身教的方式，更能带动大家在科研的道路上不断向前跃进，而在弟子和学生们的眼中，岑可法和他们融合在一起，不管是在人格魅力还是科研精神方面，这就是他们心中的一个标杆。

人梯

"好教师既是学问之师，也是品行之师，要甘当人梯、甘当铺路石。"岑可法是一个好伯乐，也甘于做人梯。用岑可法自己的话来说："我只是抱着'能者为师'的态度。如果水平一样，就优先提拔年轻人。"

任用年轻人，其实需要长者俯身扶持，用更多的耐心为其培基固本。浙大热能所的研究员施正伦对此有着最为深刻的体会。

施正伦从中专毕业起步，通过不断进修深造和艰苦卓绝的奋斗，2002 年晋升为研究员。

施正伦担任能源与环境工程实验室主任近 30 年，后来还担起了浙大能源清洁利用国家重点实验室副主任的担子，长期负责浙大热能所的实验室建设和管理。他铭感岑可法的栽培提携，更知道岑可法的心底无私。

在岑可法的带领和指导下，施正伦从一个中专生磨炼成长为研究员。他跟着岑可法主要从事循环流化床燃烧、资源综合利用技术研究，不仅带队参与重要项目的研究，也多次获得省部级奖项。

施正伦动情地说，他人生最大的幸运就是遇到岑老师，没有岑老师的指导和帮助，就他原来的学历和水平，挺进能源工程研究的前沿几乎是难以想象的。

比岑可法小 4 岁的国家著名水煤浆技术研究专家、浙江大学教授曹欣玉是和岑可法接触时间最长的浙大热能所退休老教授，他1959 年考入浙大，热能动力本科毕业以后他在浙大继续攻读燃烧学硕士研究生。当时导师是陈运铣，但岑可法具体指导得更多，他还做过岑可法早年上燃烧理论课时的助教。80 年代，岑可法为燃烧教研室主任时，曹欣玉是教研室副主任。

曹欣玉回忆，在岑老师的手下工作很辛苦，他安排工作任务都很紧，但是他会考虑下属或者其他老师以后的发展，只要自己工作努力，升讲师、副教授，评教授，只要条件够了，他就尽量让大家往上升。

曹欣玉 1966 年硕士还未毕业就开始留校担任助教，中间一段时间职称评审停顿，直到 1983 年才升为讲师，因为他工作出色，两年后很快升为副教授，1992 年又正式升为教授。

在外人看来，1973 年出生的周昊人生发展历程一路通达，读博时一导岑可法，二导樊建人，是强强联合的导师组，博士论文获全国百篇优秀博士论文，后来留校。32 岁他就已是教授，作为煤粉课题组主任，指挥着一支人马从事有关研究。

然而，周昊的成长与成才离不开岑可法的培养与指导，也离不开他提供的帮助。周昊说他的科研起步也很艰难，是从只有 20 多平方米的小实验室开始起步的，最早实验室里什么实验条件也没有，连仪器都没有。那个时候周昊缺研究方向，缺资金，还缺人手、缺场地、缺仪器设备，用他的说法是啥都缺，在他最需要帮助的关键时期，岑老师给了他一个项目，这样他的研究就慢慢干下来了。

岑可法十分注重对后辈的培养，什么方法对培养人才有利，岑可法都会大胆探索。除了单纯地为个人提供一些帮助，他还非常注重将其引导融入团队，他认为，年轻人刚参加工作时，单打独斗是很难出头的，只有融入团队才能更好地得到整个大团队的温暖，能够更好地帮助自身成长。

"整个团队支持他，项目安排给他，担子压给他，就会成长得很快。"岑可法说，从经济收入来讲，也不能把刚引入团队的年轻人落下，这样年轻人才能够安心地努力做出成绩来。在这个过程中，岑可法也让年轻人更加深刻地体会到了团队的重要性。因此，在岑可法的团队中，年轻人都成长得很快。

岑可法坚信，在科学技术的研究中，只要勇于付出，不管过程如何曲折复杂，最终都会得到回报。"拼命干，努力的人，运气会比较好。"他说自己就是这么一路走过来的。等到自己已经站在高山之后，他一次又一次地如此勉励年轻人。

岑可法也积极为青年人才的成长搭建桥梁。在 30 多年的时间里，热能所的许多教师在 35 岁之前就晋升为教授，如此年轻的教授团队，在大学校园并不多见。

在岑可法的心底，他对浙大热能所一直有一个目标，就是培养年轻院士，他希望有培养前途的、同行认可度高的年轻教授能在 50 岁前后成为院士。

岑可法也甘愿为年轻人当一条铺石的道路，帮年轻人成长。浙大能源工程学院教授王树荣获得教育部自然科学奖一等奖时，岑可法主动要求把自己的名字放在最后一位，让更多做实际工作的王树荣的名字挂在第一位。

樊建人教授说，自 20 世纪 90 年代以来，岑可法就很少成为第一获奖人，其实获奖项目他都参与，而且在不少项目中是负责人，可他总把自己的名字放在后面，为的是让更多年轻人走上学术舞台。

"只有心底无私、甘为人梯的学术带头人，才可能成就一个团结的学术团队。"倪明江说。

隔代亲

2012 年 12 月 10 日，岑可法又开始在浙大热能所 205 会议室一对一地指导何勇副教授做升正教授述职报告。这样的场景已经在这里一次又一次发生，岑可法脸上堆着微笑，和蔼的眼神中充满了期待。

1985 年出生的何勇清瘦而精干，是一个十分阳光的年轻人。岑可法边听他做报告边提出意见，先是让他补充一些科普的内容："明天学院答辩，还要到工学部答辩一次，到工学部答辩都是外单位的人，更要科普了。"存疑之处也叮嘱他再去详查确定，可以阐释得更深入一些，这样不仅更有说服力，还可以证明"不是自己吹的。"说罢，岑可法笑得眼睛眯成一条缝。

何勇则把岑可法提出的具体意见认真记在本子上。浙大热能所的老师们有个一致的评价，那就是岑可法指导人讲究"精"和"全"，在指导何勇老师做述职报告时，他不仅追问得很细，还常会对数据的准确性提出疑问，并让何勇再去进行复算。"你查出来怎么样，回头也来告诉我，我也学点东西。"他对何勇说。

岑可法始终保持着对新鲜事物的好奇心，活到老，学到老。尽管已经将近90岁的年纪，但他就像是一个住在老人躯壳里的小男孩，依然有着旺盛的求知欲和压抑不住的好奇心。

也正是这样的好奇心，让他始终走在能源工程研究的前沿地带。青壮年时代，岑可法主要聚焦于煤的高效利用，和新能源技术的分野"动如参与商"，但岑可法还是能就最新最前沿的技术提出切中肯綮的意见来，可见他一直在学习，与知识更新的速度并跑。在这个过程中，他也以极其敏锐的嗅觉指导着自己的弟子们攀登上一座又一座高峰。

何勇正在热制氢研究中摸爬滚打，2021年时全世界最大的热制氢试验台就在他这里。岑可法鼓励何勇要敢想敢做，主动找产业界以及可实现技术"耦合"的能源工程学院的其他老师合作，参与做把氢能产业链打通的大项目。

"先把氢做出来，还有用容器储氢、注氢，低温（全称：低温工程专业）那里可以做热氢，内燃机（全称：内燃机专业）那里做氢能汽车，买两个容器装进去，还有热动所可以参加做汽车运转模型，从哥伦比亚大学回来的郑梦莲（浙大能源工程学院副教授）是研究电池的，可以跟你合作做电池，除了普通电池以外，还有氢电池……"岑可法智慧的火花在何勇的耳边闪耀，他希望何勇在和他人的合作中不断把研究项目做大。

汽车用的氢电池更是被岑可法寄予了厚望，这主要是他认为随着技术的发展，使用氢能在成本上和燃油相比会具有优势。"除了汽车，火车以外还有轮船，都可以用氢能，交通运输很重要的一点是廉价，氢能跟 6000 块钱一吨的油来比，肯定廉价。研究新型能源的利用一定要廉价，没有廉价的东西推广不了。"他希望何勇的研究尽快推进，这样当相关单位来谋合作时，他们能够有好的东西拿出来。

"你可以和他们讲讲我们的高效、清洁、低碳、生态、安全、廉价 6 个指标，6 个指标你都同时做到，你就能推广得很快。"岑可法给何勇建议说。

何勇从本科到博士都是在浙大念的，攻读博士时岑可法是他的第一导师。博士毕业后，岑可法派他先到国外锻炼两年，这种历练让其能力提升很快。

2010 年 9 月～2012 年 10 月，何勇在瑞典隆德大学学习先进的激光测量手段，这里是欧洲最大的激光诊断中心。当时，何勇扛着一袋煤和一袋生物质就过去了。第一年是痛苦探索期，复杂的燃烧环境下，激光容易被反射出来，而干扰信息是有用信息的几十倍，这让何勇时常陷入沮丧。

2012 年 6 月 30 日，何勇从瑞典回国汇报工作，在北京转机时因航班延误，就在北京住了一晚。第二天一到杭州，他就赶紧找岑可法汇报各种问题。

"岑院士会用他丰富的经验、知识帮我们分析，问题分析清楚了也就解决一半了。"何勇说，过去大家都是用热电偶这类接触式的测量设备，岑院士年轻时做燃烧实验，常常是团队里几个人抬着测量枪爬到锅炉钢架平台上测炉内温度，但抗干扰能力强是这类测量设备的优势所在。听了岑可法院士的建议，他解决问题也有了思路。

除了制氢，这些年岑可法也鼓励浙大热能所的弟子和其他年轻研究人员关注太阳能领域新的研究动向，以及能源领域中跨学科方向的一些发展，譬如太阳能发电跟氢能怎么耦合，他也希望自己的弟子们能够整明白。

岑可法说自己年岁大了，无法亲自在这些领域进行研究突破了，希望都寄托在浙大能源工程学院及热能所的年轻一代上。但是在研究中，需要坚持的科学精神、科学思想和很多科学方法都是相通的，有的东西他需要传递给他们。

岑可法态度和蔼，一点架子也没有，这里的年轻人有什么事情都爱找岑可法讨论。

岑可法和年轻人的这种相处都让热能所他的几个大弟子有些"吃醋"，说他这是隔代亲，他们当年可没有这么好的待遇。

每次岑可法听到大弟子们这样的说法，都是笑而不语。他自己的内心深处有着自己的想法，他说时代不同了，现在的青年研究者们研究基础好、水平都很高，他们往往是需要有人点拨一下。

大弟子们"隔代亲"的说法也只是一句玩笑话，其实他们的心底知道，岑老师信赖他们就是对他们的亲近，他们在各个领域、各个方向担当重任都离不开岑可法的培养和支持。

"我那时对他们很严厉，要求很严格，不这样要求他们怎么会取得日后的成就呢？"岑可法则如是说。

大弟子们也希望年轻一代的研究者们能够在研究领域走得更远，在平日里，他们也如同岑可法一样，对他们提供无私的指导和帮助。

长江后浪推前浪。岑可法尽可能抽时间与年轻人一起讨论，他说人才培养要从青年开始，有才能的，也愿意钻研的，他能够拉一把就拉一把。

岑可法的识才、爱才，外界早已有公论，而更能体现岑可法性格特质与魄力的是他"爱用年轻人"。虽然他年事已高，但每次讨论，他都清晰地提出新思路、新观点，而后就引导和激励年轻人去做。有了新项目，他也会把舞台交给年轻人。程乐鸣将此归结为岑可法的前瞻性。"因为前面的人可能会干不动了或者不愿意干了，他会很及时地发现和注重培养后面的人，让整个梯队持续地保持很旺盛的精力，这辆火车开起来就一直是动力很足地在走。"

岑可法鼓励年轻人不断超越，尤其是在科研思想和观念上要超越他。他有时也会开玩笑式地和弟子们说，他自己也会努力，让自己保持先进，争取不让他们超过去。

无论多忙，岑可法都会参加博士生的开题论证会。他认为，为博士生把关，是一个导师必须做好的工作。"如果头开错了，就是浪费学生的时间！"

周昊说岑可法院士为人很真诚，喜欢帮助年轻人，也能够把年轻人凝聚在一起搞研究，他们这个团队能发展到今天有几十个人，研究工作做得不错，与岑老师有着密切的关系。"我觉得我们团队每个人都应该感谢他。"他说。

传承的力量

浙大热能所及能源工程学院能够形成人才聚集，出现科研成果井喷的现象，与岑可法的科学精神以及他人格魅力的传承有着重要的关系。

整个 20 世纪 80 年代，岑可法就像一头"拓荒牛"，玩命地工作，没有片刻停歇。

1981 年 3 月 6 日，刚刚毕业的施正伦到浙大热能专业上班报到，走在浙大通向燃烧教研室的小路上，遇到了一个身穿工作服的人，那人瘦瘦小小，工作服外面的油渍黑乎乎，脚上也是穿的劳保皮鞋，毫不起眼。这里怎么会有工人呢？他不解。等他到了办公室，忐忑地敲开门，里面坐着的竟然就是路上碰到的那个"工人"。是的，就是他要找的岑可法老师。

施正伦感叹不已："岑老师能够评上院士，而且现在是非常知名的院士，是实实在在的、脚踏实地在科研一线干出来的。"

岑可法工作起来不怕苦，不怕累，也不怕脏。在他的影响下，团队的很多科研人员也都成了拼命三郎。骆仲泱记得，他们在四川永荣煤泥流化床试验每次结束后有一项清炉底的工作，然后再铺上新的床料，重新启动。按照正常要求，清炉底需要等炉子彻底冷却，一等就是好几天，所以为了赶时间进度，他们都是在炉子还没完全冷却时就进去。

"还没完全冷下来的时候人进到里面是比较难受的，踩上去炉子里面还烫的，曾经有一次我进去之后在里面就晕过去了，我是被人家拖出炉膛来的，已经不省人事了，吹了一阵子凉风才好。"骆仲泱笑笑说，他们跟着岑老师干科研，遇到这样的场景一点儿都不稀奇，也正是这种亲身实践，他们解决了一个又一个难题，攻克了一个又一个难关，他们的很多事情都是这样干出来的。

骆仲泱第一次去鞍钢则是在 1982 年的上半年，下半年毕业后留校任讲师，接着又被岑可法派过去做现场试验的"驻场"技术人员，调试仪器设备并解决现场可能遇到问题。

骆仲泱当时年仅 20 岁，性格憨厚耿直。当年鞍钢的总工徐祥玉见浙大留下这么个毛头小伙子，满腹狐疑，直接对岑可法说，你这徒弟能行吗？

浙大其他人过去就是去做试验，做完之后，都要回浙大，就骆仲泱一个人留在工程现场。制备罐里油污很厚，气味非常难闻，需要检修的时候，连工人都不愿跳下去，骆仲泱带头跳下去，干完活，工人先出来，他最后一个出来。最后实验成功了，鞍钢的总工来找岑可法，问他："能不能让你这个徒弟今后就留在我们厂？"

多年后，岑可法无限欣慰地讲述起了这段故事，岑可法看中的就是骆仲泱是个极为实干、苦干的年轻人。

当时骆仲泱心想着有人看不起他，于是在现场干活比谁都卖力。讲到骆仲泱的不服气时，岑可法还眼睛一瞥，眉毛一耸，仿佛情景再现，讲到总工后来对骆仲泱高度认可时，又像老父亲一样露出欣慰的笑容。

"岑院士要是想培养人、锻炼人，首先就是往这个人的身上压担子，看这个人到底能不能够承担。"骆仲泱说。

骆仲泱后来攻读博士学位时，第一导师是岑可法，第二导师是倪明江，是两人共同培养出来的博士。1993 年倪明江任能源工程系主任及热能所副所长以后，骆仲泱开始接任浙大热能所流化床研究室主任，2009～2017 年曾担任浙大能源工程学院院长。

有人讲述骆仲泱教授年轻时在鞍钢做试验时跳油桶的轶事，他忙纠正："也不至于经常跳到油桶里面去，是在有一次出现事故之后。这个时候作为一个大学生能够这样干的话，确实是给人家印象会比较好。"

作为岑可法的几个大弟子之一，骆仲泱典型受到了岑可法的影响。

骆仲泱还讲了当时关于岑可法的一件轶事。

岑可法当时已经是一个比较知名的科学家了。在其他一些单位的人心目中，他是一个大科学家，形象非常光辉、高大。中国科学院声学所的一个老师说，在他见岑老师之前，心里想着岑老师可能要穿着黑西装，坐在一间办公室里，给他们训话。结果，他来找岑老师报到时，人家告诉他，岑老师在实验系统上，他就跑到实验装置上，找来找去，没有找到，只得大声喊岑老师，结果就发现其中的一排管子上面钻出一个脑袋，身上穿着工作服，应了他一声，原来岑老师当时跟其他人一起在几层管道之间检查实验装备。

这位老师几乎不敢相信自己的眼睛，他实在想不出试验总体组的组长是这个样子，一股来自心底的敬意油然而生。他后来不止一次对骆仲泱感慨道："这才是科学家！"

"作为一个科学家，实际上很多事情也都是这样干出来的。可能开会讨论的时候，我们会觉得他水平非常高，分析综合及记忆力特别好，数据之类的分析得非常透彻，但是在干活的时候，也都是一样的，在中试台爬上爬下，和我们一起干。我们也都是跟他学来的，包括能吃苦的这种精神，包括他现在这一把年纪的情况下，也还是这样拼命地在干。"骆仲泱说。

岑可法身先士卒的精神也深深地影响了他身边的其他弟子们，在很多试验的环节，弟子们也都是踩着岑可法的影子朝前走。

岑可法是个极其谨慎小心的人，他说搞能源工程往往一丝马虎就有可能酿出大祸，轻则设备损坏，重则导致人命事故，因此他要求研究团队研发的任何一项新技术的成熟都要经历反复试验。

骆仲泱、高翔等人在电厂开展脱硫试验时，电厂发现脱硫效率没有达到预期要求，作为过程工业他们又不能要求停炉检查，于是就跟电厂商量，趁半夜负荷最低的时候，让其中一台炉子稍稍停一下，他们进去查找原因。

骆仲泱回忆，他和高翔每次都是半夜 12 点跟合作企业急匆匆赶到电厂，先把脱硫装置停下来切换走，再钻到炉子里实地检查脱硫的物化特性以及脱硫塔的状况。

骆仲泱说，做科研在实验室里模拟做出来是一回事，到实际应用出现了问题得去解决，又是另外一回事。

"实际做的时候，必须是跟现场匹配。像这种事情，实际上是比较多的。岑院士带我们时有个习惯，就是看炉子，特别是发现有问题的炉子，总还是想钻进去自己实地去看一下。我们也都是这样，所以这些年我也还在钻炉子，我们在做生物质建造电厂的时候，很多炉子我都钻进去看过。我觉得它一直是个传统，因为有好多事情不自己去看一下，或者去发现一下，不能掌握第一手的材料。"

岑可法传承的不仅仅是身先士卒、勇于实践的科学精神，他从事科学研究和带领团队的很多东西都在被弟子和学生们传承。

1986 年，岑可法将水煤浆组交给了从清华大学硕士毕业的姚强，并作为第一导师带领他在浙大攻读博士及开展相关工作。13 年后，姚强重回清华大学任教，任清华热能工程系主任，在那里打下一片全新的天地。

岑可法的流化床组则发展成了两个方向：一个是循环流化床组，

另一个是废弃物组。

倪明江担任系主任后，将循环流化床组交给了骆仲泱负责，将废弃物组交给了严建华负责。当上系主任后，倪明江最主要的工作方向转变了，那就是支持年轻人去负责科研项目，他自己的工作则是更好地为大家做好服务。倪明江甚至也给班子定了规矩，所有荣誉性帽子，班子成员都不去申请。劳模、杰青、长江学者都不申请，都要把机会让给年轻人。这显然是受到了自己的导师岑可法的影响。

垃圾焚烧发电，倪明江是第一获奖人，但后来倪明江自己也说，实际上是严建华他们工作做得更多。倪明江的这种诚实的"让"，是从岑可法身上传承下来的。

言传身教是岑可法带领团队进步的核心竞争力。"记得有一次去欧洲出差，回国后岑老师还来不及休息又马不停蹄飞赴武汉开会。还有一次是在春节期间，我们和岑老师一起到国外出差，在飞机上他还在看学生的报告。"说起当时的情景，高翔感触很深。这样一种忘我的职业精神，已影响和带动了岑可法身边的所有教师和研究人员。

深受岑可法的影响，樊建人等他的一些弟子们也向自己的老师学习，对与老师共同指导的学生，以及自己的学生，都是像岑可法当时手把手带的那样……

"老一代做的榜样，年轻人终身受益。"樊建人说。

热能所的"磁力中心"

浙大热能所的不少年轻人一直将岑可法视为自己的偶像，34 岁的教授罗坤就是其中一人。从本科院校考入浙大，他追的就是岑可法这颗"星"，即使后来到美国斯坦福大学做访问学者时被校方挽留，他依旧决定回国追随岑可法。

"岑院士的团队，让我看到希望，这不仅是指科研上有机会，更是指人生价值有实现的可能。无论从事哪一行，这不就是我们最大的期盼吗？"罗坤说。

2007~2009 年，罗坤如同一位朝圣者，踏上了斯坦福大学的访问学者之旅。在国外的学术殿堂中，他遇到了无数的诱惑和机会，但岑可法犹如能源工程领域的一盏明灯，照亮了他的学术道路，使他坚定地选择了回归。这就是罗坤的"追星"之旅，一段对知识与智慧的执着追求。

浙大热能所这样的"追星"故事并不罕见，而吸引这些年轻人"回归"最为核心的因素就是岑可法。

用这些年轻研究者们的话来说，岑可法院士拥有一种特殊的"魔法"，那是他对学术的热情、对团队的凝聚力、对年轻人的吸引力。岑可法吸引年轻人的确是有一些秘诀的。岑可法对待年轻人的态度是，帮助创造条件，让年轻人有一个好的科研舞台，让他们有机会和条件尽量去表现去展现自己，得到同行的公认。为了帮助年轻人更好地发展，他还推荐年轻人到第一线，到重要的岗位上做重要的工作，比如担任课题的负责人等等。他的这些做法也让年轻的科研人员十分佩服他。

岑可法的学生说，"他像煤一样，燃烧了自己，温暖了别人。"

岑可法早年的研究生、浙大热能所研究员、博士生导师邱坤赞教授说："岑老师关心人，关心每个人的前途，从选题研究的方向到个人家庭，他都关心，他像是磁铁，把学生们都吸引在他的周围。"

学业上既严格要求，又循循善诱、耐心指导，是岑可法给大部分学生留下的印象。长江特聘教授、973 首席科学家、"百千万人才工程"国家级人选、热能所的严建华教授至今对一件往事记忆犹新。1984 年，严建华与导师岑可法参加中美国际燃烧学术会议，岑可法推荐了当时还是硕士生的他作为代表，用英文在大会上宣读报告。

"报告前的晚上，在宾馆里，岑老师手把手地指导我做透明片和鼓励我。第二天，我独立完成了大会报告，得到了与会专家的高度评价。"严建华在回忆中说。

在今天的浙大热能所，大胆地将研究生推向国际舞台已成为一个传统，每位研究生在求学期间，至少有一次到国际学术研讨会发言的机会。也正是这样的机制，在这里深造的青年学子只要有才干，就有机会以较快的速度脱颖而出。等到自己有成就了，很多人也愿意留下来，有的就是飞到海外深造，在学成之后也还是飞回来了。

据统计，浙大热能所到 2023 年已有 40 余位学者前往世界各地深造。然而，无论他们走到哪里，无论他们学到多少，最终都选择回到母校，回到岑可法的身边。他们认为，在这里他们能够更好地干出一番事业。

不过能够产生磁石效应，不仅仅是岑可法对年轻人的关心，更重要的是他不争名、不争利，积极主动给后辈搭台。遇到这样的队长，有谁不愿意跟随呢？也正是这样的原因，凡是来到浙大热能所的杰出青年研究人员都愿意和岑可法一起做研究。

一捆折不断的"筷子"

从某种意义上讲，岑可法真正开始打造团队是从浙大热能所开始的。在此之前，虽然他也培养了不少人才，但他更多的是对自身的提升和历练。虽然他担任了 5 年的系主任，但系里人事关系的复杂对他建造大团队的理想形成了一些掣肘。

要打造一支卓越的团队，必须从管理体制上寻求突破。

1988 年盛夏，时任浙大校长路甬祥向原国家教委主动请缨，浙江大学愿作为高校综合改革的试点，当年 10 月，浙江大学综合改革拉开序幕，总体思路是把高校建设成为教学、科研两个中心，系所合一的高校旧体制被打破，高校科研最活跃的细胞——二级学科被激活。1989 年初，当浙大被列入全国高校综合改革试点时，路甬祥和他的领导班子做出的第一项重大决策，就是改革学校内部系、所合一的教学科研体制，实行系办教学，所管科研新体制。这种体制改革的中心思想，是把原来校、系、专业教研室，改为校、系、研究所(室)。把研究所建在二级学科上，实体在所，人、财、物主权在所，实行所长即学科带头人负责制。实行人才自由组合，合理流动，择优聘用。对所实行硬指标考核。这次综合改革后，浙大在二级学科上共建立了80个研究所（室），浙大热能所（全称为浙江大学热能工程研究所）正是其中之一。

1989年，浙大热物理工程学系更名为能源工程学系，原热物理工程学系主任岑可法不再连任系主任，他回到了燃烧教研室。虽然不再继任系主任了，但学校领导依旧坚定地认为，岑可法是个大才，还是应该让他挑一副重担。改名能源工程学系以后不久，浙大的王牌专业之一热能专业就有了新的动作。热能专业（全称"热能与动力工程专业"）是工程热物理（全称"动力工程和工程热物理专业"）这个一级学科下面的6个二级学科之一，也是在1989年这一年浙大热能专业成立了两个研究所和三个教研室。其中，热能所的所长为岑可法，副所长为倪明江、袁镇福。

浙大的综合改革让岑可法的名字和浙大热能工程研究所从此密不可分地连在了一起，这无疑是岑可法人生中的一次转折。

浙大热能工程研究所优秀团队早期合影

"兵熊熊一个，将熊熊一窝"，系主任的任职经历让岑可法更加坚定了自己的想法。新的岗位上，他需要更加突出地发挥带路者的作用。系里有些同事对他有看法、有意见，他认为最好的回应方式就是把科研搞上去，花更大的精力做团队、做科研，用成果、实力说话。

从此，岑可法成了浙大热能所的一面旗帜、一个精神象征，他的团队在这块根据地上深深扎下根来。岑可法的科研成果引人注目，而更为人称道的是他带出的一捆折不断的"筷子"——科研团队。

数据往往最能说明问题。到 2024 年底，岑可法团队已经先后培养硕士研究生 621 人、博士研究生 262 人。岑可法团队培养的学生中，获得全国百篇优秀博士论文的有 7 人、全国百篇优秀博士论文提名的有 4 人，教育部长江特聘教授 7 人、国家杰出青年科学基金获得者 9 人、国家 973 计划首席科学家 4 人、国家科技创新领军人才 2 人、国家百千万人才 7 人、浙江省特级专家 4 人、青年拔尖人才 2 人、优秀青年基金获得者 2 人等，育人成果斐然。岑可法的周围堪称群英荟萃。他领衔的团队也先后荣获国家自然科学二等奖、国家技术发明一等奖、国家科学技术进步奖等 18 项国家级奖励。就是在全国范围内，一个大的研究团队能够取得这样的成就，也并不多见。

近些年来，在浙大能源工程学院尤其是热能所，更多的年轻后辈也在能源工程领域的各个方向快速崛起。

眼见接班人一茬又一茬地起来了，岑可法乐在心里，讨论课题从中午到凌晨也不见疲态。

艰难困苦，玉汝于成。岑可法一次又一次通过自己的经历告诉青年研究人员和学生们，在科学的道路上，走对了路，不管多难，只要坚持走下去，就会迎来收获的季节，只是时间早晚的问题。

第 | 十一 | 章

筷子爆发的
力量

几十年来，岑可法就像一面旗帜，把大家紧紧拢在一起，在浙大能源工程学科的发展史上，他几乎创造了一个奇迹。

到2023年，坐落在浙大玉泉校区内的浙大热能所已有近50年的历史。如果从热能所正式成立算起，才30多年的时间。

这幢毫不起眼的多层环形小楼，是岑可法的办公地点，岑可法见证了它的诞生。在这里，浙大热能所也一步步发展成为在国内外都十分知名的研究机构。

浙大热能所内群星璀璨，这是岑可法认为最为值得傲人的资本。所里的人都说，这是热能所的灵魂人物岑可法院士坚信团结就是力量结下的硕果。

"一根筷子易折断，一捆筷子抱成团。"岑可法信奉这个道理，也几乎用自己的整个科研生涯在诠释这句话的内涵。对于学生和青年研究团队，岑可法始终强调团队的重要性。尤其是工程学科，要建"大平台"，要有"大团队"，才能出"大成果"，不能靠一个人"单打独斗"，要有思路、有想法、有步骤。这往往需要集合多人的智慧才能实现。

相信集体的力量、深刻懂得筷子抱成团更有力量。岑可法的这种意识在很大程度上是受到了幼年流浪生涯的影响。"我的团队意识不是天上掉下来的，是从小在抗战的流浪历史中养成的，是环境让我有这样的性格。"他说。

抗战流亡的日子里，广东处于抗日烽火的前沿，政府很多部门自顾不暇，已经谈不上政府对父亲所在学校的照顾。学校完全是由学校教职工和一些学生自发组织，到处流浪。但是他们非常团结，互帮互助，亲如一家。一方面由学校统一领导，借粮油借钱，克服困难，另一方面继续教学和学业，始终保持一个坚强的集体。有困难父亲以及其他老师和学生们一起克服，有危险大家一起扛起面对。正是因为有这样的集体，他们才得以渡过最为艰难的岁月。

2005 年，岑可法（一排中间）与研究团队的合影

那个时候的岑可法还小，但已经成为一个小大人，逃难途中他不仅要护送姐妹，有时还要帮和他们在一起的农民照看更小的孩子。危急的时刻，与他们一起逃难的不仅有老师和学生，还有很多农民，他们也参与学校的一些劳务。岑可法喜欢和来自不同地方的农民们聊天，在大家都忙的时候，就帮着看小孩，免得孩子走丢了。

抗战时期逃难的经历，不仅使岑可法很小就得到了锻炼，也让他感受到团队的无穷力量，他深刻地认识到关键时刻只要拧成一股绳，就能战胜很多困难。他后来一直倡导和坚持的集体主义思想也在他幼小的心里开始发芽，他认识到只有一个紧密团结合作的集体，大家互帮互助，才能克服困难。而后在自己的科研生涯中，他越发深切地感受到了这一点。

1962 年从苏联留学回国进入浙大后，岑可法本来有机会选择独立开展研究独当一面，但他选择成为陈运铣教授的助手。他深知，科学的进步需要群体的力量，他愿意用自己的知识和才华，为团队的成功付出努力。

团队初试锋芒

以团队的力量作为灵魂，对岑可法而言，绝不是一句虚话。

岑可法的话语体系中，团队出现的频率既高，同时也占据思想的核心地位，在漫长的科研和管理生涯中，他特别重视团队作战，力主做强做大团队。

组建团队这个理念是从年轻时代就铭刻在岑可法内心深处，在时代机遇没有来临的时候，他甘心做一个助理，默默准备。一旦机遇来临，他就敢于担当大任，起到带头的作用。这种想法岑可法从未动摇过，他有足够的耐心等待属于自己的时代机遇，也有足够的胆识去成为那个有所准备的人。

20世纪70年代，陈运铣让岑可法带队依靠浙江大学自己的能力制造一批燃烧测量仪器时，他就开始组建小团队。当时人不多，岑可法的姿态是大家愿意跟着他做的，就跟着他做。

最后4位年轻的同事加入进来了，其中两位是老师、另外两位是实验员，加上岑可法自己本人，他们组成了一个5个人的年轻团队。

他们计划要做5样当时市面上无法买到的燃烧测量仪器，分工是岑可法之外的4人一人负责做一样，由岑可法指导，岑可法本人则负责做风速仪。

做色谱仪的是女实验员曹英武，为了做石英玻璃管，岑可法与她配合，去浙大玻璃公司帮她定做，然后配上热敏电阻做传感器。搞研发的过程可以用"艰苦奋斗"来形容，他们完全是在黑暗中自己摸索，没有任何经验可以参考，但他们没有退却。

以前，燃烧过程既不能控制也不能测量，炉膛里的风都不知道哪里吹过来的。为了解决这个问题，岑可法和茹浩良专门做快速二维、三维的风速仪的多孔探针，转一圈几秒钟就能测出来，一维、二维、三维的都能测出来。最初原理性试验是岑可法在苏联做出来的，多孔探针旋转一圈就能在现场快速应用了。岑可法还带了曹欣玉、吕德寿等老师一起做成了烟气露点计、高温热流计、烟气腐蚀及磨损测量仪。经过几年的努力，看似不可能完成的5样仪器居然被岑可法带领的新人们一件件都落地了。

仪器研制成功后，反响之大是岑可法及其整个浙大都始料未及的，甚至一举在全国打响了浙大工程热物理学科的名号，自此，浙大热能专业开始异军突起。

岑可法第一次尝试自己独立带团队，就干成了一件轰动业内的"大"事。但是研究成功还远远不够，还要让仪器尽快投入使用。

岑可法先主动联系广东电力中心试验所，在广东湛江市开了一个南方三省——广东、广西、贵州的测量仪器研讨会，一大批学校、电厂、化工厂、炼油厂等中试所专家来听。专家们根据生产实际现场提问，岑可法进行现场答疑，这或许就是中国早期的"产学研"合作的经典场面。

当时大学跟生产部门联系很少，大学很少跟工厂合作，也不流行大学的老师给工程人员讲课，岑可法记得他们的第一堂课是在湛江讲的，大家反应很热烈，表示都想学习，最后来了100多人听课，这鼓舞了岑可法和其他几位老师的信心。他们并不是只想在大学里做科研，也想让研究成果能够和工业结合起来，让理论成果在现实的生产中落地生根。后来他们还专门做了一套给广东电力中心试验所。这不是生意场的买卖，这次的交易双方，一方只支付成本，另一方不挣利润。

后来全国都知道了这个事情，华北地区的一些单位也找到了他们。所以第二次又在山西太原开了一个华北三省两市讨论会，主要包括山西、河北、河南三个省和天津、北京两个直辖市。这次讨论会的内容同样是讲如何制作5种仪器。有了上次研讨会的经历，哪些多讲，哪些少讲，哪些是他们最需要的，对于讲授的内容，岑可法心里更加有数了，这次他讲得很生动。

为了让在场的听众有更加深刻的体会，岑可法讲述了很多跟工厂结合的案例，向大家传授如何把仪器模型化，又怎么放大到工厂能够使用。学生没有实际操作的经验，但工厂是有真实的经验和在生产中产生的疑问。工厂的人提出的疑问促使岑可法思考，这对他的提高帮助也很大。随后，山西最大的电力设计院——西北电力设计院，派人借了这套仪器到电厂进行测量。

接下来的第三次讲座不用岑可法自己去宣传，华东地区也有单位主动来邀请了。那是在上海召开的华东三省一市学习会，主要针对江苏、山东、安徽和上海的一些单位。会后，他们又把这套仪器借给了华东电力中试所。

墙内开花墙外香。很长的时间里，岑可法他们研发的这些仪器在浙江并没有太大的动静。当然，这与岑可法团队没怎么在当地传播推广也有很大的关系。

后来浙江知道了，就问岑可法怎么只到外省去推广，浙江大学不为浙江服务怎么行？借此机会，他们就在杭州也召开了学习会。得知这个消息，浙江、江西、福建等地区也来参加。就这样，陆续办了四次学习会以后，浙大的声望很快就上去了。

研发这些仪器时，岑可法并没想过自己生产，也没想过移交到工厂生产。当外面知道浙大有这套仪器过来借时，岑可法他们也很乐意为大家服务，没有从中赚取利润。

用今天的眼光看，岑可法团队当时的做法有些傻，他们完全可以借着这个机会挣很多钱。但当时岑可法并没有这样的心思，他的想法非常简单，只是让借方付一点报酬当作差旅费，主要目的是鼓舞团队努力上进，做出对全国有影响力的创新产品。

在四个地区推广之后，全国都知道浙大在这方面做得很好。1987年，一册记载并汇总了这5种测量仪器的测量技术与实验方法的著作《锅炉燃烧试验研究方法及测量技术》正式出版，随后很快被高校科研人员作为教材，在热电厂技术人员中人手一册，再版了多次。

浙江大学有着悠久的办学历史，如果从创立于1897年的求是书院算起，已经拥有100多年的办学历史。但浙大的能源系成立较晚。直至1958年，浙大才开始有电厂热能动力装置专业，也正是岑可法相信团队的力量，坚持和大家精诚合作，一起团结奋斗，到1983年时，浙大工程热物理学科已经在全国声名鹊起。

岑可法等人的收获是，除了研发的仪器被广泛使用，他们在能源工程的多个领域也取得了很大的突破和进展。这次经历让岑可法更加深刻地认识到，组建团队，依赖团队的力量，才能干更大的事情。

岑可法主编的《锅炉燃烧试验研究方法及测量技术》

打造浙大的能源"梦之队"

1983 年陈运铣先生去世后，岑可法被推到了前台。这时岑可法也可以以更大的手笔来培养和打造团队。

相信团队的力量，岑可法也成就了自己和他的团队。20 世纪 80 年代，是浙大能源工程相关学科发展势头最猛的时代。岑可法对他们这一时期的工作做过一句精辟总结："我们 20 世纪 80 年代主要就是做了水煤浆、煤泥发电两件大事，都得了国家大奖，打响了开头炮，这对我们树立信心很重要，从此我们就以追求国际前沿为目标。"

岑可法不仅自己努力去做团结别人的人,他还大力弘扬团结的合作精神和倡导团结人的品质。浙大最早的校训是"求是",路甬祥校长主政浙大时启动科研体制改革,二级学科建设强调科研,提出"求是、创新"的新校训。

1998 年,原浙江大学及杭州大学、浙江农业大学、浙江医科大学等 4 所具有"211 工程"实力的大学重新整合成新的浙江大学。次年,能源工程学系与机械工程学系、工程力学系合并组成机械与能源工程学院,岑可法承担了院长的重任。

与此前只当了 5 年的系主任相比,这次岑可法整整当了 10 年院长,此前专心投身热能所的工作中,他用自己的成绩证明了自己的科研能力,也用对团队的成功打造证明了自己的领导能力。

在任院长期间,他大力倡导团队精神,在"求是、创新"校训中间加上了"团结"二字,形成了"求是、团结、创新"作为院训,这一院训为后来的浙大能源学院所沿用,传承至今。

在此期间,他原来所在的能源工程学系继续突飞猛进式的发展,2009 年,能源工程学系在一级学科基础上再次实体独立运转;2014 年,进一步发展为能源工程学院,开启了新时代创建世界一流能源学科的新篇章。学院的浙江大学机械系则在 2014 年发展成为浙江大学机械学院。虽然当时的工程力学系未能发展为二级学院,但其在 2007 年整体划入航空航天学院,也获得了更大的发展空间和平台。

浙大机械与能源工程学院的这种发展变迁既有浙大领导层从战略性方面的考量,也与岑可法的努力和工作成就密不可分。

作为团队的带头人,岑可法不仅自己能力出众,也善于为团队挖掘可用之才。1984 年,27 岁刚刚归国的樊建人出现在玉泉第二教学大楼四楼的岑可法办公室,岑可法此时刚刚上任浙大工程热物理系主任不久。樊建人回忆,49 岁的岑可法给人的印象是思路非常敏捷,极富创新性,而且对人特别友善。

浙大第一教学楼的顶楼露台上,可远望峰峦叠翠的老和山,伴着鸟鸣啾啾，双鬓染霜，但温文儒雅的樊建人回忆着当年他刚拿到博士学位回来和岑可法的初次见面。

樊建人在奥地利读博士时，主要研究方向是做叶轮机械（叶轮机械就是压缩机）的数字技术和数值仿真。岑可法建议他从叶轮机械数值模拟转到向多相流计算。出于学科背景和学校优势学科的考量，樊建人欣然接受了岑可法的邀请，加入他们的团队进行气固两相流动和燃烧过程数值模拟研究。

樊建人的父母都在杭州居住，他在回国之后，想到浙大来任教。当时进浙大当老师很难，尤其是没有樊建人所研究的方向，所以起初来浙大当老师并不顺利。在这个时候，岑可法便邀请他加入自己的团队，并建议他转向研究多相流计算。之所以做多相流计算，是因为在工程中，单一气体不稀奇，气体和固相、气体和液相、气体和固相、液相在工程上的应用很广，气固液三相都有的最多，而当时岑可法团队正在研究多相流计算模型，樊建人几经考虑后接受了岑可法的提议。岑可法眼中的樊建人一直都很谦虚，直到今天，樊建人也总是说自己是岑可法的学生。

数十年的生涯中，一个个能人都被岑可法招至麾下，一些飞到外边深造或者做研究的学生，最终也被他召唤了回来，他们组成了一支浙大能源工程研究的"梦之队"。

2021年5月21日，第六届全国青年燃烧学术会议学术沙龙在杭州举行，当晚，岑可法在之江饭店会议中心新闻报告厅做一场题为《青年人如何成才，如何形成自己的团队》的演讲，当PPT转到其中关于浙大热能所"研究队伍"的介绍时，现场响起阵阵惊叹之声，他们不约而同地举起手机拍个不停。

这张PPT上写着：他的团队共有教师和研究人员56人，其中教授/研究员44人，副教授/副高8人，讲师/工程师等4人。另外项目聘用辅助人员53人，博士后36人，博士研究生320人，硕士研究生306人。这张PPT的后一张PPT是浙大热能所带有国字头头衔的全体教授和研究人员列表(2021 年数据),获得国字头头衔的居然高达 37 人次！这从一个侧面反映,岑可法确实是个善于把"筷子"捆绑起来的人,而且在他的带领下,一些年轻的"筷子"都已经是能够独当一面的人物了。

岑可法的学术能力和团队领导能力令对热能领域有所了解的人都印象深刻。作为浙大热能所创始人,岑可法一直担任所长,在他的带领下,他们做出了很多大课题、大项目。东南大学的一位教师直言不讳地说,岑可法研究团队里人多,大咖能人也多,这些都是正常的,但是要把这么多人聚拢到一起做事却很难。尤其在浙大热能所,研究方向众多,在每个方向里又有好几位领衔的专家,而每个人的想法都不一样,最后居然可以形成一个系统,达到系统的创新,发挥出最大的力量,这让他很好奇。

岑可法是怎么让大家捆成一把筷子"硬如铁"的？这是一个让很多人都好奇的问题。其实,只要对浙大热能所稍微有所了解,就知道在很长的时间里岑可法这一根筷子一直是主心骨,他把大家团结在一起,形成了一个有战斗力的团队,也就是一捆折不断的筷子。

关于这个问题,岑可法本人在多个场合也做过回应。在他看来,要想团结人最重要的就是既要站在自己的环境里考虑,更要站在对方的环境里考虑,不能只考虑怎么对自己有利,此外,让年轻人跟着自己搞科研,要给年轻人出路和机会。当两者都考虑到了,就能把众多杰出人才团结在自己周围。

团队的蝶变与爆发

团结能迸发出巨大的力量,往往只有身处其中,才能得到最为深刻的认知。60 多年的工作经历中,岑可法对于组建团队、管理团队有着深刻的体会,他的所有有成就的项目都来自团队的共同奋斗。

虽然是岑可法指导和带领大家科研攻关,真正成果形成往往是很多人集体努力的结果。"没有一个科研成果一开头就把技术都想好了。我们一开头方案都是不完全切合实际的，粗粗的想法，后来逐渐摸索。我们在研究中发现很多现象，是我们原先没认识到的，我们再组合出新的技术来。在这个过程中，现在我都不记得当时是怎么产生。像无溢流技术，一般流化床都是溢流的，但溢流的话，对我们这个技术就存在很大问题，后来我们想就憋几天试试看，我们在这个实验室做了 72 小时试验，发现也很好。我们的每一项技术怎么来的，详细记不起来了，像我们的煤泥采用泵送，我们和一个老教师坐在一起聊天，他说，能不能弄一下，试了一个螺杆泵，发现螺杆泵磨损厉害，就找到其他一种泵，做了一种胶管挤牙膏的形式输送煤泥的泵，大家集思广益做出来，这是科研的真实状态。"倪明江教授回忆说。

倪明江认为，一个学术团队好不好，首要的一条就是团队成员都是想干事情的人，这样大家一起努力，再加上也具有较高的学术水平，才能干出成绩来。岑可法所带领的正是这样的一支团队。并且岑可法的这支团队，还常常和一些合作良好的企业一起组建成更大的合作团队，他们的很多能源工程项目能够在不少企业落地，并实现良好运行与这种合作也有很大的关系。

"一个科研成果包含着很多人的努力。"岑可法说，在企业中，也有一批很能干、很努力的人，与他们一起合作，不仅能推动科研成果尽快落地，往往还能够在应用上取得更好的效果和效益。

在学生和同事眼中，岑可法是一个紧跟时代要求、重视队伍建设、强调团队精神的人。浙大热能所的方梦祥教授说，岑可法院士的团队组织形式有鲜明的特点，其项目都是在团队成立以后让每一个人都能够积极参与其中，大家一起讨论问题，群策群力，团队通力合作。这样才能干好大的科研项目。

方梦祥说，他们早些年跟淮南矿业合作做工程落地，如果只是一个老师带了一个学生，人家不可能和他们合作搞这么大项目。"如果只有一个老师，老师要是生病或者有其他的事情了，项目上不就没人负责了？这样的状况是很多企业所担心的。但岑院士组织的是大团队，我们当时去的老师就有十几个人，学生还有三四十个，人家一看这么多人，这么大的团队！他们一开始就对和我们的合作很放心，觉得我们的力量强大。"这样的局面正是岑可法希望得到的结果，这也是他在一些重要项目上和企业合作时的重要策略，浙大热能所的不少大型合作项目就是这样和企业达成的。

参与这种大团队，参与团队的各方都能从中受益。对于参与的企业项目方而言，有了实力强劲的研究团队加持，更方便承接大型项目。对老师来说，也是一个跟实际接触的过程。对人才培养来说，也是非常有利的。相关专业的学生参与到这种项目的合作中，将理论和实践相结合，就能够为自己的发展打下更好的基础。事实上，跟淮南矿业合作做工程落地时，参与这个项目的很多博士生，有的甚至不是这个方向的，他们去现场实践和学习，都觉得一辈子受益，这种经历变成了一种共同的财富。

岑可法为何能够把众多精英聚集在一起？"既要有当主角的精神，也要有当配角的胸怀。"这是岑可法的秘诀。他不仅这样要求自己，也这样要求他的弟子或者其他研究人员，尤其是担纲做项目的人。这样，项目负责人就更能够和大家打成一片。在实际工作中，岑可法也完全摒弃了"论资排辈"的传统观点，只要年轻人有能力，就压担子、放任务，千方百计"逼"年轻人成才，他也为之尽心竭力创造条件，拓展发展平台。在这样的导师面前，大家自然都心甘情愿地跟着他干。因此所里的人都说，能调动人们做事的积极性的人，还是非岑可法院士莫属。

通过这样的方式，在几十年的科研与教学生涯中，岑可法培育了一大批教学、科研带头人和年轻有为的"后起之秀"。

倪明江说，"有一些学科，常是'领头雁'一枝独秀，老先生一旦离开，学科发展后继无人，热能所的人才队伍却有梯度，保证了学科的可持续发展。"

岑可法研究团队人才辈出还与他个人的心胸有着密切的关系。从在浙大工作的时候起，他就无私地培养年轻人和学生，从来不怕他们会超过自己。

"一开始他们可能不如我，但以后要让他们每个人都有超过我的地方。"这是岑可法发自肺腑的内心话。浙大热能所的人都知道，岑可法尤其喜爱青年人才，越是对有培养前途的学生，他对他们的要求越严格。"天上不会掉下金元宝，需要不懈努力，艰苦奋斗。"这是岑可法经常对同学说的口头禅。

有时，岑可法对学生也很凶，有的学生甚至还被他骂哭过，但这些学生最后都成了各个领域的顶梁柱。岑可法也不是对所有学生都会这样骂，他要是觉得这个学生不是值得好好培养的一块材料，不想钻研，只想混个大学本科或者硕士毕业的人，他就不会这样认真。

"老师培养一个人，选到好苗子很重要。学生也要自己能抓住机会，聪明人只要看中了机会就会努力去做。"平日里，岑可法经常盯着年轻研究人员和教师们的眼睛，一字一句地告诉他们。他这是在告诉大家，该如何选拔后备人才。

一支队伍强不强，领兵打仗的将军至关重要。俗话说，强将手下无弱兵，在科研领域，这也是很有道理的。岑可法用他自己的带团队和培养人才的方式，打造出了浙大一支强悍的科研团队。

有了强悍的队伍，成绩自然也很喜人。多年来的努力，岑可法带着他的团队不仅打造出了"能源清洁利用国家重点实验室""2011 协同创新中心"等七个国家级教学科研基地，成为国内能源领域各级基地最全的研究单位，团队还先后荣获国家"三大奖"18 项、国家级教学成果奖 5 项等。热能所在历次浙大工学部"工科十强"的评选中都位列首位，并多次被评为浙江省模范集体。

当年浙大热能所刚成立之时，恐怕岑可法不会想到，他带领的这支队伍，日后会有这样的成就。如今面对如此辉煌成就，他也十分坦然。他说这就是团队的力量，他只是恰好走对了路。

回望岑可法走过的人生轨迹，他所取得的这种成就或许不能说只是恰好走对了，对一再坚持团队为主的他来说，这实际上是他人生发展的一种必然。

著述的丰碑

作为科研人员，著书立说也是其成就的重要方面。

在工程技术领域，不仅仅要做研究，为了对更多的人有指导意义，方便工厂或者项目方及时学习操作，还需要将相关理论、实验过程与指标、工业化生产的详细过程写好、图示画好，这意味着要撰写教材或者专著。岑可法充分与弟子们合作，同样发挥团队的力量，也树立起了一座座著述的丰碑。

从 20 世纪 70 年代末到 80 年代初，岑可法研究团队主要是搞测量。樊建人加入后，就一半时间搞测量，一半时间搞计算。岑可法与樊建人的合作充满了默契，1989 年，岑可法、樊建人等人一起合著了《工程气固多相流动的理论及计算》，这是全国第一本关于气固多相流计算的学术专著，浙大由此开全国之先河。1990 年，两人合著的《燃烧流体力学》出版，这是一本融理论、应用于一体专门研究各种燃烧射流的教材，同时也是第一本用计算机数值计算模拟各种射流的专著。有了共同编写两本书的经历后，他们又再次合写了《锅炉和热交换器的积灰、结渣、磨损和腐蚀的防止原理与计算》，重点做了煤粉炉的气固多相流计算。写这本书时，他们把数据变成代数方程，相当于很早就开始做大数据的挖掘。现在这个领域叫作工业大数据，由此可以看出他们研究的前瞻性。

岑可法和樊建人等人共同合著的这三本书在业界备受欢迎，工厂、公司和大学生都可以拿来当教材用。在樊建人看来，这些成绩的取得都是因为岑可法善于带领团队，也善于与各类合作方敞开心胸才能得到的回报。

岑可法和樊建人等人共同合著的《工程气固多相流动的理论及计算》《燃烧流体力学》《锅炉和热交换器的积灰、结渣、磨损和腐蚀的防止原理与计算》

从燃烧劣质煤起步，到后来燃烧煤泥及低热值废弃物发电，浙大热能专业通过一代又一代人的积累，在国际燃烧学界上开创了一个新学派——浙大循环流化床学派。学派不能是一个空架子，还必须有坚实的理论作为支撑。1997 年，岑可法带领倪明江、骆仲泱、严建华、池涌、方梦祥、李绚天、程乐鸣等弟子们写出了 110 万字的《循环流化床锅炉理论设计与运行》，这本由中国电力出版社 1998 年 5 月首次出版的书在全国能源工程领域产生极大影响，到 2006 年已经第五次印刷，发行量将近 1.3 万册，在工科学术专著的出版中，这是个比较可观的数字。因为被广泛使用，该书甚至被国内的发电厂誉为"红宝书"。就是后来该书不再印刷了，依旧被部分专业技术人员奉为圭臬。哈尔滨电气集团有个工程师想买买不到，就直接想办法联系到岑可法索要，结果岑可法手中的书早就被一扫而空了。工程师写信找到出版社，让出版社为之复印一本再装订成原书的样子，为之花了几百元的价格，才算解决问题。

《循环流化床锅炉理论设计与运行》这本书倾注了岑可法等人大量的心血，岑可法也让年轻人在里面担当大任。写循环流化床的"红宝书"时，署名靠后的程乐鸣当时已经在专门做循环流化床，不光基础理论做得很多，实验也做得很多，可当时他还是年轻学生。在学生时代就参与这么重大的图书工程项目，不管对谁来讲，都是一种莫大的荣幸，在现实中有很多人是很难获得这样的机会的。

正是在此基础上，在岑可法老师指导下，程乐鸣等老师根据循环流化床理论和应用的新发展和新需求，研究出超/超超临界大型循环流化床锅炉的新的数值计算和方法，撰写了有关大容量循环流化床锅炉用数值计算设计的专著《循环流化床锅炉数值优化设计与运行》由化工出版社出版，表明循环流化床锅炉理论设计与运行在新的方向上向前迈进了一大步。这是国内第一本这个研究方向的专著，是团队发展的佐证，是一代胜过一代的实证。在《循环流化床锅炉数值优化设计与运行》一书撰写过程中，岑可法和程乐鸣多次就专著撰写思路和大纲进行讨论。岑可法特别指出，专著的内容要切合企业应用需求，要有用，除了理论模型部分，还应着重写些应用实例和结果，这样对广大应用人员有用。这本书出版后，有读者说：这本书不仅讲道理，

《循环流化床锅炉数值优化设计与运行》

有例子，还有实际的结果数据，对于大型循环流化床锅炉的设计实际参考意义很大，非常好用。

岑可法的看法是，大的项目有机会时要让年轻的、有能力的学生参与其中，通过这样的团队作战，他们可以更快地成长起来。

正是通过团队合作的方式，岑可法团队几十年来出版了数十本在业界具有影响力的学术专著，这里面既有基础理论的，也有工程应用和操作的，他们通过自己的行动，让浙大热能所成为我国能源工程研究领域的一座高峰。

2021 年，岑可法还组织做了一件大事。他组建编委会计划由化工出版社、科学出版社共出版 24 本学术专著，除了其中的 4 本由浙大能源工程学院其他研究所的老师合作完成外，其中的 20 本都需要由浙大热能所的年轻老师为主要担纲者来完成，岑可法认为这是培养年轻人的重要方式。通过这种办法，从事研究的年轻老师可以让自己的事业走上一个全新的台阶，他自己年事已高，在实际写书中已经发挥不了太大的作用，但为之做好服务、把握一些选题的方向还是可以的。这套学术专著瞄准的都是国家有重大需求的科研方向，出版社的初步审查评价很高，2022 年 7 月，科学出版社将这套学术专著列入了科学出版社重大出版项目。

这套丛书是岑可法晚年最为重要的事情，为了尽快出版，他把年轻的老师们"盯"得都很紧，时不时就会跑到其办公室聊几句，沟通一下写作的进度。有年轻的老师开玩笑说，"岑院士时刻都盯着，咱们自然也不敢松懈。"

老师们也很享受在岑可法旗帜下的这种团体作战，他们知道这是老院士给他们搭建了一个很好的平台，也有利于他们在自己的工作中做出更好的成绩。

第|十二|章

博物世界
与文明的激荡

科学从来都不是孤立的，绝大多数取得巨大成就的科学家也从来不只是一头扎在科学和技术的领域。如果我们追寻他们科研的历程，总会发现他们很多都是在更为广阔的领域遨游，或为兴趣爱好，或为休闲消遣，促进思想的交流与碰撞，激发无数的创新与灵感。

岑可法就是这样一个人，尽管他很忙，他的大部分时间都扑在科研和教育事业上，但他的思想一点都不狭隘。他爱好广泛，爱好文学与艺术，喜欢音乐，更喜欢在文博及各种科技展览的世界里遨游。

有人说，岑可法视野极为开阔，思维非常活跃，那是一种具有战略科学的思维和视野，从他广泛的爱好中也许能找到一些原因。

沉醉在文化与博物的世界

博物馆作为知识的宝库与创新的摇篮，对个人发展的促进作用不仅仅是知识的积累，更在于思维的启迪、视野的拓宽及创新能力的培养。这里不仅是激发创新思维与跨学科研究的沃土，有时甚至能够为自己的研究提供独特的视角和灵感。

岑可法的父亲岑藻芬中国传统文化造诣深厚，也喜欢收藏。他的人生大部分时间段都处于乱世，最后并没有留下多少好东西，但他在文博方面的爱好传递给了岑可法。

工作后的数十年中，文化与博物的世界成了岑可法除了工作之外一个极为重要的心灵港湾，有时他在这个港湾小憩一会儿，重新投入研究之时就会迅速满血复活。偶尔参观过程中的灵光一闪，甚至也让他在科研过程中增添意外的收获。也正是这样的原因，博物馆在岑可法的整个人生中都占据着十分重要的位置。

弟子们都知道，岑可法闲暇之余最爱逛的地方就是博物馆。只要一走进博物馆，总有问不完的问题，连讲解员都跟不上他头脑转动的速度。

有一年，解海龙教授邀请岑可法院士、倪明江、严建华以及一批热能所的老师去吉林度夏，计划好了要去长白山旅游，解海龙提前买了一本介绍长白山博物馆方面的书。"岑老师一定要问的，他见到工作人员都是'我跟你请教一个问题'，我也得先学起来，才有底气跟岑院士讲述。"

果不其然，岑可法一进山，对什么都充满好奇心——这山多高，这水多深，有哪些动物，有哪些植物？他习惯性地要问，而且是刨根究底地问。路上有块指示牌，再走一段崎岖的山道，可以去博物馆，不过去就绕远了。去不去？岑可法却兴致勃勃地说："博物馆一定要去。"

长白山在中国、朝鲜、俄罗斯三国接壤之处，有"一地看三国"的地利之便。这是一座关于长白山的历史博物馆。岑可法对历史也非常感兴趣，一般人参观博物馆跟着讲解员听完就算逛完了，岑可法却一等讲解员介绍完一件展品就接着提问："我跟你请教一个问题。"

"岑院士就是这样的，爱问。"解海龙指出这其实是思维勤与懒的差别。"一般人懒得想，懒得提问，岑院士不是，什么都要问你为啥。讲解员常常被问得答不上来，我只好解围说'没事，这是院士，院士给你留点题目回去思考'。"

哪怕是去玩，岑可法也要学知识。去博物馆参观，更是如此。在国外出差时，有空余的时间，他还爱去这些国家的科技馆，以及各类能够了解部分领域科技发展史的博物馆。

因为工作的关系，岑可法去过欧洲很多国家，去美国的次数也较多。每次只要有空余的时间，总是将参观这些国家的博物馆、科技馆作为自己行程的重要安排，以此更好地了解科技发展的历程。岑可法说，这种参观不仅可以快速了解一个地方或者一个国家的科技与工程的发展历史，很多时候也会给自己的科研思想或者研究思路带来很大的启迪。

岑可法天生是个好奇的人，凡是他感兴趣的东西，他都喜欢打破砂锅问到底，在博物馆是这样，博物馆之外也是这样。浙大热能所教授薄拯有一次陪岑可法在杭州郊区的一个茶园散步时，刚好遇到了一位茶农，岑可法来了兴趣，问茶农茶是怎么种的、怎么采摘的、怎么炒制的，一聊就聊得停不下来了。"他是对不懂的就要问懂为止，学了就要学会为止。"薄拯说，岑可法院士喜欢打破砂锅问到底，对科学规律和先进技术永远保持着好奇心。

岑可法就是看书也是如此，总是喜欢追问一些问题。譬如看《三国演义》，看过之后他喜欢琢磨作者的构思。书里的一些情节为什么要这样考虑？为什么要这样写？《三国演义》中的故事情节中，为什么诸葛亮这样考虑？为什么曹操这样考虑？然后通过阅读和思考，岑可法又自己去寻找答案。

"看书我觉得每个人的兴趣点都不一样，我爱好的就是提出问题、解决问题。"岑可法说。很明显，岑可法是以科研的思维在琢磨一些文学作品。

很多人说岑可法记忆力惊人，岑可法的回应是事实并不是如此。"我比较唯物主义，脑袋瓜里就这么多神经，只能记这么多东西，多了就记不牢了，记忆会流失的，所以就比较有选择地记在脑袋里。"岑可法说有些不重要的东西，很简单的东西，他就不记在脑袋瓜里，只把好的东西记在脑袋瓜里。这样虽然有些简单的东西记不住，但是深奥的东西反而记住了。久而久之，岑可法不仅体系化的知识储备极为丰富，思考起问题来视野也极为开阔。在很多时候，他还喜欢就某个问题提出自己的想法。他自己的说法是凡事都要有新思维、新想法，如果一成不变，就是守旧了。

从某种角度上而言，岑可法喜欢沉醉在文化与博物的世界里，他也是在为自己的视界和思维打开更为宽广的空间。

科技与工程文明的沉思

可能是因为自身职业的关系，各种各样的工程和技术是岑可法关注的重点，在文博世界之中，多年来在参观各种类型的博物馆、科技馆时，各个领域的科技与工程发展一直是岑可法关注的重点，不管是在国内，还是在苏联留学或在欧美等一些国家学术交流和考察都是如此。

因为历史久远或者是文字记录的缺失，人类历史上很多伟大工程已经很难知道当初的设计者是谁，但是留下的工程遗址依旧让人叹为观止。位于浙江杭州的良渚古城遗址就是一个非常典型的例子。

良渚古城遗址埋藏着中国古老文明起源的秘密，也为5000多年的中华文明史提供了实证。2019年，这里被列入《世界遗产名录》。因为居住在杭州而近水楼台先得月，岑可法一次又一次走进了良渚博物院与良渚遗址。

每次走进良渚博物院或者是良渚古城遗址，岑可法都是仔细琢磨这里出土的东西。岑可法是个搞技术和工程的人，看到良渚出土的众多精美的文物，他一直在琢磨良渚先民是怎么把这些东西做出来的，而良渚遗址发现的古城遗址尤其是良渚古城外围的水利工程让岑可法受到巨大的震撼。2020~2023年，距今约5000年前的良渚古城外围水利工程又相继发现了约20座水坝遗址。浙江省文物考古研究所的研究者们发现，5000年前良渚周边水利系统极为复杂，当地的水利开发程度远超想象，这为全面认识良渚水利系统的完整结构提供了重要线索。这样的宏大工程也深深震撼着岑可法，他说在5000年以前，生产力水平极为低下，然而良渚先民却建造出如此规模巨大的城市和水利工程，而这一切正是团结的力量。

"只有团结在一起，大家齐心合力，才能干出这么伟大的工程！"岑可法说。每次感叹之时他也庆幸自己的科研生涯始终走在一条正确的道路之上。他说他这一辈子，在能源工程研究领域能够取得一些突破和成就，并不是他一个人的功劳，而是集体智慧的结晶，他把团队的力量调动起来，让研究走向了一座又一座的高峰。他告诫他的弟子和学生们，在工程技术领域，如果要想继续取得更大的突破和进展，还是需要发挥集体的力量，集体的智慧。

有时，岑可法还和家人们尤其是带着晚辈参观良渚文化遗址，他说这么久远的历史，这么重要的文化遗迹，一定要让年轻一代受到文化的洗礼。

2013 年，岑可法参观河姆渡文化遗址

中国的古代文化遗址星罗棋布，就是在浙江这片土地上，至少在距今 1 万多年以前就有先民们在此繁衍生息。对这些史前文化的探究也是岑可法所喜欢的，在很多时候，他总是以新的视野或者角度去思考这些古文化遗址，它们之间的相互关联，以及人类在工程和技术方面的发展和进步。对岑可法来说，这是一种休息和放松，也是对自我视野的一种开拓。

科研之外的视野

纵观古今中外很多出色的科学家，仔细研究他们的经历，就可以发现，他们中的绝大多数人都是爱好十分广泛的人，除了本领域的科学研究，他们常常在其他很多领域尤其是人文艺术领域也有着十分浓厚的兴趣。

岑可法喜欢的不仅仅是文博古物，文学、历史以及各类社科方面的一些东西他也很喜欢。与父亲一样，岑可法也喜欢博览群书，很多时候他喜欢把自己沉浸在书的世界里，在书的世界中遨游和思考。苏联留学时，学校图书馆是他除了教室之外待得最多的地方。留学4年中除了专业书籍，岑可法也购买了大量其他各类书籍，1962年获得副博士学位归国时，很多随身物品可以不带回来，但书不能不带。岑可法足足挑选了500多本装了4大箱子，从莫斯科到中国全程将近8000公里的火车，岑可法居然要带这么多书回来，这让他在苏联的一些同学吃惊不小。

文学类书籍是岑可法除了专业书籍之外看得最多的书籍之一，更是他的重要爱好。少年时代，岑可法就看过很多中外经典名著。大概是受父亲曾经留学法国的影响，岑可法年轻时尤其喜欢看法国著名小说《悲惨世界》《红与黑》，其深厚的思想内涵不仅让他深思，也给了他很多人生的启迪。在苏联留学时，除了学习专业知识，岑可法的很多时间也都畅游在苏联丰厚文学土壤的世界里，高尔基、列夫·托尔斯泰、普希金等文学巨匠，用他们带着俄罗斯特色的文学表达方式和风情，时常让岑可法的内心充满了激荡，他的精神世界不时也跟着这些作家优美或者激越的笔调，在苏联广袤的土地上遨游。岑可法会将苏联的这些文学作品以及以前所看的法国的文学作品与中国的众多文学作品相比较，仔细比较他们在意境、视野上的不同。这让岑可法深刻认识到，就是同一类事物，在不同的世界里，有时也会呈现出不同的色彩。用到他的研究之中，则意味着他和他的团队不能把自己封闭起来搞研究，多和不同国家、不同研究团队之间交流，才能了解到彼此的长处，从而更加有利于自身的研究。

到了老年，除了爱看书，岑可法还喜欢听书。他爱听历史、文学等方面的有声书，前前后后都听过几千部各类名著。他说这不仅仅是放松，有时也是思维和视野的启迪。

岑可法也喜欢遨游艺术的世界。少年时代，虽然懵懂中的他还不完全明白什么是艺术，但在喜欢收藏的父亲的影响下，岑可法已经具备了相当水准的审美能力。在苏联留学时，他很喜欢欣赏油画，认为油画讲究画面的合理布置，能启发他的工程思维。莫斯科特列恰科夫美术博物馆、圣彼得堡美术馆，都是他欣赏油画的宝库。每隔一段时间，岑可法就会抽出时间去这些地方欣赏艺术品。后来岑可法到世界各地出差，一些国家的重要美术馆都是他必去之地，巴黎卢浮宫的蒙娜丽莎画像，岑可法去看过三次，他每次都从不同角度去看，每次都有不同的启发。

岑可法爱好音乐，喜欢唱歌，像俄罗斯民歌《莫斯科郊外的晚上》《三套车》，著名加拿大民歌《红河谷》，还有中国的《蓝蓝的天上白云飘》等都是他十分喜欢的歌曲。他最拿手的口琴独奏曲目《莫斯科郊外的晚上》，每次表演时都能让师生们回味好久。

夫人沈珞婵弹得一手好钢琴，在沈珞婵的影响下，岑可法偶尔也跟着妻子学习一下钢琴的弹奏。时间长了，居然也能够弹一些简单的曲目了。有时候兴致来了，他们夫妻二人甚至还要合奏几曲。虽然弹奏水平离妻子相差很远，岑可法觉得偶尔自娱自乐也是一种放松。

岑可法的理解是，科学技术的发展与文化和艺术是相通的，也是相融的。对一个搞科学技术研究的人而言，文学和艺术常常是思想突破至关重要的养分，在文化与艺术的世界中畅游，接受它们对心灵的洗礼和激荡，不仅可以让自己得到放松，更重要的价值是很多时候会获得思想上的灵感，也会让自己的视野变得更加开阔，这有助于自己在科研道路上保持敏锐的直觉和创造力。

岑可法的这种说法是诚实的，也是真诚的。如果我们去追寻一些大科学家的故事，发现他们中的绝大多数都少不了文化，尤其是文学与艺术的熏陶和滋养。岑可法做到了这一点，他的科研境界和视野比很多人高很多，就丝毫不令人奇怪了。

从某种程度上讲，他的战略科学家思维就是这样炼成的。

第|十三|章

战略科学家本色

有人说，能源问题是人类社会的根本问题，读懂了能源史，也就读懂了人类史。也有人说，能源不仅是重要的经济资源，更是非常重要的战略资源，是国家权力的重要组成部分。

岑可法眼中，能源为工业提供动力，为经济提供血液。他一生都在不断地思考和探索，怎样为国家输送高效、清洁、廉价、低碳、生态、安全的能源。

浙大热能所的发展史，就是岑可法一个接一个的奇思妙想成功落地的过程。岑可法的能源思想有一个十分关键的锚点，那就是必须立足我国的能源结构，不能脱离实际。立足于此，他和他的团队完成了一次又一次的超越和突破。作为拥有多项自主知识产权的导师，岑可法带领自己的团队在世界能源技术发展史中刻下了"中国烙印"。

半个多世纪的科研和教育生涯中，岑可法不断磨砺自己，一路砥砺前行，把自己打造成了我国能源工程科研和教学领域中一颗闪亮的科技之星。他获得了国家级有突出贡献的中青年专家、全国先进科技工作者、五一劳动奖章、全国优秀教师奖章、浙江省劳动模范、香港柏宁顿(中国)教育基金会的第二届孺子牛金球奖、何梁何利科学奖、浙江省科学技术重大贡献奖等一系列的荣誉称号和奖项。

这些荣誉和奖项是对岑可法科研成就和教育成就的肯定。作为一个教育战线上的科研工作者，能够获得这些成绩已经十分难得了，而岑可法的贡献和视野已经远远超越了这些荣誉和奖励。

能源战略是国家发展战略的重要支柱，能源工程领域则是一条充满挑战和困难的科研之路。数十年中岑可法始终坚守着自己的信念："国家和人民的重大需求，就是我的立身之本。"这句话与60多年前他说的那句"中国是产煤大国，煤是关系国计民生的大事"有着异曲同工之妙。他始终将祖国和人民的需要放在首位，用自己的智慧和才能为国家的发展和人民的福祉贡献力量。

本着这样的信念，在浙大玉泉校区，岑可法用他一生的奋斗，让自己长成了一棵参天大树，成为我国能源工程领域一位知名的战略科学家。

西湖边宝石山往西，连接着葛岭，岭上有抱朴道院，相传最早为东晋道士葛洪(约283~约363年)结庐修道炼丹之处。葛洪著有《抱朴子》一书，其中这样阐扬"渊源"之义："夫根荄不洞地，而求柯条干云，渊源不泓窈，而求汤流万里者，未之有也。"意思是说：树根不能深入大地，却要求枝条直入云霄；源泉不够宏大深邃，却要求洪流超过万里，这都是不可能的。

岑可法深谙其理，他在能源工程领域深深扎根，终于能够登高望远。

战略科学家的视野

当前，科学研究和科技发展的复杂性、系统性、协同性越来越强，战略科学家具有深厚的科学素养和开阔的视野，有极强的前瞻性判断力、跨学科理解能力和大兵团作战组织领导能力，能够把握世界科技大势，研判科技发展方向，突破关键核心技术或完成颠覆性技术创新，常常是科技领域战略人才力量的"关键少数"。他们不仅是科技创新的引领者，更是国家发展战略的智囊团。这是目前中国发展急需的人才资源。

面对复杂多变的国际形势，尤其是科技领域的激烈竞争，中国亟需构建一支规模宏大、结构合理、素质优良的战略科学家队伍，让其担当起国家科技创新"主力军"的重担。这不仅是为了在基础科学研究上取得更多原创性、引领性成果，更是为了在新兴技术、交叉学科等领域抢占先机，推动产业转型升级，实现经济高质量发展。通过大力培养战略科学家梯队，中国将能够更有效地整合国内外创新资源，加强产学研深度融合，形成协同创新的强大合力。

具体到中国的发展实际，当前中国需要什么样的战略科学家？这是很值得深思的问题。有人说，中国需要的战略科学家，首先应具备全球视野与前瞻思维，能够洞察国际科技发展趋势，预判未来科技革命的方向，为国家的长远发展布局谋篇。其次，他们需精通跨学科知识，能够跨越传统学科界限，将基础科学、应用技术与产业发展深度融合，催生颠覆性技术和原创性理论，推动产业链、价值链向高端攀升。同时，战略科学家还应是卓越的团队领导者和人才培养者，能够汇聚国内外顶尖人才，营造开放合作的科研生态，激发团队创新活力，为国家的科技事业培养源源不断的后备力量。作为战略科学家，他们还须具备深厚的家国情怀和社会责任感，能够将个人理想融入国家发展大局，勇于担当，敢于突破，为解决国家重大需求、应对全球性挑战贡献智慧与力量。在面对复杂多变的国际环境时，战略科学家应该成为国家利益的坚定捍卫者，以科技为武器，维护国家安全与发展利益。

对照岑可法的人生轨迹和科研经历，很容易就能够发现，他就是这样的一个人，至少他是一个具有战略科学家意识和本色的人。岑可法的大脑里，常常闪耀着奇思妙想的光辉。作为一个战略型科学家，他的视野极为广阔，他关注能源工程领域大的战略方向，往往在最为关键的时候，他能够看到常人没有看到的东西，能够想到常人没有想到的问题。

能源清洁利用是 21 世纪的"显学"，全世界众多国家都在为能源的清洁利用而绞尽脑汁。但在 20 世纪 50 年代，这还是一个冷门领域，很少人会关注和愿意投身于这个领域的发展。刚大学毕业的岑可法被国家选拔到苏联留学时在很多同行者惊讶的目光中只身一人选择了"煤的清洁燃烧"。之所以做出这样的选择，一个重要原因是岑可法本科读的是热力发电，更重要的是当时岑可法就认为中国的电主要来源于煤，很多问题还没有国产的解决方案，研究煤虽然又脏又不起眼，却是关系国计民生的大事，未来必然会有大的发展，也非常需要这方面的顶级人才。20 多年以后，岑可法的判断得到充分验证，他本人也一步步走向国际前沿，把早些年的"冷门"做成了"显学"。

岑可法率领团队关于"煤的清洁燃烧"后来喜获丰收。他带领团队完成的"煤的优化配制、催化洁净燃烧及产业化应用"项目，2000年获得了浙江省科学技术进步奖一等奖，2001年又获得了国家科学技术进步奖二等奖，该成果综合了多项科研项目的试验研究和应用成果，通过产、学、研联合攻关，形成了煤的优化配制、催化洁净燃烧及产业化应用，开发了成套催化洁净燃烧及优化配煤的数学模型及技术，包括催化洁净燃烧添加剂研究和应用非线性化计算机专家控制系统的生产工艺流程，并在杭州煤场得到应用，最终建成年产80万吨洁净优化配煤生产线，成为中国煤炭行业示范工程，也取得了显著的经济和社会效益。

比岑可法小4岁的浙大热能所教授曹欣玉在很长时间里一直和岑可法一起从事煤和水煤浆的燃烧理论、煤的低温燃烧等方面的研究，他说，岑可法能够站得高看得远与他读书范围十分广泛有着很大的关系，世界范围内的新技术，他接受得也比较快，吸收之后还能提出一些新的想法、新的思想。

科研生涯中，岑可法从来不随波逐流，不泯然众人，随时保持清醒和积极的状态，保持着独立思考的能力。比如大家对一件事情的讨论，出现了很多不同的想法，别人听过就算了，而他会反复琢磨。他对自己感兴趣的东西，时常会反复琢磨好长时间。

研究中具有大局观是岑可法的典型特点。岑可法往往从国家重大需求方面来做科研，他一直及时关注国际国内相关领域的一些最新研究进展，这样不仅能够及时跟进研究，还能够站高望远，将自己的研究拓展思路系统化，并及时进行相关外延的拓展。二十世纪七十八十年代，由煤的燃烧，岑可法想到了煤泥的燃烧，而后是污泥、污水的燃烧，生活垃圾的燃烧，生物质的燃烧……他不仅仅是想想，而是最终带领团队将其变成了一个个可以规模化应用的能源工程项目。

由于岑可法所带领团队以及其他科研团队数十年的研究推动，在中国这个产煤大国，对煤的利用不再是简单地一把火烧了——煤还可以热解气化、制油，甚至从煤灰中提炼钒、铝、铀等金属，煤渣还可做水泥。总之，煤浑身都是宝。

由煤的高效利用，延展到生活垃圾的处理，是岑可法科研思维一个非常大的突破，他和他的团队也由此登上一个新的科研高峰。

岑可法的战略科学家思维还体现在他对科研方向的把握能力上。他懂战略，能够基于全局做通盘考虑，而后能够把握住研究的重点领域，为研究团队指明方向。30 多年的时间中，浙大热能所的很多科研方向，都是岑可法拍板定下来的。

岑可法的直觉通常很准确，他往往能提前十几年在一个研究方向还不受重视的时候就提出与之相关的课题来。当事情过了很多年之后，周围的人才惊叹为什么岑可法如此具有前瞻性。岑可法并不觉得这是因为自己神机妙算，而是在确定研究方向时会仔细考虑国家未来的重大需求。"一切围绕国家的需要展开，肯定不会错。我的想法都来自这里。"这句话岑可法经常挂在嘴边。

多年的科研生涯中，岑可法的视野主要关注于两点：一是国家的重大需求，二是面向国际上的学术前沿。以这两个基点为目标，他和他带领的团队不断创新科研成果，研制成功水煤浆代油洁净燃烧技术，在推广应用中产生了巨大的经济效益；研制生活垃圾循环流化床清洁焚烧发电集成技术，被誉为世界五大主流流派之一，为缓解我国电力资源供应压力做出贡献；团队的"燃煤机组超低排放关键技术研发及应用"项目，降低煤炭燃烧时产生的二氧化硫、氮氧化物、烟尘的排放，2017 年获得国家技术发明奖一等奖，该项目是由浙江大学高翔、郑成航、岑可法和浙江能源集团另外三位人员多年奋斗而成功的，这也是浙江省荣获的第一个国家技术发明奖一等奖。

关注国家的重大战略需求，抓大课题、大方向，岑可法自身也被这种强大的势能带动起来，而他也就自然而然地成了战略型的科学家，而不是只待在自己擅长的领域做自己喜欢的那点东西。这一点也可以算是岑可法成功的秘诀之一。

只要岑可法看准的东西，他就迅速带领团队展开科研攻关。前些年，面对越来越严重的大气污染问题，岑可法又带着学生向雾霾发起了挑战。

雾霾问题虽然属于天气问题，这和岑可法的研究领域有什么关系？这是很多人的第一想法，但岑可法带领学生踏足雾霾领域并不是"多管闲事"。煤炭在燃烧过程中，会产生大量污染物，这些污染物会成为构成 $PM_{2.5}$ 的重要部分，也是加重灰霾天气的主要"元凶"之一。搞了一辈子的煤炭燃烧研究，岑可法认为自己无法置身事外，他们应该提供解燃"煤"之急的中国方案。

例如由岑可法院士团队中高翔院士领衔的国家技术发明奖一等奖项目"燃煤机组超低排放关键技术研发及应用"，大大降低了煤炭燃烧时产生的氮氧化物的排放，这项技术在不少企业中得到运用。

现在，采用了岑可法研发团队技术的燃煤发电站，最终排放的烟气比天然气机组的排放物还要干净。

近些年来，各种储能技术风起云涌，已经耄耋之年的岑可法自己上一线搞科研是不现实了，但他可以担当"军师"，贡献他的智慧。在他的鼓励和引导下，浙大热能所的多个科研团队都投身到太阳能、生物质能等新型能源及能源储存方式的研究之中，经过几年的努力，有的已经在开花结果。

为何包括浙大热能所在内的浙大能源工程学院能够实现四处开花的突破？

"我们是吃着碗里的，看着锅里的，同时还想着天上的！"浙大热能所教授骆仲泱道出了其中的秘诀，而这样的思想正是岑可法在带动团队创新时的重要思想内核。

不过，在大力推进研究团队大幅跨界的同时，岑可法依旧对我国以煤炭为主的化石能源的未来予以了充分的肯定。他说，中国在谋求能源转型、大力发展新能源的同时，需要让煤炭等传统化石能源的利用变得更加绿色。

"这和当前的碳减排、碳达峰、碳中和也是不冲突的。"岑可法说。

碳减排与碳达峰

我国以煤炭为主的能源利用格局为我国推进碳减排、碳达峰带来了巨大的挑战，煤炭领域的科学家没有办法让自己置身事外。

岑可法选择的是主动出击。

越来越严重的气候危机面前，作为一个能源科学家，近些年岑可法开始从战略的高度关注我国的碳减排和碳达峰。

科学界比较一致的意见是，在工业化和城市化进程中，人类将巨量温室气体排入大气已经导致全球变暖、造成气候变化。其中二氧化碳（CO_2）是温室气体的主要来源。

浙大研究团队的权威研究也做出了证实。浙大能源高效清洁利用全国重点实验室高翔院士团队在中国工程院院刊 *Engineering* 2022年 7 期刊发表了题目为 *Technical Perspective of Carbon Capture, Utilization, and Storage*（二氧化碳捕集、利用与封存技术）的研究性文章，指出人类活动造成的 CO_2 排放是引起全球变暖和气候变化的主要原因之一。其中绝大部分二氧化碳的排放来源于化石燃料燃烧，以及钢铁和水泥生产等工业过程。

在我国，CO_2 超排更是一个不容忽视的问题。岑可法披露，总体上我国每年 CO_2 排放量达 100 亿～110 亿吨，其中全部化石燃料排放 CO_2 约为 95 亿吨，煤炭更是其中的大头。一般估计，一吨标煤燃烧后排放的 CO_2 为 2.66～2.72 吨，全国用煤约 36 亿吨，相当于 28 亿吨标煤，要排放的 CO_2 超过 74 亿吨。

愈演愈烈的气候危机面前，碳减排、碳达峰和碳中和成为人们生活中的热词。种种研究表明，自工业化以来，人类的行为已经给地球带来了重大影响。随着全球气候变暖，CO_2 等温室气体的排放量必须减少，从而缓解人类面临的气候危机，这已经成为世界上绝大多数国家的共识。

2008 年 7 月，英国、法国、德国、美国、日本、俄罗斯、意大利、加拿大组成的 G8（八国集团）峰会上，八国表示将寻求与《联合国气候变化框架公约》的其他签约方一道，共同达成到 2050 年把全球温室气体排放减少 50% 的长期目标。

2014 年 11 月，中美两国发表了《中美气候变化联合声明》，宣布了两国各自 2020 年后应对气候变化行动。中国计划在 2030 年左右 CO_2 排放达到峰值且将努力早日达峰，并计划到 2030 年将非化石能源占一次能源消费比重提高到 20% 左右。根据规划，中国 CO_2 排放力争于 2030 年前达到峰值，努力争取 2060 年前实现碳中和。

由于化石能源特别是煤炭仍将是中国未来较长一段时间内的主体能源，煤炭实现低碳化利用就成为关键。

岑可法也清晰地知道中国碳减排的艰巨性。

"欧盟 1979 年碳达峰，美国 2007 年碳达峰，到 2050 年实现碳中和，欧盟有 71 年，美国有 43 年，中国从碳达峰到碳中和只有 30 年的时间，这很有挑战性。"

不是没有解决的办法。岑可法提出了自己的碳减排路径：通过化石燃料能效提升与终端用能电气化，减排贡献率可达 40%，通过太阳能、风能、生物质能与氢能等能源替代，减排贡献率可达 38%，使用 CO_2 捕集、利用与封存技术（CCUS），减排贡献率可达 15%。

就我国当前的现实而言，岑可法认为碳减排首要的还是推进煤炭低碳化利用，主要途径包括燃煤的高效清洁利用和发展 CCUS。

其中，实现煤炭清洁高效利用主要靠技术上的集成创新。超超临界发电机组、IGCC 技术和煤炭分级转化技术就是当前燃煤高效清洁利用的主要方式。

在国际上，通常将蒸汽压力小于 22.1 兆帕、大于 15.7 兆帕的机组称为亚临界机组，处于 31 兆帕和 25 兆帕的称为超临界机组，而将蒸汽温度（主汽温度或者再热温度）大于 593℃、蒸汽压力大于 31 兆帕的称为超超临界机组，而 IGCC 即为整体煤气化联合循环发电系统，是将煤气化技术和高效的联合循环相结合的先进动力系统，由煤的气化与净化部分和燃气-蒸汽联合循环发电部分两大部分组成。煤炭分级转化技术也就是煤炭分级分质利用，是基于煤炭各组分的不同性质和转化特性，以煤炭同时作为原料和燃料，将煤的热解（干馏）与燃煤发电、煤气化、煤气利用、煤焦油深加工等多个过程有机结合的新型能源利用系统。

最近一些年，在岑可法等众多煤炭专家的努力下，这三大燃煤高效清洁利用技术得到了很大的发展。

煤炭低碳化利用的另一途径就是发展 CCUS。2007 年，中国超越美国成为全球第一碳排放国家，但是在很长的一段时间内，中国的能源结构还是以煤炭为大头的化石能源为主。解决碳排放的问题除了积极推进煤炭清洁高效利用以外，就是推进煤炭低碳化利用，CCUS 是一种重要的技术方案，CCUS 技术可以实现燃煤 CO_2 排放大规模控制。

其实，自 2006 年以后，中国就资助了一系列科研项目来支持 CCUS 技术发展，包括 863 计划、973 计划以及国家科技攻关计划等。这些项目包括了 CO_2 捕集、生物转化、地质封存、强化驱油等领域的关键技术。在政府和企业的支持下，近年来已经建成了许多示范项目。

岑可法也表示，虽然近几年中国碳捕集、利用和封存各环节的技术研发已取得显著进展，验证了 CCUS 技术是控制燃煤 CO_2 排放的有效手段，但目前仍然存在成本和能耗高、长期安全性和可靠性有待验证等问题，因此碳捕集技术的大规模实施还需要靠政府、研究机构以及企业的共同努力。

提升能源利用效率与节能也是推进碳达峰、碳中和，减少碳排放的有力举措，岑可法撰文认为必须有新思路、新举措：一是要采用先进的工具，可以利用智慧测量与智慧传感技术进行数据采集与监测，实现重点领域、重点行业碳排放的立体、在线测量，且要达到国际标准、得到国际认可；二是要有智慧的模型，在工业、建筑、交通等领域构建多维、智能的算法模型，通过准确、及时的碳排放测算了解碳从哪里来；三是要有创新的管理模式，要建立智慧化、网络化的管理新模式，提升效能，总结规律并加以推广。

近些年，岑可法团队也正在着手这些技术与装备的研发及应用推广，他们也希望能够为我国实现碳达峰、碳中和目标发挥出更大的作用。

为了推进实现碳达峰、碳中和，很多人把视野聚焦在可再生能源上。岑可法认为，目前可再生能源领域在全国乃至全球都还在探索。从碳的角度而言，降碳与增效、减排要并举。

"我们要认识到，碳中和下的'零碳'不是没有'碳'，农作物的生长、我们的生活都离不开'碳'。结合我们国家的实际情况，也不应该忽视煤炭的作用。煤炭作为能量密度大的一种资源，在碳达峰、碳中和背景下，应该考虑煤炭的分级利用。"岑可法说，作为一种能源，未来煤炭将多用在调峰发电机组；作为一种资源，煤炭将更多地作为一种"固碳"原料来发挥作用。

在人类过度干预所形成的气候危机面前，大力发展可再生能源已经是大势所趋，浙大热能所也投身其中。但岑可法认为，保持冷静的头脑很重要。他表示，可再生能源要进一步推广应用，首先要考虑的问题就是可持续性问题。

以太阳能来说，我国太阳能年平均只有 1000 小时可利用，对于雨水较多的地区如浙江省，利用小时数相较于西部省份明显偏低。其次是发电效率问题，工程上同等装机容量的超超临界燃煤发电机组的效率达 48% 左右，天然气发电机组的效率可以达到 64% 左右，而光伏发电效率仅有 12%～17%，相差巨大。再次是土地资源问题，譬如浙江省，最缺的是土地，1 千瓦的光伏太阳能占地面积一般为 700 平方米左右，如果要通过大规模部署光伏装机来提升能源结构中可再生能源比例，将因土地资源限制而难以实现。

目前，风能发展也面临着一些问题。譬如浙江沿海一带有一定的风能资源，但是不稳定，受天气影响较大，这导致风电供应的持续稳定性较差，并且设备容易遭到台风的损毁，这同样影响用电安全，只是比太阳能稍微好一些。

最后是经济性问题，大规模推广利用的可再生能源一定要廉价，价格不能太贵。

也正是这些因素，岑可法认为，现阶段可再生能源领域的很多问题还有待解决、突破，在碳达峰、碳中和背景下能源发展不能只提低碳，要全方位、系统性布局；同时要充分根据地方实际，土地资源狭小的地方要考虑土地资源约束，进行集约式布局。因此，可再生能源的发展要从高效、清洁、低碳、生态、安全、经济、可持续等方面统筹考虑、统筹推进。

岑可法也开始从战略的高度思考储能，他认为，储能技术在推动碳达峰、碳中和工作中扮演着重要角色，储能技术的创新与推广应用正给能源行业带来颠覆性变化。

传统储能技术体系中采用储热技术比较多，其次才是储电技术。因为大规模储电技术做起来难度相对更高，不过储电技术，系统稳定性好，经济性效益明显。比如，在舟山的码头采用储电装置回收集装箱搬运过程的势能，不仅可以稳定利用，而且能够省电 80%。岑可法说，储热技术现在的发展方向为高温储热，温度越高效率越高，此外，还有移动储能，可以灵活满足工厂储能需求。近年来，浙大热能所对高温储热和移动储能都在进行相应的工程示范。

"未来从模式上来讲，是固定式与移动式储能相结合；从技术上来讲，我们要重点发展以上储能技术。低温储能技术中，低熔点盐等熔盐储能技术等也可作为补充来丰富储能技术体系。"岑可法认为，防范可再生能源的波动性风险，还可以考虑采用滤波装置。加入滤波装置，可以很快缓解或消除可再生能源比例过高造成的波动。单个光伏电池的输出能量是有限的，将太阳能电池板能量输出过程与滤波装置耦合协同，可以消除分布式发电的波动性风险。但就现阶段而言，可再生能源发展的最核心问题是要提高效率，目前发电效率偏低。

岑可法说，现在很多人对可再生能源存在一些认识方面的误区，因为可再生能源不一定是减碳的。比如在运输方面，电动汽车虽然能够降碳，但是也只有在电动汽车使用里程数达到一定的数量值之后才能减碳。因为电动汽车的电池制造过程中需要使用十几个品种的金属，生产这些金属，就会排放相应的温室气体。在使用过程中，则取决于电池充电的电源来自哪里，如果来自燃煤电厂，这些电源在生产过程中会产生大量二氧化碳，如果来自燃料电池或者光伏电池，碳排放量可能会少一些。美国能源部建立了 2000 多种模型来对电动汽车碳排放量进行全生命周期计算，结果显示，与燃油汽车相比，一辆电动汽车在行驶里程数达到约 6 万公里之后才能开始减碳。除非电动汽车的电源全部来自可再生能源，否则电动汽车的减碳效果将会较弱。挪威是水力发电国家，据估算，新能源汽车需运行约 1.3 万公里才能"减碳"。中国约 80% 以上是火力发电，这个测算结果表明电动汽车实现"减碳"的里程约为 12.5 万公里。

岑可法的观点是，在采用新能源或可再生能源技术时，要用全生命周期方法来分析碳排放，运用多维模型测量能源、工业、交通、建筑等重点领域的碳排放量，才有利于推广真正具有减排效应的减碳降碳技术和产品。

全生命周期分析，源于岑可法在了解美国能源部实验室的一份报告后所受的启发。这份报告指出，用电动汽车代替燃油汽车能否减少 CO_2 排放，存在争论。多数人认为，全生命周期进行排碳分析比较才更加科学合理。燃料电池和液体燃料每立方米能量密度不同，制造电池需要一定量的镍、钴、锂等金属，而这些金属的生产和利用都会增加碳排放。岑可法认为，生产电动汽车如果考虑电池这个核心要素，相当于给全生命周期 1 英里（1.61 公里）增加 47 克 CO_2，新车出售之前碳排放已经超过 810 万克, 而一辆类似的汽油车出厂只有 550 万克 CO_2, 远低于电动汽车。在汽车投入运营以后, 即使在主要使用水力发电的国家挪威使用, 每 1 千瓦·时电只有 4 克 CO_2 的排放, 如果按全生命周期分析, 在 1.35 万公里之前排放的 CO_2 依旧高于汽油汽车。目前, 一些好的锂燃料电池平均寿命 8 年, 使用这种电池的车辆是低碳还是高碳? 除了考虑电池的因素, 还要考虑车主开车后充的电是水电、煤电、天然气发的电或者其他形式发的电, 以及 8 年时间里总共开了多少公里。并且生产电动汽车所需要的多种金属都要高于传统燃油车, 这都会增加碳的排放。因此, 计算电动汽车的碳排放时多方面的要素都需要予以考虑。

近些年, 国际上关于碳减排的责任问题众说纷纭。究竟是碳排放总量高的国家减排义务大, 还是人均高的承担主要责任? 在责任分配上, 国际社会并未建立共识。全国人大常委会副委员长、民盟中央主席、中国科学院院士丁仲礼曾说过:"排放权就是发展权, 对于发展中国家来说, 更是基本人权。"中国的立场是不能接受以总量分责任。岑可法也持相同立场, 这主要基于他对中国能源资源禀赋的认识——能源禀赋对能源转型可以起决定性作用。

进入 21 世纪以后, 一场悄然降临的"页岩气革命"开始对全球天然气供需关系和价格走势产生重大影响, 这个并不被大多数人十分熟悉了解的能源词汇开始进入人们的眼帘。美国是世界上天然气勘探开发程度和生产应用技术最发达的国家, 非常规天然气的供应对美国天然气供应起到了重要的补充作用。美国能源情报署(EIA)估算, 美国拥有天然气可开采储量超过 49.38 万亿立方米, 其中页岩气、致密型砂岩气和煤层气等非常规天然气储量占 60%。在非常规天然气储量中, 有机页岩储量巨大, 广泛分布于美国 48 个州。未来美国天然气可采储量的增长将主要来自非常规天然气储量, 预计页岩气产量占天然气总产量的比重, 将从 2007 年的 12%上升到 2013 年的 35%, 2030 年这一比重将上升到 55%。页岩气的开发, 特别是美国页岩气产量的急剧增加，引起天然气生产和消费国家的关注，也似乎要改写美国的能源供给。

其他非常规油气资源的大规模开发，也对世界能源版图造成了巨大影响。比如加拿大的油砂，委内瑞拉的超重油等。在非传统油气资源的带动下，北美地区进口量逐步降低，不仅实现了油气资源的自给自足，还逐步成为国际油气市场重要的出口源。

中国并没有在传统能源供应方面实现这么大的转型。

"中国在能源方面的本质特点是煤多，富煤、贫油、少气，6个字就限制我们了。美国有油页岩，能产很多天然气，所以它把煤减少了，而我们中国，油没有多少，气也没有多少，只有煤。我们所需要的石油 71% 以上要进口的，天然气 43% 左右要进口的，如果我们不靠煤，过于依赖进口肯定不安全。"岑可法说，对中国这样的一个大国而言，国家安全是摆在第一位的，如果我们不能解决石油供应问题，或者不能找到能源的替代供应方式，一旦在关键时刻进口受阻，飞机飞不起来，汽车开不起来，就会陷入极大的被动。

能源安全是核心

快速发展的中国是个能源需求大国，尤其是改革开放 40 多年以来一直处于高速发展状态，对能源的需求量越来越大，面临的能源安全风险也越来越高。

其中，石油安全首当其冲。2009 年，中国已成为仅次于美国的第二大石油消费国，但过于依赖进口让石油安全的利剑高悬。按照国际能源署的预测，到 2030 年中国原油进口依存度有望上升至近 80%。中国原油进口来源地高度集中，主要来自局势动荡的中东和北非，大约各占 50% 和 30%，并且主要采取海上集中运输，需要通过印度洋和马六甲海峡，而国家石油运输线与地缘政治密切相关，一旦在能源运输线的关键地区发生冲突，极可能导致运输通道的阻塞。

其中，最易受到羁绊的地方就是马六甲海峡。地图上，马六甲海峡是一条窄窄的峡湾，岑可法经常盯着地图上的这个地方查看和深度思考。在他眼中，马六甲海峡犹如随时可能被扼住的咽喉。

"中国原油的进口量接近 75%、原油运输的 80%需要通过马六甲海峡，容易受制于人，学界已将其称为制约中国能源安全的'马六甲困局'。""如果没有能源保障，中国怎么发展？连动力都没有！"长期以来，岑可法居安思危，一直心怀忧虑。

面对危机，中国在能源的各个方面都在想方设法。如何找到能替代石油的安全能源？这也是包括岑可法在内的中国一代代能源学者们苦苦思索并坚持不懈探索解决的国家重大需求。

本来，中国是有能源安全保障的，这就是中国储量丰富的煤炭资源。但因为一直饱受污染困扰，煤炭利用一直备受各方面的指责。在能源转型之路上，一些人甚至想着我国应该尽快改变以煤炭利用为主的格局。

在一次又一次的报告中，岑可法都苦口婆心地说，在关键时刻，煤炭还是保障中国能源供应的压舱石，中国还是要在煤炭的能源工程上多做文章。煤的超低排放，煤的高效燃烧、高温裂解，煤的分级利用，都还得继续探索。

这是因为伴随着全球的人口增加和经济发展，能源消费需求还在持续增长。联合国统计数据显示，截至 2022 年底，全球人口已超 80亿，自 2010 年以来增加了 10 亿，自 1998 年以来增加了 20 亿。预计到 2050 年全球人口将增加至 97 亿，并可能在 21 世纪 80 年代中期达到近 104 亿的峰值。人口增加、城市化步伐加快及经济增长为能源生产提供了持续的动力。根据 BP 能源数据库公布的数据，经计算所得，全球一次能源消费从 2000 年的 396.88 艾焦耳上升到 2021 年的 595.15艾焦耳，增长近 1.5 倍。在未来，随着全球人口总数的持续增加和非发达区域人们生活方式的改变，人类对能源的需求更为巨大。

中国是一个有着 14 亿人口的大国，虽然人口总量已经基本见顶，但能源需求问题依旧非同小可，随着经济社会的发展，能源需求还在高速增长。然而，面临的碳减排压力也越来越大。

根据国家应对气候变化战略研究和国际合作中心在历次气候变化国家信息通报中的公开数据，1994 年我国的温室气体排放量为 26.66 亿吨 CO_2 当量，2005 年为 74.67 亿吨 CO_2 当量，2010 年为 95.51 亿吨 CO_2 当量，2014 年为 111.86 亿吨 CO_2 当量，整体呈现增加的趋势。虽然此后，国内尚无官方部门公开的最新碳排放数据，但我国温室气体排放量依旧在继续增加是一个趋势。按照国际能源署在 *$CO_2 Emissions\ in$* 2023 中的数据，2023 年我国的温室气体排放量为 126 亿吨 CO_2 当量，较 2022 年的 121 亿吨增加 4.13%。中国在减排方面面临着巨大的压力。

未来怎么办？岑可法说，能源转型已经是必然趋势。未来三四十年，巨大的能源转型对中国的经济发展提出了深刻挑战。

国际能源署制定的路线图中，2050 年将实现能源消费的 50% 来自可再生能源，25% 来自核能，另外 25% 来自矿物能源的清洁使用，产生的 CO_2 必须实现碳封存和捕获（CCS）。

但是，据科学家估计，2050 年中国 50% 的能源消费依然需要依靠矿物能源。并且随着中国社会经济的发展，对化石能源的需求还处于持续的高速增长之中。

据国家统计局公布的《中华人民共和国 2023 年国民经济和社会发展统计公报》，2023 年我国的能源消费总量为 57.2 亿吨标准煤，较 2022 年的 54.1 亿吨标准煤增加 5.7%。2023 年统计公报中同时指出，煤炭消费量占能源消费总量的比重为 55.3%，比 2022 年下降 0.7 个百分点；天然气、水电、核电、风电、太阳能发电等清洁能源消费量的比重为 26.4%，上升了 0.4 个百分点；石油消费量的比重为 18.3%，上升了 0.3 个百分点。

从这个统计可以看出，我国的能源供应结构发生了很大的变化。其中最显著的变化是近年来煤炭在我国能源消费中的比重不断下降，其已经由 2016 年的 62.2% 降至 2023 年的 55.3%，而清洁能源消费的比重则是不断上升，由 2016 年的 19.1% 增加至 2023 年的 26.4%。不过石油消费的比重并没有发生较大变化。石油消费比重之所以变化不大，这与我国是个贫油国，主要依赖石油进口具有很大的关系。

虽然煤炭消费比重在下降，但作为"富煤贫油少气"的国家，原煤在我国的能源生产中依旧具有举足轻重的作用。自 2016 年以来，我国的原煤产量逐年增加，已经由 2016 年的 34.1 亿吨增加至 2023 年的 47.1 亿吨，年复合增长率达 4.72%。

虽然近年来我国的能源生产量稳步增加，但与快速增加的消费量相比，每年仍存在比较大的缺口，能源缺口依旧主要由进口的化石能源补充。根据海关总署的公开数据，我国 2023 年进口原煤(煤及褐煤) 47442 万吨，比 2022 年 29320 万吨增长 61.8%；进口原油 56399 万吨，比 2022 年 50828 万吨增加 11.0%；进口天然气 11997 万吨，比 2022 年 10927 万吨增加 9.9%。

可见中国对化石能源的需求依旧旺盛。产生的巨量 CO_2 如何处理？这是一个十分让人头疼的问题。

面对减排压力，又要保障国家的能源安全，中国究竟该走怎样的能源改革路线？很多人把希望寄托到太阳能和风能上。

新型能源中，目前应用最广泛的主要是太阳能和风能。光伏风电也是"十四五"(2021～2025 年)乃至 2035 年期间，中国能源产业大力发展的两大重点产业。相关发展目标包括：2030 年非化石能源占一次能源消费比重达到 25% 左右；风电太阳能发电总装机容量达到 12 亿千瓦以上。

能源转型发展时，岑可法带领着团队，迅速走在能源工程转型发展的路上。在部分新能源领域，他在政策转向之前已经开始布局。

岑可法并不是单纯地赶大潮，他有着自己独立的观察和思考。他认为，因为新能源和可再生能源的供应并不稳定，对它们的利用是个系统工程，我国在进行能源战略布局时需要通盘考虑。

21 世纪 20 年代开始后，地缘政治冲突和欧洲能源短缺状况改变了全球的能源格局。原本占据"C位"的可持续发展议题，开始暂时让位于能源的安全性、价格的合理性和产业的竞争力，能源转型动力有所减弱。实际上，能源转型前景取决于多个变量及其相互之间的依赖关系。成本变化、技术进步速度和政策方面的不确定性意味着不同的能源发展路径，因此包括岑可法在内的很多业界人士认为，中国在推进能源转型时依旧要保持足够的灵活性。

尽管中国的风电和太阳能发电装机容量近些年一直保持着高速增长的势头，但装机不等于实际发电量。数据显示，2023年全国可再生能源年发电量约3万亿千瓦时，约占全社会用电量的1/3。其中，风电、光伏发电量1.43万亿千瓦时，约占全社会用电量的15.8%，已经高于13%的全球平均水平。但可以看到，其在全社会用电量中的比例依然很低。

就太阳能、风能这类新能源的利用方式而言，岑可法说，当前它们的发展和利用还都是不独立的，其发电过程涉及环节众多。譬如，生产风电和光伏发电的设备和器件的上下游需要传统能源消耗，现在还没有完全解决低碳发电的问题。

虽然近些年来全球能源转型步伐加快，我国也不例外，但不论如何预测未来世界的能源前景，当下残酷的现实是，人类社会依旧高度依赖以石油、煤炭和天然气为主体的化石能源。

无论从技术发展角度还是地缘政治风险或消费者行为角度，能源转型的未来道路都充满了不确定性，化石燃料的未来也因此更加变幻莫测。

然而，不管未来能源的格局如何改变，岑可法认为，对中国而言，完全抛弃以煤炭为主的能源格局并不现实。岑可法的这种认识在中国能源界也是一种比较普遍的共识。2016年2月，《中国煤炭工业》权威之声栏目刊发了中国工程院院士谢克昌的文章《"乌金"产业绿色转型》。文章指出，煤炭作为中国主体能源的地位在未来较长一个时期内很难改变，煤炭能源革命不是不顾国情地"去煤化"，而是要整体推进煤炭在全行业、全产业链的清洁高效可持续开发利用，使煤炭成为现代能源体系中不可或缺的基本组成。

岑可法表示，除了开采端，煤炭在加工利用端也需要持续推进超低排放洁净利用，完成煤炭环境更加友好的加工利用技术升级与推广，最大限度地消除煤炭利用的环境负效应，而这也是从事煤炭能源工程领域众多科技人员的重要责任。

多搞原始创新是关键

作为一个战略性的科学家，岑可法深刻知道原始创新对我国科技发展的重要作用和意义。二十世纪八九十年代，关于我国科技的发展，有人讲"造船不如租船，租船不如买船"，岑可法并不同意这样的观点。

当时他就认为，在很多关键性的领域，中国应该多搞原始创新，就是一些领域，中国最开始不具备原始创新能力，主要是以学习、借鉴和模仿来发展，但发展到一定的地步，还是得搞原始创新，只有这样，在一些关键技术领域才不会被别人"卡脖子"。

整个科研生涯中，当岑可法走过了模仿、跟随、齐驱并驾到超越引领的全过程以后，他更加深刻地理解了这一点。

"不甘落后、锲而不舍"的科学精神，使岑可法与他的学生们站在自主创新的最前沿。他们围绕国家重大需求，在煤炭分级转化清洁发电、流化床燃烧与气化、废弃物资源化能源化利用、燃烧污染物控制、工程气固多相流动理论与计算机辅助试验等领域都取得了开拓性的成就。

到了晚年，岑可法更是创新不离口。他勉励弟子们，当他们已经站在更高的起点上时，多搞原始创新，才能看到更美的风景和世界。

原始创新方面，岑可法也常常展现出卓越的预见性。

在同辈和弟子们口中，岑可法的这种特点是以聪明敏锐为根基的，而且异于常人。但岑可法自己是这样说的："一个人聪不聪明，并不完全是天注定，环境也有影响，而一个研究人员是否有所成就，是否能搞出更多的创新，自己的想法也有影响。"

同样的环境下，有些人的想法被环境所左右，想法成了环境的产物；另一些人，却被环境磨砺而具备了独立思考的能力，想法变成了他们撬动环境的支点。岑可法就是后者，他的研究和视野从来不囿于环境，而是敢于突破和超越，这个过程往往就是他创新的过程。

善于创新的人，都有什么样的思维特点呢？假如以岑可法作为观察对象，答案或许就是不按套路出牌。

首先是他的颠覆性思维。岑可法总结的经验是，在学术上不要什么事情都想当然，一定要从各种别的角度、不同的角度去思考这个问题，一定要多问几个为什么。"有时候你会发现，问了这个问题之后，你如果能够提出是不是还可以那样的问题，说不定灵感就来了！"

还有一种创新思维，是发散性思维。

"岑老师的厉害之处在哪里？我估计他脑子里面同时在想好几样东西，这部分脑力在想这个东西，另外一部分脑力同时在想其他的东西，好几个东西一合起来，有时脑海中突然就会冒出一个很好的新东西出来。我们对某一类东西看多了，思维可能就被固化，跳不出这个东西。有时哪怕晚上睡不着觉，翻来覆去想，也难以跳出固有的思维模式，结果就停留在这个领域了。我们能把这一块想清楚都已经很难了，哪里还有多余的脑力去想别的东西？而岑院士不同，他知识面广，容易把它们串起来，所以他的科研思维就比我们快，比我们超前。"岑可法的弟子程乐鸣教授说。

尽管在岑可法的领导下，20世纪90年代浙大热能所已经蜚声我国能源学界，但是他并没有放松对自己和热能所发展的要求，他一直倡导我国能源工程领域要多搞原始创新技术的研发，当浙大热能所的很多研究走向国际前沿，他越发强调这一点。

高翔院士领衔的团队获得国家技术发明奖一等奖后，岑可法鼓励他持续努力做出新的成果，研究轮船的超低排放。

舟山港是全世界集装箱最大的港口，运输集装箱的都是 20 万吨以上的国内外大轮船，烧柴油，污染很大，高翔团队和浙能集团船舶公司合作做大轮船的超低排放，百分之八九十都是国外的大轮船改装，改造费能收到 4 亿美元，相当于 31 亿元人民币。效果非常好，瑞士海务公司来调查，它的标准比国际标准还低 50%。

岑可法说，海上排放和陆地排放不一样。首先海水碱度不一样，长江口，长江水下来以后，海水碱度特别低，可以直接海水脱硫，像在地中海，黑海海水碱度特别高，不同碱度，用海水脱硫时，如何研究出新型适合在轮船航行中变碱的脱硫剂，如果只是用海水脱硫，根本做不到。其次，海水温度不一样，海船可以开得很远的，北冰洋可能平均温度 0℃，到赤道可能会到 35℃、40℃，碱度和温度会对二氧化硫吸收产生影响。在不同的海域、不同的碱度跟温度条件下，怎么样实现二氧化硫的高效稳定地脱除？还有就是海上跟陆地不同，海上船是要晃动的，特别是恶劣条件下，波浪使它摆动起来，脱硫效率也是不一样的。怎么样解决摆动条件下的脱除问题，那也是要攻克的难题。解决这三个难题就等于完成了这三个创新点。

参与该项研究的郑成航教授说，为了解决温度的问题，他们做了很多的基础研究，做了一种混合式的吸收剂的系统。"比如在大洋上面，我们就用海水，然后到一些比如说碱度比较低的地方，我们就切换一些吸收剂，采用闭式的循环系统来做相应的问题。"而为了解决晃动的问题，他们搭建了很多实验台，模拟在倾斜、摆动条件下，怎么样能够实现高效脱硫以及污染物的高效减排。

"船跟陆地不一样，在陆地上可以铺开做，在船上空间都是受限的，我们怎么样把它做到更紧凑，在船的有限空间条件下，能够把脱除污染物装置塞进去，又达到效率的要求，就需要整体系统化的设计、系统化的构建来保证。"郑成航表示，目前这项技术已经在 100 多艘船上得到应用，从远洋到近海的集装箱货船中，还有大型油轮上面，都有它的身影。

只要是真正有价值的创新性应用技术，自然也会受到业界的认可。2022年，"船舶尾气高效净化关键技术及应用"获得了浙江省科技进步奖一等奖。当有人把这个消息告诉岑可法时，他的脸上挂着微笑，心中波澜不惊。

为了推动太阳能的高效利用，浙大能源工程学院肖刚带领的研究团队在高温空气布雷顿循环、超临界二氧化碳布雷顿循环、热化学储热与涂层性能研究、太阳能光子增强热电子发射（PETE）等方向开展了深入的科学研究，并且取得了一系列的突破和成就。

燃气蒸汽联合循环方面，岑可法对这方面的原始创新也寄予了厚望。他说，目前中国最高级的煤发电是超超临界状态下的发电，蒸汽温度可以达到600多度、300大气压，最高能量转换效率可以达到48%。燃烧天然气发电目前的能量转换效率可以超过60%。如果燃气蒸汽联合循环，燃气轮机发完电的热再来用作蒸汽轮机的热，这种连锁反应加起来发电效率就更高。"从技术的角度而言，现在都没有太大的问题，相应的设备从国内和国外也能够配齐，关键是我们搞能源工程的要进一步推动研究，以期早日在现实中应用。"岑可法鼓励浙大热能所从事这个领域研究的青年科技人员都敢于争做第一个吃螃蟹的人。

岑可法给肖刚一路指导方向，对弟子肖刚的成就赞不绝口。"他那几样东西都领先，用燃气燃机做发动机，在设计应用上国际领先。超临界二氧化碳气燃机用来发电，全世界还没有工程化，大家都在做，他是国际领先行列。用高温储能，他也是国际领先，现在能做到1000℃了。"

赞誉的同时，岑可法也对肖刚出了一个难题，他建议肖刚的研究成果不要仅仅考虑发电使用，而是去考虑机尾加工。"利用太阳能来做，用机尾加工到1000多度，就可以被工科广泛使用，可以做艺术品，做加工三维系列的东西，做钢铁切割，这样做有更大的前途，这是先进制造技术。"

类似的事例还有很多……

岑可法心底很清楚，新技术研发出来后只有 3 到 5 年的试用期，后面大家都会做起来。守着一个方向是永远守不好的，只有不断地迭代，不断地创新，围绕一个方向不断地想出新点子来。要做引领者，而不是跟随者。

做引领者，走的都是科研的无人区，肯定很难。

"天上不会掉金元宝，要艰苦努力，艰苦奋斗。"

"越是难的，越是不容易做的，你做出来了，你就越容易上去，越能领先得长久！"岑可法是这样说的。

深受岑可法影响的樊建人也说："如果一个专业要保持长久不衰的青春活力的话，应该要有创新，最好有原始创新，才是一个专业、一个研究所立于不败之地的最根本的东西。做得早并不一定就成功，做出自己的特色才是我们的立足点。"

岑可法不仅关注实验室里的研究，更关心这些成果如何能够应用到实际生活中，为社会带来实实在在的好处。他积极推动产学研合作，与企业共同研发新技术、新产品，将科研成果转化为生产力，为我国的经济社会发展注入了新的活力。

岑可法经常告诉他的弟子和学生们，搞研究就一定要搞创新性的、有想法的研究。他说前辈们做出的成果，对后来的研究者来说只能算是很好的基础，好的根基很重要，但之后怎么做要靠自己的思考。将前人的成果不断传承，一代培养一代，一代引领一代，科技创新发展才会获得源源不断的动力。

岑可法说，不要搞空壳研究，要找到国家真正的需求，这并不是一个假大空的概念，而代表着亟须解决的问题。所以青年科研人员要时刻关注国家动向，要思考自己能做什么、该怎么样去做。

搞能源工程，最为关键的是要能够应用。为了促进研发，推动更多的原创型技术成果实现工业生产中的应用，岑可法的一个说法是，砸锅卖铁也要搞实验平台。早些年没有钱，没有场地，他们就在系里的空地上搞实验平台，从小到大一点一点地搞。

经过数十年的发展以后，浙大能源工程学院的实验平台终于有了飞跃式的发展。

在浙江省委、省政府的支持下，浙江大学与临安区政府合作，汇聚浙江大学高水平人才、高端仪器装备和国有大型中央企业的创新要素，在浙江省青山湖科技城成立独立事业法人单位浙江大学青山湖能源研究基地，将浙江大学能源与环境领域面向行业产业的研究和大型仪器装备落到青山湖科技城能源研发基地。

这个基地占地 46 亩，建筑面积 3.45 万平方米。基地建设分二期实施，其中一期工程建筑面积 1.61 万平方米，由科研综合楼、实验大厅、会议室和教室等组成，已经完成并交付使用。

如今，这里是国家煤炭分级转化清洁发电协同创新中心、垃圾焚烧技术与装备国家工程研究中心的主要实验平台，是能源高效清洁利用全国重点实验室、浙大双一流建设"可持续能源科技创新平台"的部分实验平台，还是浙大工程师学院的部分实训实验平台。可以说，能源领域的一些大中小实验，都可以在这个平台上进行。

岑可法早些年和大家一起做实验的平台都局促于研究所中间的空地上，不仅空间局促，能够开始试验的条件也十分有限，浙大青山湖能源研究基地的建成，完全是鸟枪换炮。

青山湖能源研究基地以为国家能源清洁低碳安全高效发展的重大需求提供科学理论和创新技术为使命，围绕能源利用学科的前沿和国家重大需求，开展化石能源、新能源、固体废弃物能源化高效清洁利用等方面的应用基础研究，提出科学理论，重点研究开发"高效、清洁、低碳"的能源环境高新技术，培养高水平工程技术创新与项目管理高级人才，支撑面向国家重大需求的原创性工程技术创新，推动国家重大工程技术进步和产业化应用。每次，当岑可法来到这个基地查看工作状况，或者陪来宾进行考察时，自豪之情就会从他内心流露出来。虽然现在的很多实验，他都已经无法亲自参与，但看着崭新的现代化的设备、设施，总是喜悦无比。

岑可法告诫弟子或者学生们，能源工程永远没有终点，有了好的实验平台，也意味着更大的责任。

"不管人类社会如何发展，能源行业都是一个永远不会过时的行业，能源的利用方式一直会随着人类社会的发展而不断演变。"岑可法认为，能源行业的未来发展趋势是多元化、智能化、低碳化、可持续化。不管是从事能源领域基础研究、工程技术研究、还是相关企业，只要及时跟上时代发展的步伐，就不会落伍。如果具有足够的敏锐力和洞察力，不断推进原始创新，紧跟世界科技发展潮流不断突破和超越，就会在发展中为自己抢得先机。而原始创新技术的开发，对我国摆脱国外技术垄断、节约国力，有很重要的意义。

"创造新的科学奇迹需要跨学科人才的复合与凝聚，在探索科学的道路上会有很多坎坷，但年轻学者们一定要有攀登科学高峰的勇气与毅力。"他说。

岑可法认为，搞原始创新，最重要的是培养每个年轻人都要有想法。

20世纪80年代以后，岑可法开始频繁往来于中美之间，最长的是一次就在美国待过4个月，带过美国的学生。"他们的学生敢于想，中国的学生不敢想。"岑可法说，从总体上而言，这是美国学生与中国学生的巨大区别，但这是教育环境造成的，并不是中国的学生不聪明。

中国的学生绝大多数都很聪明，只要敢去想，科研领域的很多东西中国人也都是可以率先搞出来的，他们在世界上率先让水煤浆成功燃烧并实现大规模化应用就是一个很好的例子。

超前推动新型能源工程研究

能源工程的发展没有止境，一直随着人类的需求和科学技术的发展而不断演进。要在能源工程的研究和工程项目的实施中抢得先机，就得及时跟踪国际最新发展态势，尽早做出相关布局。

岑可法的嗅觉一向都很灵敏，他也这样要求浙大热能所的研究者们。

2015 年，还是浙大能源工程学院副教授的薄拯以第一作者的身份在国际顶级学术期刊 *Chemical Society Reviews*（《化学学会评论》）上发表了一篇题为《垂直取向石墨烯的新兴能源环境应用》的综述论文，这篇论文由浙江大学岑可法院士、美国威斯康星大学 Junhong Chen 教授、澳大利亚科学与工业研究院 Kostya Ostrikov 教授率领的课题组合作完成，涉及能源环境、纳米材料、等离子体化学等学科的国际前沿交叉研究。"这些年大量石墨烯应用研究都是基于水平方向的研究，我们研究的是垂直取向的石墨烯。"岑可法的眼里闪烁着光芒，他说垂直取向石墨烯是一种基于等离子体化学气相沉积技术制备的先进材料，具有开放的层间通道、立体的形貌结构、取向性的生长方向，在超级电容储能、锂离子电池、催化甲醇氧化、制氢、传感器等领域具有巨大的应用潜力。

近些年，薄拯研究团队在储能领域的研究取得了很大的突破。围绕储能如何落地，如何加快落地，岑可法也为薄拯出了不少金点子。

岑可法认为，节能减排在汽车装载领域落地，储电是最难的，但他想到先进的碳基材料可以物理储电，就和薄拯沟通，说通过物理储电能够解决很多问题。结果薄拯的研究做得很深，成果也很好。

"用石墨烯充电很快，最快不超过一分钟就可以充完，这在运载工具里很重要。锂电池一般寿命只有几年，而石墨烯能充放电 50 万次，不是一个数量级，这对宇航、运载工具作用很大。薄拯的这项研究还有一个特色，不但温度高能用，温度低也能用，最低能到零下60℃。他已经把电池做出来，不仅可以用在坦克、火箭车里面，还可以在大卡车里用，而锂电池低于零度就功率降低，零下 20℃更不能用了，启动不了。石墨烯充电电池的充电、放电很快，爬斜坡时，很短时间里就可以给出很大功率，但它有缺点，只能用完了再充。一般充电时间很短，充电能源要充几百千瓦才行，否则下雪天地很滑，爬不上大坡。薄拯通过军用交通工具现场实测的方式在零下 40℃都做过实验，性能正常。"说着薄拯的这项研究，岑可法的脸上洋溢着自豪的神采。

另一个是落地节能减排。在浙江舟山港，起吊一个 60 吨以上的集装箱需要消耗能量，降落时则会释放能量，这时可以用超级电容进行能量回收转化成电能，但是这样发出的电不能被电网接收，因为这会影响到电网的稳定性。岑可法说，可以将降落时所发的电储存起来用于起吊，这样，单是一个舟山港一年就可以节省 2000 万度电。这种能量转化在降落、起吊时因摩擦力会有点损失，假定损失 20%，还能回收 80%，如果在全国的港口及其他大型集装箱码头如果推广利用，效果就十分可观。

岑可法十分看好生物质能的发展前景。10 多年之前，他就开始指导年轻科学家研究藻类变成生物柴油的尖端技术。

岑可法和研究团队称之为微藻能源的新式能源利用方式就是一个颇有前景的方向。

所谓微藻，就是微型藻类的简称，是指那些在显微镜下才能辨别其形态的微小藻类。这些都是单细胞原核生物，是水体生态系统中的主要的初级生产者，大约有 2 万多种，每个微藻平均直径大约只有 5 微米。

尽管这些微藻十分微小，但开发价值巨大。科学家们发现，微藻的产油效率相当高。对此可以做一个大致的比较：在一年的生长期内，一公顷玉米能产 172 升生物质燃油，一公顷大豆能产 446 升生物质燃油，一公顷油菜籽能产 1190 升生物质燃油，一公顷棕榈树能产 5950 升生物质燃油，而一公顷的微藻能产生物质燃油 95000 升！其出油率几乎是一公顷玉米的 552 倍，一公顷大豆的 213 倍，一公顷油菜籽的 80 倍！并且微藻热解所得生物质燃油热值高，平均高达 33MJ/kg，这几乎是木材或农作物秸秆的 1.6 倍。

中国广袤的国土上有着大规模养殖微藻的条件。有专家曾经指出，中国盐碱地面积达 1.5 亿亩，如果用 14%的盐碱地培养微藻，在技术成熟的条件下，生产的生物柴油量就可满足全国 50%的用油需求。这虽然只是一种理论上的计算，在现实中难以实现，但确实充分说明微藻在进行生物质燃油开发上的巨大价值和良好前景。

利用微藻能源并不是什么天方夜谭。欧洲航空防务和航天公司用奥地利钻石公司的 DA42 型飞机改造而成的世界上首架使用纯藻类生物燃料的"绿色"飞机，已经在 2010 年 6 月的柏林航空展上进行了首航，它已经成了航空燃料的原料。正是这次首航，让世界上更多人开始认识到微藻在能源上的利用价值，更多的研究人员也纷纷加入其中展开相应的一些研究。在世界上首架使用纯藻类生物燃料的"绿色"飞机首飞之前，岑可法在看到微藻能源开发与利用的有关科技情报时就已经对微藻产生了兴趣。这缘起 2008 年，浙江省科技厅让岑可法牵头就水葫芦做一个项目，课题的名称是《水葫芦能源资源化利用及综合治理》，岑可法发散思维就想到了海藻。

当时浙江省的水葫芦繁殖成灾，时任省长吕祖善到浙江省科技厅来，请岑可法去科技厅座谈，让他想办法消灭水葫芦。岑可法的回答是他不仅可以研究水葫芦，还想做海藻。"海藻可以当成能源。树林埋在地下需要几亿年才能变成油田，但养海藻，10 天一轮海藻，就能变成石油、饲料等有用产品。所以养海藻的速度快得多，将来没有油了，可以急救，而且海藻吸收的二氧化碳比森林高 5 到 15 倍。"岑可法的观点，让吕祖善省长听得津津有味。

而后，岑可法就决定让水葫芦和海藻的研究一起开展，并向浙江大学要了 150 万的科研经费，组织各学科开始着手研究。

当时岑可法犯了腰疼病，但还在病床上和大家讨论问题。所里的倪明江教授在吉林工作的时候认识一位同学，刚好在山东烟台海边有个电厂，而电厂烟气可以养东西，岑可法就决定在他那边试试看能不能养海藻，就这样建立了海藻养殖基地。

"每克干燥了的藻类中，含有 0.5 克的油。"岑可法说，通过新技术，击破藻类细胞壁，就可以提炼藻类中的油。他心里想着，微藻开发出的能源能解决中国缺乏原油现状，能满足船舶、汽车、飞机等交通工具以及其他一些机械的原油所需，相关研究应该赶紧跟进。

而微藻中的蓝藻长期以来一直危害着钱塘江和太湖的水源。为何不能变害为宝呢？岑可法觉得这个研究应该赶紧安排推进。2009 年底，浙大博士程军刚从美国普林斯顿大学访学归来，就接到了新任务。岑可法委以重任，让他担任研究所"985"新一期重大研究计划微藻能源项目的学术骨干，把研究微藻的接力棒交给了他。

此后，在岑可法的前瞻性指导下，程军另辟蹊径，以微藻固碳的创新思路打通了成果转化的"最后一公里"。

因为这个项目由浙大牵头，当时岑可法也有威望，找了共 20 家单位承担微藻固碳国家重点研发项目，整个团队包括 6 个 985 的大学，5 个中国科学院的研究所，以及 8 个微藻行业的龙头企业。程军又找到了鄂尔多斯的加力螺旋藻业公司和再回首生物工程公司作为合作企业推动产业化发展。

经过多年的发展，微藻产业的发展很快，到 2023 年底，程军团队已经建设了 3000 多亩的螺旋藻的产业园，成为国内规模最大的微藻生产基地。

碳达峰、碳中和背景下，岑可法还产生了一个梦想屋的设想。他的构想中，梦想屋的建材采用工农业废弃物和灰渣，用二氧化碳使它变为多孔介质的材料，这样不仅能减轻建筑重量，还可以减少建筑打桩工作量，缩短建筑耗时，降低土地闲置时间。浇筑混凝土的过程中用工业化手段在较短时间内建造出舱门、楼梯等建筑部件，使房屋建筑能够快速建成，减少使用泥土砖。此外，梦想屋的装饰采用海藻种植技术。海藻的生长速度是普通植物的 10 倍以上，可沿着建筑外墙进行三维海藻培育，来吸收二氧化碳，同时释放氧气使人们能够在城市感受到低碳氧吧的美好生活。

"我们已经培育出 4 种不同颜色的海藻装饰,色彩丰富,可以进一步提高梦想屋的环境友好性。在这里,我们乐见科技所带来的'零碳'小屋,乐享人与自然和谐共生的美好生活。"描绘自己的梦想时,岑可法的脸上挂着微笑,眼神中充满了光亮。

虽然,现在看起来,石墨烯物理储电、微藻能源等一些研究在能源工程中还属于比较前沿的研究领域,但已经可以看见它们的未来。正是超前布局这些能源工程的研究,浙大热能所的研究方向几乎可以被视为我国能源工程未来发展的风向标之一。

不过,在浙大热能所的一些老师和研究者们看来,浙大热能所之所以能够在我国能源工程领域奠定自己的地位并不只是做得早。做得早并不一定就是成功,只有做出自己的特色才是他们的立足点。在岑可法的带领和启迪下,他们瞄准多个方向,站在前人的肩上一代接着一代继续前进和扩散,在这个充满荆棘的道路上,他们坚持自己的研究特色,收获着累累硕果。

智慧能源畅享

人工智能越来越热,不管是谁,现在不管是在工作中还是茶余饭后还不会聊几句人工智能,肯定就会被认为已经与时代落伍。

很多人难以想象,已经 90 岁的岑可法对人工智能也能谈得头头是道,他十分看好其在能源领域的发展和应用。

18 世纪 60 年代以来,世界经历了分别以蒸汽机、电力和计算机为引领的 3 次产业革命,每一次产业革命都使得世界的产业发展水平提高一大步。第四次产业革命将是以适应文明演进的新趋势和新要求为目标由智慧能源引领的能源革命。能源革命可以从根本上解决文明前行的动力困扰,实现能源的安全、稳定、清洁和永续利用。美国、欧盟、日本等发达国家和地区较早提出了智慧能源网的概念,并开发了智能电网、智慧城市、智能交通、智能燃气和智能社区等新一代概念和技术,以实现能源的高效低碳利用。

进入 21 世纪后，中国也提出了智慧能源网概念，智能电网建设工作已经全面展开，但相较发达国家，中国的新能源利用水平还较低，这限制了中国智能电网的发展。随着中国能源消费模式不断创新，智慧能源、多能互补等新业态新模式不断涌现。大数据、物联网、云计算等技术，提供了对多源、异构、高维、分布、非确定性的数据及流数据进行采集、存储、处理及知识提取的手段，可以使信息创新与能源革命在更高层次上深度融合，实现能源生产模式与消费模式的革命。近些年，人工智能技术的发展日新月异。虽然自己的研究从来就没有涉足人工智能领域，但岑可法一直对这个领域保持着充分的敏锐。

20 世纪 80 年代微型计算机在中国还是十分稀奇的玩意儿。在美国出差开会的间隙，岑可法就挤出一些出差的费用，带回了一台 086 计算机给所里大家用，在此之前所里只有打孔输入的旧式机十分落后。岑可法能够带回计算机的便利条件是，当时中国刚刚改革开放不久，美国对中国的科技发展也不像今天这样"卡脖子"。

回国后，岑可法立马和研究团队琢磨这些计算机的数值计算能力，研究它们如何应用于能源系统。岑可法和王智化一起在 20 世纪 90 年代末就建成了 500CPU 试验型的小型并行计算机系统，证明能做较大规模的工程计算。而后由樊建人和罗坤做比之前大五倍的并行计算机正式为全所服务。所里组建了两个小团队进行实验，探索不同方向下的尝试。尽管这样的利用还不能算作是人工智能，但这样的结合给了岑可法很大的启发，从此他和他的团队一直都十分关心计算机等新技术发展在能源工程中的应用。能源工程研究的数据化、信息化一直是他和研究团队大力推进的重要内容。

近些年来，人工智能、大数据、云计算等数字化技术的快速发展，智慧能源已经成为能源行业的重要趋势。智慧能源系统可以通过数字化技术实现自动化、智能化、互联网化，实现能源生产、传输、使用的智能化管理。在未来，智慧能源将成为能源行业的重要发展方向，数字化技术将在能源行业的各个环节得到广泛应用。

20世纪80年代，岑可法在美国出差时参观计算机实验室

岑可法能源工程智能化的意识被点燃了！

他数年之前已经充分认识到智慧能源发展的重要价值，尽管年事已高，但他敏锐地意识到能源工程的发展必须搭上人工智能的快车，其所构建的智慧能源系统通过智能生产制造将先进超低排放和燃料混烧密切结合起来，可以实现能源高效、清洁、低碳利用。

现在已经得到普遍应用的智慧电站以自动化、数字化、信息化为基础，综合应用互联网、大数据等资源，充分发挥计算机超强的信息处理能力，已经形成了一种高效、环境友好型的智能发电运行控制与管理模式。在岑可法看来，就智慧能源工程的应用而言，这才仅仅是一个开始。

目前，中国各发电集团均在积极建设智慧电厂，树立样板工程。基于"互联网+"的安全生产管理系统、基于大数据分析的运行优化系统、基于专家系统的三维可视化故障诊断系统、三维数字化档案系统和三维可视化智能培训系统等，都在各个智慧电厂得到应用，但岑可法认为，它们与智能化生产仍存在较大距离。因为智能发电是一种多学科交叉的高新技术领域，并非简单的数字化和信息化，而是在此基础上实现更高级别的应用及人工智能化。

人工智能背景下，人类未来能源利用的图景是个什么样子？中国未来的能源利用将会是什么样的格局？多年的教学和研究生涯中，岑可法的大脑一直都没有停止过思考。他认为，在人类可以预见的未来，多能互补分布式能源系统将会是一种比较理想的方式。

"在传统能源基础设施架构中，不同类型的能源之间具有明显的供需界限，传统能源产能过剩、系统协调性不足、整体效率较低，能源的调控和利用效率低下，而且无法大规模接纳风能、太阳能等分布式发电以及电动汽车等柔性负荷。"然而，"多能互补分布式能源系统能够将分布式能源系统与太阳能光伏、天然气机组发电，余热锅炉回收等多品种的能源进行联合，减少传统分布式能源系统的能源消耗，解决风能、太阳能等可再生能源不连续的问题，平抑可再生能源出力的波动性。"岑可法在自己的论文中如此写道。他判断，多能互补集成优化是能源变革的发展趋势，倡导的融合、统一、高效、清洁理念是当今能源革命的方向。

"多能互补集成系统主要有两种模式：一是面向终端用户电、热、冷、气等多种用能需求，因地制宜、统筹开发、互补利用传统能源和新能源，实现多能协同供应和能源综合梯级利用；二是利用大型综合能源基地风能、太阳能、水能、煤炭、天然气等资源组合优势，推进风、光、水、火、储多能互补系统建设运行。"岑可法认为，推进互补集成应用，一方面要整合多种新能源发电技术，并且针对中国能源资源分布不均的情况进行差别化的重点发展；另一方面要创新用能的供需方式，提高经济性实现可再生能源的供能更加贴近用户，可以就地取能、就近消纳。

具体实施过程中，该如何推进多能互补的美好图景呢？岑可法的想法中，主要是通过建设多能互补集成优化示范工程构建"互联网+"

智慧能源系统，这也是当前我国能源工程的重要任务之一，通过这样的方式有利于提高我国能源供需协调能力，推动能源清洁生产和就近消纳，减少弃风、弃光、弃水限电的困扰，促进可再生能源消纳，有利于提高能源系统综合效率，对于建设清洁低碳、安全高效的现代能源体系也具有重要的现实意义和深远的战略意义。

不管当前实施岑可法的这种构想还有多大的难度，但他以超前的眼光描绘出了我国未来能源利用的可行之道，这种全局性的战略性思维正是我国当前所急需的。

中国是个大国，能源问题至关重要。从某种角度上讲，直接关系到中国的复兴之路。岑可法的战略科学家思维，值得我们深思。

战略性人才培养观

国与国之间的竞争，关键是人才的竞争。科技发展与创新，最为核心的是人才。

培养一大批高层次的科技人才，是中国现代化发展的当务之急，是中国在激烈的科技竞争中得以胜出的重要砝码。

岑可法的战略科学家视野还体现在他对人才的培养上。

如何带领团队搞研究？如何实现团队阶梯式发展？如何不断向科研的各个高峰前进？这些都成了岑可法反复思考的问题。

1989 年就任刚刚成立的浙大热能所的所长以后，在反复思考中，他的战略式思维越发清晰。

心中有了战略，接下来就是要推动战略落地，这是一个无比艰难而漫长的过程，在岑可法看来至少要分四步走：放在第一位的是如何培养人才；其次是怎么把理论落地变成生产力；第三是怎么将大家拧成一股绳，变成一个具有战斗力的团队；最后一步也非常重要，那就是怎么合理地把利益分配好。

而这四步中，岑可法又认为培养团队和利益分配是重中之重。

就培养团队而言，在一个团队里，队伍是有年龄分层的，研究的方向也需要不断传承发展。刚刚毕业的新人，对研究的方向比较茫然，这时岑可法主要是为年轻人提供一个指导方针，他提出几个创新点直接给到年轻人，年轻人只要考虑怎么做就可以了。等他们再成长几年，就来到了第二步，关键点是引导他们怎么创造性地做研究。之后是第三步，强强联手，整个团队一起使劲儿，看看如何能把研究变成一个利国利民的成果，并推广出去。岑可法认为搞能源工程，只有技术和工程项目能够被大规模推广应用才算成功。

利益分配是科研团队打造的关键，这个问题解决不好就会引起内部矛盾，让团队失去战斗力。很多团队没有很好地解决这个问题，导致科研能力和成就下降，有的甚至走向散伙。岑可法说，国内外科技领域都有十分著名的例子，有的最后甚至反目生怨或者成仇，让无数科学界的人也扼腕叹息。

利益分配不公会出现问题，岑可法对此也深有体会，他也曾经遇到这样的难题。譬如，有的老师或者研究人员认为想法是自己提出来的，成果应该归自己。对此，岑可法是怎么解决的呢？他提出了自己的不同见解，他认为如果这个想法不是金点子，在后续的讨论中或者研究中被别人改变了很多，提出这个观点的人在研究成果中就不应该排名第一。要是后续的研究是按最先提出的点子进行的，提出这个观点的人也做得最多、最好，这个人的排名放在第一当之无愧。如果仅仅提出了好的想法，在后面的研究工作却没有太大的贡献，怎么对其在研究成果中排名就得具体问题具体分析，需要根据对整个研究项目的贡献度而定。岑可法定下这个不成文的规矩，主要是从培养人才出发，鼓励大家提想法，也明确了排名机制。另外，在岑可法看来，一个研究机构中只有某一个人发展得好，这远远不够，也是不正常的，要让大家都能发展得好才行。而他作为所长，只有带领研究所形成群芳争艳的局面，才能得到更大的发展，这也才能够体现他带领团队的价值。

正是在这些战略思维下，岑可法才能将浙大热能所打造成一支全国能源领域数一数二的"梦之队"。

就任浙大能源工程学院院长以后，在他的带领下，学院形成了五大方向，每个方向都成立了一个研究所：热能工程研究所、制冷与低温研究所、热工与动力系统研究所、动力机械及车辆工程研究所、化工机械研究所。而后这些研究所都开始在自己的天地中纵横遨游，在科技发展的边疆或者无人地带不断探索，不断开花结果。

岑可法清楚地知道，只有不断地迭代，不断地创新，围绕一个方向不断地想出新点子来，才能站在科研的前列，所以他要求青年研究人员要多做引领者，而不是跟随者。

做引领者，走的都是科研的无人区，肯定很难。但岑可法认为，"越是难的，越是不容易做的，你做出来了，你就越容易登上科研的高峰，越能领先得长久！"

他常说，"只有那些不怕艰苦，敢于创新、敢于攀登的人，才有希望到达科学高峰。"

岑可法一直很忌讳科学顶峰的说法，而是要求自己和弟子、学生们瞄准科学的高峰前进，"我们的团队一定要攀登高峰，但不是顶峰，因为顶峰就意味着没有再往上了。只有在高峰，才可以为更高的目标而不断拼搏，我们行进的斜度要永远大于零。"岑可法总是这样告诉大家，这也成了浙大热能所研究团队的誓言。

岑可法的战略性人才培养观还体现在他对人才培养的前瞻性上。早在 2001 年，面对国家未来人才战略需求，岑可法提出了将能源学院的本科专业进行改革的设想。他说："要培养既懂能源又懂环保的复合型创新型人才，这才符合国家战略发展的重大需求。"2003 年，鉴于当时传统能源利用所产生的环境问题非常严重，岑可法率先提出创办能源与环境系统工程专业，培养既供应能源工程需求又可以搞好环境的国家急需复合型人才，这是全国第一个设置这样的专业，这一批学生毕业后，果然出现了四处争抢的局面。为适应国家大力发展"新能源"的需求，2010 年他又提出建设新能源专业的设想，推动设立新能源科学与工程专业,为培养国家亟需的新能源专业人才奠定了基础。而后这些专业的学生又供不应求,每一个毕业生有 7 个工作岗位抢。岑可法说,时代在发展,大学专业的设置也要及时跟上社会的发展变化,才能给学生绘就更为美好的未来。

当前多个领域的尖端科技快速发展,社会急剧变化,国际风云诡谲多变,前瞻思考、把握方向,从来没有像今天这样重要。中国缺少的也最需要的就是一流的战略科学家。随着国际国内形势的变化,我国打造战略科学家成长梯队变得越来越重要。

岑可法也摸索出了一个很好的人才培养模式。他常说:"当今世界,像爱迪生、牛顿那样靠个人奋斗成功的科学时代已经结束,创造新的科学奇迹需要跨学科人才的复合与凝聚。"基于这样的理念,他创新性地提出了"教授组—博士生—硕士生—本科生梯形培养机制",成功探索出"导师群体培养"的创新之路。经过多年实践,岑可法创造性地提出了导师群体培养模式:以他和倪明江为学术带头人,18位高水平教授组成的导师组集体指导博士生科研团队,通过这种老中青导师结合的方式,多方位培养高水平、优秀的工学博士。这样的模式,让博士生能够站在多位导师的肩上,不仅研究的基本功更加扎实,未来在自己的研究生涯中也能够走得更远。实践证明,这种导师群体培养模式是博士生培养的一种重要方式。

作为一位教育家,需要培养的不仅仅是科研人才,还应该培养出各种不同的人才,在岑可法的引领下,浙大能源工程学院及热能所培养出了一批批各领域的领军人才。作为岑可法院士的第一位女弟子,现任杭州市人大常委会副主任、九三学社杭州市委主委、全国人大代表罗卫红在博士毕业后从事过十多年的科研工作,历任科技厅副厅长、副市长等多个领导职务。她回忆说:"岑院士在我走上行政管理岗位后曾对我说,管理也是一门学问。无论在什么岗位,都要秉持浙大求是、创新的校训。"正是在这样的理念的引导下,在岑可法带出的弟子中也涌现出一位又一位的各个行业的领军人才,包括 10 余位大学的校长、副校长，多位企业的高管等。

因为在人才培养方面的巨大贡献，岑可法所带领的教学研究团队获得了 2016 年度国家科学技术进步奖、创新团队奖等多项国家级奖项与荣誉。

奖项是沉甸甸的，也实至名归。

营造有助于人才成长、干事创业的人才生态，激励其充分发挥"科技帅才"作用，才会有更多原始创新成果和颠覆性技术竞相涌现，浙大能源工程学院及热能所呈现给我们的是一个好的开始。

岑可法说，当前的中国亟须多培养懂战略的教授和科学家。

"有的老师和研究人员是懂战略的，但有的老师和研究人员连战略是什么都不怎么知道，他们几乎不考虑战略上的问题。教授和科研人员不能只考虑很窄的东西，要考虑得全面一点。"

岑可法的观点在浙大能源工程学院引起了很大的共鸣。学院学术委员会里十几位老师都一起表示，战略思维、战略意识的培养和训练是学院培养年轻研究人员和教师非常重要的事情。

"只懂自己很小的一点点不行。比如你只会做面条，却不努力扩展你的厨艺，那你只能永远是个面条师傅。如果你学会了多种厨艺，擅长做各种花样的食物，不管在哪里都会受到欢迎。科学研究中，假如你这个会，那个也会，不仅会受到欢迎，而且如果能够将自己会的交叉起来，科研能力就会大幅上升，说不定哪天就能搞出大动静。"岑可法也强调，战略科学家是很重要，但这里有个前提，要做能够落地的战略科学家。假如永远都是空谈，行不通。

今天，浙大不仅是中国大学的翘楚，它也成为世界知名的高水平研究型大学。而在浙大，浙大热能所乃至整个能源工程学院都是其建设和发展的中流砥柱，一些从浙大热能所及能源工程学院培养或者成长起来的战略型人才已经分布在国家的各条战线上，更多的战略型科学家也在涌现。

真正的战略性科学家必须具备的重要特质是不骄傲、不满足，虚怀若谷，未雨绸缪，岑可法就是如此，他一直没有停下前行的脚步。

岑可法认为，不管是浙大热能所还是能源工程学院，都不能满足现状止步不前，吃老本只会导致落后。面对一代代弟子，他强调有两件事情不能忘：一是要做满足国家重大需求的项目，而且做得越多越好；二是始终要用国际先进水平的方法来做研究，这样才有创新。

搞能源工程的人在科研上还要始终保持奔跑的姿态。"能源工程没有止境，现在社会和科技的发展变革都很快，搞能源工程的应该永远奔跑在探索的路上。"岑可法说，不管是人才培养还是搞研究，一定要紧跟社会需求，并保持前瞻性，才不会落后或者被迫出局。

不管从哪个角度看，岑可法对能源工程领域发展的这种判断都是正确的。

第|十四|章
珞婵芬芳

忙碌的很多科学家常常都有一个共同的特点,他们几乎将一切可以用的时间都投入工作之中,顾不了家。

岑可法是一个典型,一辈子都是如此。

2002年3月,浙大院士楼180平方米的大房子分下来了,依旧是毛坯房,需要自己装修。装修房子是一个很麻烦的事情,岑可法每天很忙,还经常出国,装修房子是完全管不了,夫人沈珞婵只得自己请工人搞装修。她每天忙里忙外,从来没有怨言。

不久,67岁的岑可法正式搬进了求是村院士楼,直到这时,岑可法一家人才终于有了一个足够宽敞的居住空间。

岑可法夫妇的新房子虽然宽敞,但装修比较简单,购买的家具也都是平常而朴素的式样。对长时间在十分局促的环境中居住惯了的岑可法和沈珞婵来说,这样的居住环境已经是好到几乎无可挑剔。

她在大房子里仅仅住了半年

长时间一直居住在狭小局促的空间里,岑可法的内心深处一直盼望着有一套较大的房子。他并不是贪图享受,主要是这种居住环境可以让家人尤其是沈珞婵住得舒心一些,一直蜗居在逼仄的环境中他对夫人有着深深的亏欠。此外有一个较大的房子,自己在家里工作和搞一些研究时也要方便和安静很多,但这样的愿望一直到晚年才得以实现。

院士楼分配时,岑可法的外孙女已经出生。他特意选了院士楼顶层的东边套,这里要多个阁楼。岑可法的想法是,三代人同堂,可以放小孩的东西。

能够住上院士楼,还有着比较曲折的故事。

岑可法是1995年中国工程院第一届公开选举选出来的院士,成为院士时刚好60岁。当时岑可法一家的住房依旧很紧张。

1998年春节,时任浙江省委书记的张德江同志到岑可法家中拜访,在这次拜访中张德江发现已经是院士的岑可法,居然住在面积只有 75 平方米的小房子里，十分局促。

这套房子有两个房间、一个小书房、一个小客厅，一家人是勉强够住了。但女儿女婿结婚时因为还没有自己的房子，挤住在一起就紧张了。外孙女出生以后，一家 5 口挤在 75 平方米的空间里，就显得更为紧张。客人到家里来，根本没地方坐，就是浙大校长到家里来，也只能坐个吃饭的凳子。

岑可法、沈珞婵与外孙女在家中

最让岑可法发愁的是，年幼外孙女的哭闹，有时会影响他的工作。

按当时浙大的标准，院士可以享受 100 平方米的住房标准。经过岑可法的申请，学校另外借了个一厅一房的房子给女儿女婿住，岑可法才得到了解放。

解决了女儿女婿一家三口的居住问题，岑可法夫妇已经很满足了。而张德江的拜访又带来了新机遇。

张德江认为，作为为浙江省做出突出贡献的大专家，浙大资格最老的中国工程院院士，竟然住在这么简朴狭小的住房中，有些说不过去。

经过调研和了解，张德江书记发现当时浙大其他院士的住宿条件也都不怎么好，就决定支持浙大建院士楼。张德江说省委委员的房子规格是 150 平方米，院士是可以享受副部级待遇的，应该比省委委员的房子更大，于是就给浙江每名院士的住房面积批了 180 平方米。

张德江作为党政领导，亲自关怀院士们的住房问题，让岑可法也深受感动。事实上，也正是在张德江的亲自过问下，岑可法 2002 年终于住上 180 平方米的大房子。

住上好房子，是吃过苦的那一代知识分子对美好生活的向往，也是岑可法作为一个丈夫，心底里对妻子深深亏欠的弥补。

能够住上大房子，岑可法和沈珞婵几乎是一步步熬过来的。在他们的人生旅途中，很长的时间里他们一直为房子而苦恼。

1962 年，27 岁的岑可法回到浙大时，并没有享受到今天"海归人才"的优厚待遇。那时浙大条件十分艰苦，那个年代的知识分子，普遍更需要直面生活的勇气，首先面临的第一道难关，就是住房极其紧张。岑可法也只能住在集体宿舍中。

1963 年，浙大分不出房子，新婚的岑可法、沈珞婵夫妇只能维持原状，住在各自的集体宿舍中。第二年，浙大玉泉校区紧挨着的求是村中，学校第五食堂也就是教师食堂对面有幢老楼空出来了一个小房间，这就成了他们的第一个家。这幢楼是用竹子代替钢筋做承重梁建造已有 10 多年历史的老房子，他们的房间位于一楼，只有 10 多平方米。

对夫妻二人最大的考验是一楼的潮气，他们的房间朝北，光线很差，春夏时节，杭州时常阴雨连绵，房间在潮气中散发着霉味儿，衣服、鞋子一不注意就会长满霉点。因为没有地方放置，岑可法从苏联买回来的 4 大箱子共 500 多本书只能连同箱子一垛垛堆放在地上，时间长了因为返潮的原因贴着地板的那几层书都烂了。

虽然后来岑可法夫妇又分了两次新的房子，可在住进院士楼之前，始终没有走出居住空间狭小逼仄的窘境。

"我年轻时没考虑过个人问题，只想把研究事情做好。沈珞婵也跟着我受了很多苦。我们老了，我也终于可以让沈珞婵住上宽敞的大房子了。"让岑可法一直难以释怀的是，沈珞婵在宽敞的院士楼中才住了半年的时间，就生病住进医院再也回不来了，直到最后过世。

有时候岑可法也曾深深地懊悔，心里想着自己所有的心思都放在工作上，妻子一辈子为家庭和自己付出这么多，一直到晚年才住上宽敞的大房子，要是他想办法让她早些住上大房子该有多好，这样妻子也能享受几年，可这是不能假设的。

志同道合让两人走到了一起

60 多年以前，经浙大的同事介绍，岑可法和沈珞婵在 1962 年六七月间逐步相识相知。那时岑可法 27 岁，沈珞婵小他两岁，在那个年月，他们已经属于大龄未婚青年了。

刚回国时，想干一番事业的岑可法本来还没有打算找对象，他想先好好做几年研究再说。但月老居然找上门来了，学校的同事想撮合帮他解决个人问题。

见到沈珞婵之前，同事问岑可法找对象的条件，岑可法的回答很有意思，他说自己对谈论的对象要求也不高，只要人品好、心肠好，有点事业心就行了。人家问他对长相有什么要求，他说爱一个人，成立一个家庭，最关键问题不是相貌，人都会老，老了都相貌不好看。追求也就那几年相貌好，没有什么意思。

牵线的同事一听心底就乐了，心里想着这事儿准能成，因为他们介绍的对象要远远高于岑可法提出的要求。那时岑可法还不知道给他介绍的是毕业于清华大学的大才女沈珞婵。

婚姻问题岑可法的想法比较简单，当时他只是觉得自己应该成个家了。

"能够找个心灵上相互包容支持的人，就很好了。"他回忆说。

岑可法是幸运的。他遇到了沈珞婵。沈珞婵毕业于清华大学 5

年制本科，1961 年底也就是在岑可法还在苏联留学时进入浙大。

岑可法和沈珞婵虽然都在一个系，但此前他们二人因为没有工作上的交集，彼此之间都没有太深的印象。岑可法倒是听说过沈珞婵这个名字，也知道这个女老师的学问很好。

岑可法完全没有想到同事居然给他介绍的居然是沈珞婵。他们的第一次约会，岑可法就心动了。沈珞婵是一个典型的南方姑娘，个子中等，身材和脸型都很消瘦，白净透红的脸上嵌着一双明眸，声音和蔼，说起话来眼睛如同漆黑夜空里的两颗星星一闪一闪的。她莞尔一笑，如同一股春风吹进了岑可法的心田。

沈珞婵也对这位刚从苏联归国并获得副博士学位的高才生颇有好感。他看起来大约 1 米 65 的个子，虽然算不上高大，但在中国南方人群中也不算矮，本来就比较英俊的他戴上眼镜后，越发英姿勃发，浑身都充满了朝气。

岑可法与沈珞婵并不是典型的一见钟情，见个面就认定对方是自己的另一半并不符合他们两人的性格。但彼此的好感已经刻在了他们的脑海里，他们决定继续交往下去。

随着彼此了解的深入，两颗年轻的心在交谈中慢慢擦出了爱情的火花。"我们两个人观点一致，都比较重视人品，对样子要求不高。"

可能很多人以为沈珞婵的长相并不如她的才气，沈珞婵年轻的照片显示并不是如此。虽然沈珞婵说不上亭亭玉立，也还是长得落落大方。只是在那个不提倡化妆收拾的年代，打扮稍微土气了一些。其实，在那个年代，全国大部分地方的年轻姑娘都是如此打扮。

岑可法与沈珞婵完全是才貌皆相宜的一对。岑可法的幸运在于他在苏联留学时以及回国后的一段时间里，沈珞婵并没有被介绍给别人。用比较迷信的话说，也许这就是上天为他们注定的缘分。

而后，岑可法与沈珞婵谈情说爱机会并不多，因为岑可法对时间比较吝啬。他告诉沈珞婵，一天就 24 小时，如果他和沈珞婵去看一场两个小时的电影，还不如在家里看两个小时的书更有营养。估计有的女孩子在谈恋爱时遇到岑可法这种奇怪见解的人会被吓跑，还会给对方冠上"榆木疙瘩"的帽子。沈珞婵没有被岑可法的观点吓跑，虽然他听到岑可法不去看电影的理由有些哭笑不得，但还是打心底喜欢上了岑可法。沈珞婵认为岑可法这样专注于工作和学习，更值得自己托付终身，何况他们也算得上是志同道合的人。

岑可法与沈珞婵的结婚仪式非常简单，双方的父母也都没有参与，他们请同事们吃点喜糖简单庆祝一下，就算完成了他们人生中的一件大事情。

在那个革命豪情热火朝天的年代，岑可法夫妇二人也都怀着干一番事业的精神，沈珞婵上课比较多，岑可法科研比较多，他们就统一思想，事业以岑可法为主。

"你刚回来是最能干事情的时候，你的学问也好，你快点发展自己……"沈珞婵对岑可法说。

沈珞婵一开始对岑可法选择做助手的决定不太理解。沈珞婵认为，岑可法在苏联留学时学的东西比较先进，是完全能够担当重任的，就是不挑头也可以和人合伙一起做研究，当助手是大材小用。

沈珞婵也有自己的一点小"私心"。当时，浙大只有教授才有套间住，她也想让岑可法尽快评上教授，他们能够住上宽敞一点的房子。

"这样子想不行，我们搞工程，一个人做不了什么事情的，一定要一个团队，有些人搞试验，有些人搞理论，有些人搞计算，有些人搞管理的，合起来才能解决工程的问题。"岑可法非常耐心地说服了沈珞婵。

相濡以沫

20 世纪 60 年代，浙大玉泉校区所在地周边还是一片水田，沟渠河塘上，小艇撑杆而过，穿几座小桥，便可到水光潋滟的西湖。年年岁岁，保俶塔映照斜阳，站在宝石山或者老和山上，如果选一个最佳的位置，杭州城和西湖大部区域尽收眼底。这些地方也都是岑可法和沈珞婵经常游走或者登临之地。

岑可法与沈珞婵的爱情与婚姻，没有山盟海誓，有的只是相濡以沫和对彼此的支持与鼓励。

沈珞婵的父母不能来杭州，不能来这里帮他们忙，岑可法自己的父母也抽不开身，夫妇二人就只能完全靠自己奋斗。

岑可法夫妇结婚时浙大条件十分艰苦，夫妻二人的工资也不高。从苏联回来以后，岑可法每个月工资 67 块钱，"文化大革命"期间基本没加过工资，"文革"后才增加到 75 块钱，后来才慢慢加上去。虽然沈珞婵比岑可法早进入浙大，她的工资也一直比岑可法低。两个人的工资加起来虽然开销不紧张，但是日子也一直过得紧巴巴，然而，坚决支持丈夫工作的沈珞婵从没给岑可法施加任何压力。

沈珞婵是上海人，家庭条件很好。父母都毕业于圣约翰大学金融会计专业，家里开有会计师事务所，父母生了她们三个姐妹，沈珞婵是老大。他们家在上海的房子就在瑞金医院对面，属于法租界。正是这种家庭背景，沈珞婵从小就受到良好的教育。和岑可法结婚后一直处于分居及蜗居状态，尽管内心有很多委屈，沈珞婵还是给自己的丈夫予以最大限度的理解和支持。

"她鼓励我做出一番事业来，自己主动承担家务，她本来是个大小姐，煮饭、缝衣都不会，但她下决心去学，她嫁给我之后愿意放下架子做琐碎的家务事情。"

为了支持岑可法的工作，夫妻二人商量好，直到他们结婚的第 6 年才决定要孩子。

那时的生活很苦，夫妻俩都能克服。但在那个时常会有运动的年月，他们也无法左右自己的命运，有时甚至都不知道自己会突然被安排到哪里去。

岑可法夫妇在竹房子里没有住多长时间，"四清运动"就开始了。岑可法被下放到杭州市余杭县（现在的余杭区）山沟里的潘板桥公社百丈大队，当地的农民们每天都要挣工分，岑可法也和当地农民一道插秧、割稻，挣工分。那时水稻田里蚂蟥猖獗，让从来没有干过农活的岑可法吃了不少苦头。

蚂蟥就是人们常说的水蛭，背腹扁平，前端较窄，全体呈叶片状或蠕虫状。在农村的水稻田或者河沟里，这是一种常见的生物，赤脚下水时它们爬上身体完全没有感觉，很容易遭受袭击。蚂蟥是一种嗜血的环体动物，头部有吸盘，叮咬人或动物时，其用吸盘吸住皮肤，并钻进皮肉吸血。因为蚂蟥头部的吸盘有麻醉作用，它在吸人血的时候，身体完全没有任何痛感，甚至也不痒。这种生物的吸血量非常大，相当于其体重的 2~10 倍，它们吸血时，身体会膨胀成一个血囊。在稻田劳作时，就是被它们叮咬吸血，一般也很难发现，只有当从稻田里出来才会发现腿上血流不止，而这时吸饱了血液的蚂蟥早已溜之大吉。

刚开始对蚂蟥没有太多的认知和了解，让岑可法吃了不少苦头。他干活回来后腿上有还没有来得及跑走的蚂蟥，取下来也不是一件容易的事情。当地人告诉他千万不要生拉硬拽，因为强行拉扯可能会将蚂蟥柔软的身体扯断，另一半被残留在身体里很难清理，有时会引起感染、溃烂，非常麻烦。后来岑可法查阅资料了解到，村民们说得一点就不假，蚂蟥有两个吸盘，强行拉扯很可能会适得其反，令它吸得更紧。同时硬拔，会让它的口器断落于皮下，这就是有时会引起感染的重要原因。

村民们告诉岑可法，想要彻底清除蚂蟥，最好的办法是在被叮咬的部位，轻轻拍打，或者使用盐、食醋、酒、清凉油等刺激性物品使其自然掉落，而后把伤口的污血挤出，并在伤口处涂抹碘酒或者消毒水预防伤口感染。

蚂蟥的唾液中含有强效抗凝血剂，除了它们会吸食大量血液之外，它们逃走或者被取下后伤口还会流下不少黑红色的血液。每次遇到这样的事情，都让岑可法大伤脑筋。回学校和妻子沈珞婵团聚时，岑可法讲述他遭遇蚂蟥的经历也让沈珞婵十分揪心。为了防止蚂蟥的侵扰，心疼岑可法的沈珞婵想出了一个好办法。她用雨衣塑料布做成一个圈套在岑可法下田时穿的雨鞋上，这样就可以使鞋筒加长一截，蚂蟥就不太容易叮到了。可有一些蚂蟥依旧能爬过加长的套圈，再爬到人的大腿上。岑可法忙着干活儿，根本顾不上钻进腿里的蚂蟥，只有到晚上才发现腿上的蚂蟥。时间长了，岑可法就见怪不怪了。虽然如此，沈珞婵还是心疼丈夫，一次次提醒丈夫要注意蚂蟥。

沈珞婵以前从来没有干过农活，岑可法以前从来也没有干过农活她也是知道的，她知道丈夫的艰辛和不容易。每当岑可法不顺或者不开心时，她总是细心地宽慰丈夫。

艰难的日子里，岑可法和沈珞婵从来不相互埋怨，他们总是相互鼓励，给彼此打气。和丈夫一样，沈珞婵也知道这样的日子总有一天会过去，不可能持续太久。

在艰苦的劳作中有时也会有惊喜降临。1965 年的一天，岑可法正挑着担子过田埂，绑在电线杆上的高音广播突然响了，通知岑可法去接电话。电话是浙大打过来的，让他回去搬家。这次是岑可法在浙大第二次分房子，通知让他搬到一幢有钢筋做梁的楼房里，而且不再是一楼了。

按照常理，一直为没有稍微好一点的住处发愁的岑可法听到这样的消息应该是欣喜万分，这是每个人都会有的正常反应。但是，岑可法的第一反应不是惊喜，而是非常奇怪，他心里想的是他和妻子又没有给学校提要求，在他们还在下放劳作、接受再教育的时候怎么还想着给他们分房子呢？岑可法的心里很有一些不踏实。岑可法回到学校之后想在搬家之前彻底搞清楚这到底是怎么回事儿，经过了解打听，他才终于知道原来学校有干部还在牵挂着他们两口子糟糕的住房问题。

学校房管处有个女干部为人很好，时常为浙大的老师们考虑和解决困难。一次当她在检查学校的房屋时，发现岑可法夫妇二人住的房间不仅潮气大，而且这栋房子已经十一二年了，竹子容易朽坏，也爱招蛀虫，建造的房子寿命短，加上他们的这个房子本身建造就十分粗糙，10 多年的房龄已经变成危房了。这个女干部知道岑可法是曾经在苏联留学并获得副博士学位的知识分子，是学校不可多得的人才，虽然是特殊时期，学校也要保护好他，这位女干部本人也同情岑可法夫妇二人糟糕的居住环境，就决定帮他们夫妇二人换个住的地方。

让他们夫妇二人换的新房子就在原住处隔壁一幢房子的三楼，虽然只有十一二平方米，厨房得两家共用，上厕所依旧还是一楼公用的，但是这幢楼是钢筋砖混建筑，房子要安全舒服得多，加上不再是一楼，他们夫妇二人也就不用再遭受房屋潮湿之苦了。

"我跟她不熟，也不是浙大毕业的，又不当官，当时在学校也就是一个普通老师而已，但她人很好，很正直，帮我们解决了一个大难题。"数十年之后，岑可法依旧对这个女干部充满了感激。

在这里，岑可法夫妇一住就是 10 多年，一直到后来学校第三次分房子了，他们家才有单独的厕所。

贤内助

沈珞婵是热工教研室的基础课教师，工作的重点是给本科一、二年级上重点基础课。在学生们的眼中，她是清华大才女，工作也特别认真。如果她专注于自己的事业，一定会取得很大的成就。

对于自己的职业定位，沈珞婵曾经做过仔细的考虑。岑可法爱钻研，一心扎在科研事业中，但在他们的家庭中，包括孩子等很多现实因素的羁绊决定了不可能夫妻两个人都变成搞科研的专家，必须有一个人兼顾家庭做出牺牲，于是她就沉下心来好好教书，全力支持岑可法的工作，有空余的时间才参与一些项目的研究。

1969 年出生的女儿被岑可法与沈珞婵夫妻二人视若掌上明珠。因为工作忙，又缺乏人帮着照顾，在有了女儿之后他们就没有再要孩子，这在那个提倡多生孩子的年代算是一个另类了。

岑可法有着自己的想法。他认为自己的工作忙，经常要带团队进行一些项目的研究以及能源工程的设计，让他照顾孩子并不现实，如果再要孩子，在没有人帮助的情况下，沈珞婵也根本顾不过来，再要孩子对沈珞婵也不公平。沈珞婵虽然觉得他们只生一个孩子没有兄弟姐妹会有一些孤单，但岑可法说的也是家里的现实情况，不再要孩子是对她的爱护。最后她也就同意了。

岑可法的确是越来越忙。婚后初期，岑可法还能帮着家里做些事情，夫妻二人分工，他负责买菜洗碗，沈珞婵负责烧菜煮饭和洗衣服等家务。后来家里附近的菜市场关了，买菜要去更远的地方。岑可法忙，很少有时间到远处买菜，这样买菜就完全成了沈珞婵的事情。

再后来，很多时候岑可法连给家里洗碗的时间也没有了。因为还没有吃完饭，到家里找岑可法写东西、改东西或者谈事情的人就来了。久而久之，沈珞婵都习惯了，谁让自己嫁了一个工作繁忙的丈夫呢！

历史的车轮滚滚向前，越来越进步是主流和大方向。尽管一些事情往往会导致有时出现一些发展的偏差或者挫折，但总有纠正之时。

20 世纪 70 年代末，国际国内形势巨变，科学的春天来临。岑可法夫妇二人很激动，他们和他们的父辈被贴了多年的"臭老九"标签被彻底撕掉。沈珞婵也知道，丈夫轰轰烈烈干事业的时代正在来临。

那时岑可法也开始给自己的研究事业不断加码。仅仅在 1978～1980 年间，岑可法在杭州和鞍钢之间就往返了 22 趟。

为了搞研究，岑可法把家里的一切事情都抛给了妻子沈珞婵，对女儿的照顾和培养的任务大都落到了沈珞婵肩上。

当时孩子还小，沈珞婵既要上课，又要带孩子，肩上的担子一点儿都不轻松。但沈珞婵心底明白，因为种种原因，丈夫的才华已经被埋没了太长的时间，现在正是需要她大力支持的时候，她要更好地做好贤内助。

就这样，一件趣事发生在岑可法的身上。

学校第三次分房搬家，那时岑可法的工作非常繁忙，驻扎在鞍钢搞试验时好长时间都回不了家，家中的变化也是浑然不知。

一次，岑可法从鞍钢深夜回到杭州，他使劲敲着家门，直到吵醒邻居。邻居惊奇地问："你家早已搬走了，你不知道？"邻居哪里知道，他在外地搞科研，几个月都没有回家，家已搬这个事情已经被他忘记到九霄云外去了。

在很多外人看来，发生这样的事情有些难以理解，但沈珞婵却一点儿都不觉得奇怪。只是这个插曲的发生，还真是事出有因。沈珞婵知道岑可法工作起来常常都可以达到忘我的境界，所以家里的很多事情她完全不靠岑可法，经常是自己拿主意就把大事定了。一次，当沈珞婵了解到学校又有给困难的教师换条件更好、稍微大一点的房子的机会时，她就自己做了决定。其实这个房子也只有十八九平方米，但在那个年代，已经不错了。那时候岑可法他们到鞍钢去的时候条件很苦，打电话不方便，沈珞婵一时没有联系上。沈珞婵知道，这样的换房肯定是岑可法喜欢的，但她就自己一个人，还带着孩子，搬家谈何容易？最后，沈珞婵找了几位帮忙的老师，才终于把家搬了。搬了家之后，沈珞婵在一次电话通话中给岑可法说了一嘴，可时间长了岑可法居然忘了！

改革开放以后，岑可法家里的生活条件很快变好，这时不再"割资本主义的尾巴"，偶尔还可以小资情调一下也不会担心有什么不对。闲暇时，沈珞婵就在家里弹琴给岑可法听，或者弹给自己听，有了女儿以后，也弹给女儿听。

忙碌的岑可法有时身心俱疲，回到家听到妻子演奏钢琴，就又来了精神。当他的思维陷入困顿或者内心比较烦躁时，妻子的琴声就像山间的甘泉，浇灌他的心田。有时，上手和沈珞婵合奏，也是岑可法所喜欢的，这是她和妻子之间十分难得的在音乐艺术上的一种交流方式。

在外人看来，岑可法和沈珞婵夫妇二人就像一对神仙眷侣，他们有着共同的事业，常年都在能源工程领域教学和科研，在一些个人爱好方面也是趣味相投。

2001 年，岑可法与沈珞婵夫妻联奏

人世间哪有比志趣相投更为和谐的夫妻呢？除了工作中的相知与彼此鼓励激发，休闲和放松的时候他们偶尔就通过琴瑟和鸣的方式在音乐上交流，一直伴随着他们一起慢慢变老，直到沈珞婵突然病倒。

"我觉得很对不起她"

沈珞婵突然病倒超出了岑可法的预料，她的病逝更让他心痛不已，他深感对不住妻子。

20 世纪 80 年代以后，热物理工程学系出国的机会很多。但自从岑可法成了系主任及后来的所长、院长以后，沈珞婵出国反而更不便了。

"我们所里出国机会很多，1981 年开始去美国后我都去了 30 多次，但开始都没带她去，我可以派教授去美国，但我自己不好批她去，我要做榜样。"岑可法想的是，虽然沈珞婵当时已经有资格出国，但是安排沈珞婵去就会被别人认为是他带家属去，他不愿意他们夫妇二人遭受这样的指责。

沈珞婵那时也非常想去看看外边的世界，这对她的教学和科研也有很大的帮助。但当岑可法成了领导，她就得顾及丈夫的声誉，在不能两全的时候她选择做出牺牲。在事业发展方面，沈珞婵为支持岑可法工作做出的牺牲并不仅是出国的问题，甚至连她评教授也受到很大的制约。20世纪80年代至90年代评选教授，能力和资历都很重要，沈珞婵清华毕业，能力也比较突出，评选教授有一定的优势。结果比她年轻的都是教授了，她却没有被评选。其实论水平和资历，也该评选她了，但为了丈夫，她愿意等等，再等等。

随着社会经济的发展，浙大给老师的居住条件也变得越来越好。但对岑可法夫妇二人来说，一直到了晚年他们才等来宽敞的住宅。

浙大的俞自涛教授是沈珞婵的弟子，在弟子眼中，沈珞婵不仅是清华大才女，工作也特别认真。如果不是为了丈夫牺牲自己，沈珞婵在自己的事业上还能走得更远。但她的内心知道，在她和丈夫之间，如果必须有一个人做出牺牲，那么她愿意这个人是她。

"年轻的时候，我们刚开始住的地方很潮湿，她本来身体就不是很健壮，遭了很多罪。生了女儿以后，没有时间照顾，专门请了个保姆，10多平方米的房子里住着4个人，其拥挤和不便程度可想而知。那是我们最困难的时候。"若干年以后，每每回忆起以前的艰苦岁月，岑可法就这样说。

到了晚年，一切都好起来了，宽敞舒适的大房子也有了，沈珞婵却没有机会享受了。

沈珞婵第二次昏迷之后，整整在医院住了4年，一直到最后病逝在医院。

除了出差，岑可法每天都去看沈珞婵的行为感动了浙大的很多师生。时任浙大党委书记张曦在一次大会上说，要向岑可法院士学习。

但岑可法觉得，自己不管如何做，都无法弥补自己心中的遗憾。"沈老师过世很早是有原因的。我对她感情很深，我觉得很对不起她。"很多次对别人谈起沈珞婵和他的故事时，岑可法都如此自责。

沈珞婵的不幸去世给了岑可法很大的打击，但他没有把自己长时间停留在悲痛之中。悲伤的时刻，岑可法总是告诉自己要振作起来，他还有很多事情要干，这也是沈珞婵所期待的。

第|十五|章
赤胆忠心
与科技报国

"外国再好，也是人家的；中国再穷，也是自己的"。自岑可法懂事起，父亲岑藻芬就这样多次告诉他。

我的父亲是一个留法博士，具有强烈的爱国主义意识，他说过的一段话至今仍在我耳边回响："国外再好，也是人家的，中国再穷，也是自己的"。我愿为祖国的现代化干一辈子！

岑可法
1999.1.5.

岑可法手迹

这句话至今还萦绕在岑可法的耳边。岑藻芬强烈的爱国意识对岑可法起着很深的影响，而岑可法自身童年时代遭受的苦难，让他更加深刻地认识到祖国强大的重要性。

苦难之中，岑可法更加深爱我们中华民族世世代代生存的这片土地，铸就了他绵延远远超过半个世纪的赤胆忠心以及坚持科技报国的信念。在他的人生旅途，不管遇到什么样的风浪和挫折，他都没有一丝的动摇。

岑可法的赤胆忠心和始终以科技报国为使命的信念都是怎么炼成的？如果我们随着他人生的历程去寻找，就会得出比较明确的答案。

战火中的淬炼

抗日战争期间，岑可法一直在逃亡和动荡中求学。从 4 岁多开始，岑可法 6 年的小学生活，5 年时间都在日本侵略者在中华大地上燃起的战火中逃亡，还有 1 年是在沦陷的土地上读书。

为了逃避日本鬼子，岑可法和家人们像飘零的树叶跟着父亲学校的师生们到粤北与江西和湖南等省交界的山区到处流浪漂泊，顶着飞机的日夜轰炸在广西梧州逃难，生活极其困难。

童年是一个人一生的播种期，每个人人生的底色都浸润着童年的印记。颠沛流离中岑可法没有念过完整的小学，识文断字也是在逃难途中由父亲的学生们零零散散中一点一滴地教会的。

动荡年代的童年中，岑可法的人生轨道中少了一份无忧无虑的童趣，却多了一份历练。在日本侵略者的铁蹄下品尝过饥饿、贫困与动荡，目睹了一幕幕国破家亡的惨剧，岑可法在懂事成人以后倍加珍惜学习的机会，也培养了他忧国忧民的情怀、踏实苦干的作风和团结协作的精神。

尤其是父亲所在学校的师生们弦歌不辍、薪火相传的坚韧身影，成了他心头永远不能磨灭的丰碑。在敌机的狂轰滥炸中、在远近可闻的枪炮声中，师生们在山林里、草棚中、在煤油灯下，在困顿中著书立说、传道授业，于清苦中涵养浩然之气，于烽火中培养栋梁之材。他们手中那一支支粉笔、钢笔、毛笔，成为另一个战场上最锋利的武器。逃亡的路上，各种抗日团体风起云涌，众多要求进步和抗日的青年学生组成的广东青年抗日先锋队，通过贴标语、办墙报、义演等形式，传播抗日主张，号召民众踊跃站起来惩治汉奸、打击日寇。这些经历都成了岑可法一辈子最为宝贵的精神财富。不管是在前线奋战的将士，还是在后方从事动员或其他工作的各行各业的人，都让他早早就下定了长大后要报效祖国、为祖国不停奋斗的决心。

"那个时期的经历，对我影响最为重要的主要有两点：一个是爱国主义。我父亲爱国，他宁愿带着大学生跑路也不愿留下来给日本人做事。那批跟着跑的大学生也很爱国，他们宁愿讨饭吃也都不愿意帮日本人干活。回想起来，正是他们把爱国主义思想灌输给了我们这些小孩。另外一个就是团结意识。那时候大家都很团结很爱国，仇视日本侵略者，我记得只要说起日本人对我们的侵略，大学生哥哥姐姐们的反应都很激动。当时大家一直团结在一起，我们才战胜了一次又一次的困难和挑战。"岑可法在回忆中说。

年幼的岑可法虽然思想依旧朦朦胧胧，但受父亲和周围大哥哥大姐姐们的影响，已经在心底种下了爱国和团结的种子。

回顾岑可法的成长历程，会发现他儿时的经历与国家民族的命运有着极深的纠葛，他渴盼民族复兴、国家强盛的赤诚之心，是这片饱经忧患的土地的自然生长之物。

日本侵略者在中国土地上烧杀抢掠的暴行，让岑可法很小就明白，只有让国家强大起来，祖国和生活在这片土地上的千千万万的老百姓才不会被欺负。这样的思想在岑可法的体内不断发芽生根、茁壮成长，时刻浇灌着他幼小的心灵，最终奠定了他人生的高度。

时光荏苒，白驹过隙。站在岑可法90岁的人生历程中翘首回望，就能够更加深刻地了解岑可法的赤胆忠心和科技报国之愿。

帮助哥哥参军

随着年龄的增长，岑可法对祖国的感情更加炽热。他时常都在想，自己能够为祖国做些什么。

机会来到了他面前。

1949年10月1日，中华人民共和国成立。

新生政权还不巩固，像个刚刚蹒跚学步的孩童，他的成长也必然经历风雨、曲折。1950年6月25日朝鲜战争爆发，10月8日美军越过"三八线"，10月19日，人民志愿军跨过鸭绿江，进入朝鲜。为了支援前线，全国都发起了轰轰烈烈的抗美援朝行动。除了学习课本上的知识，他也受到了一种全新的教育。

和全国其他很多地方一样，1951年底到1952年10月广州也在广泛开展"三反""五反"运动。抗美援朝和"三反""五反"也成了岑可法高中时代对国家政治最鲜明的印象。他也以火热的激情投入其中。

广州是抗美援朝战争中很多军用物资的生产地，但有不良商家偷工减料，把未经消毒处理的劣质纱布运到前线，导致很多志愿军伤口感染只能截肢，岑可法看了新闻报道后非常愤慨，就和同学们一起上街游行、与商店老板辩理。

在大时代的影响下，全民爱国，无数的热血男儿都积极报名参军，在大后方大家都积极支援前线，岑可法也和班上的同学走上街头呼吁大家用自己的实际行动凑钱凑物帮助国家购买飞机大炮，积极支援抗美援朝，他们也动员比自己大一些的高三学生及毕业生和其他青年参加空军。

抗美援朝的动员热潮传到了岑可法的身边。那时哥哥岑可为在读高三了，他决定报名参加当时人才最稀缺并且要求最高的空军。岑可为品学兼优，参军就意味着放弃读大学，并且要奔赴炮火横飞的朝鲜战场，九死一生的结果随时都会发生。

岑可为出生在知识分子家庭，又是家中长子，父母希望他能好好读完大学再报效祖国，岑可为则认为现在正是祖国需要贡献力量的时候，于是就和父母争执不休。这时候岑可法的态度就变得很重要了，岑可法也认为报效祖国就在当下，不用等到未来，未来还有未来的事情要做。

哥俩偷偷商量好，让哥哥瞒着爸爸妈妈先去参加空军的招募体检，等体检通过后，再把通知寄到家里，等到生米煮成熟饭了，父母反对也来不及了。说干就干，岑可为还真的一个人跑去参加了体检，并通过了体检考试，没过多久通知书就寄到了家里。如岑可法所料，父母也只能送岑可为去参军了。

哥哥的这一举动，让岑可法深感骄傲，就像为自己热爱的事业奋不顾身地献身了一次一样，浑身充满了自豪！

岑可为如愿加入空军，但是因为眼睛近视没能成为他最想成为的飞行员，这让他非常遗憾。因为岑可为最大的愿望就是亲自飞往前线杀敌报国，当然这份决心和好学的精神也让他成为一名优秀的地勤人员。

后来，岑可法在武汉的华中工学院（即今华中科技大学）读书时，还到驻扎在湖北孝感的部队里探望过哥哥。当穿着军装的哥哥英姿勃发地出现在他面前时，他的心底泛起了波澜。哥哥就是没有机会成为空军到前线去杀敌，也是在后方为空军提供服务，这同样是在保家卫国。哥哥依旧是他和家人的骄傲。

抗美援朝的胜利具有重大的意义和深远的影响，从此以后帝国主义者不敢再轻易挑起战争，中国的国际地位极大提高，东北重工业基地也有了一个好的外部环境可以安心发展。但这也是无数的中华儿女用鲜血和生命换来的。岑可为告诉弟弟，与自己一同参军的一位同班同学，驾驶战机去了抗美援朝战场，后来就再也没有回来……

捐躯赴国难，视死忽如归。这就是那个时代无数优秀中华儿女的本色。

空军服役期满后，岑可为最后以少校军衔转业到了地方参加工作。要是当年他不参军而是上大学，他也可能和他的弟弟岑可法一样，会成为一个十分出色的科学家，但他对自己的选择从来就没有后悔。

哥哥对祖国一片赤子之心，弟弟更为壮怀激烈。"三十功名尘与土，八千里路云和月。莫等闲，白了少年头，空悲切。"抗日的烽烟中，岑可法一次又一次聆听过大哥哥大姐姐们诵读宋代岳飞的《满江红·写怀》，时间久了，词中令人血脉偾张的文字就深深印刻在他的脑海之中。当年年幼的岑可法没有能够上阵杀敌，等到他慢慢长大，他越来越清楚自己的使命，那就是学好文化和科学，科技报国。

岑可法和哥哥接过了父亲用实际行动报效祖国的接力棒，岑可法更是实现了父亲没有实现的理想。

岑可法说，"从小父亲就教育我们爱国，他经常对我们说，如果他当年不回来，可以把我们的母亲接过去，生活条件肯定要好很多，但回来跟祖国共患难，他从不后悔。"回到多灾多难的祖国，战乱和动荡影响了岑澡芬的抱负实现，他的事业远远没有达到他留学回国时所期望的高度，但他为祖国培养了几个优秀儿女，尤其是岑可法站在他人生的肩上继续前行，在科技报国之路上攀上了一座又一座高峰。

保卫灵隐寺

根据同辈人和弟子们的描述，岑可法是一位聪明敏锐的人而且判断力异于常人。但在岑可法自己看来，他觉得一个人聪不聪明，不是先天注定的，它有环境的影响，而最重要的还是对周围事物的认知，如果对事物没有深刻的认知，那么在很多情况下就会被周围的人和事务带跑偏。

如果我们自己观察生活，就会发现岑可法所言不虚。很多情况下，人的想法是被环境所左右的，是环境的产物，一旦环境稍微变动，自己的想法也就跟着变动或被推翻了，而另一些人，却可以被环境磨砺得更加具备独立思考的能力，他们能看清底层逻辑，知道是非对错，并敢于坚持自己的想法。这个时候，想法就变成了他们撬动环境的支点，可以穿越各种环境而长久地存在。

1966～1976 年，"文化大革命"导致 10 年动荡，全国都卷进了这场浩劫。身处这错综复杂的局面，年轻的岑可法并没有被各种言论和思想鼓动，他有自己的主意，他告诉自己要谨记一条，那就是始终坚持对党和人民的忠诚，所以外面再闹闹哄哄，岑可法初心不变，他从来没有因为任何外在的因素而放弃学习。他有个清晰的逻辑，那就是国家无论怎么发展，都是需要有学识的人才来搞建设的，现在搞学问才是第一要务，而不是东一榔头西一棒槌地搞各种匪夷所思的运动。

当时，对岑可法来说，最有切身体会的一场运动，应该算是保卫灵隐寺，这场运动把浙大的师生们跟一座古寺联系在一起。

灵隐寺位于浙江省杭州市的西湖区，是中国非常有名的一座佛教古寺，始建于东晋咸和元年(公元 326 年)，距今已有约一千七百年的历史，也是杭州最早的名刹。灵隐寺开山祖师是一位来自西印度的僧人——慧理和尚。南朝梁武帝赐田并扩建，五代吴越王钱镠命请永明延寿大师重兴开拓，并赐名灵隐新寺。宋宁宗嘉定年间，灵隐寺被誉为江南禅宗"五山"之一。清顺治年间，禅宗巨匠具德和尚住持灵隐，筹资重建，仅建殿堂时间就前后历十八年之久，其规模之宏伟跃居"东南之冠"。寺内保存着大量的文物和古籍，如《灵隐寺志》《菩提祖师传》等，这些文物和古籍不仅有助于人们了解佛教文化的发展历程，同时也对中华文明的传承和发展起到了十分重要的作用。

平日里的灵隐寺是红尘中的人们寻找心灵慰藉的地方，尤其当细雨时雾气缭绕，雾气在寺庙的屋檐、廊柱、台阶之间穿梭，时而浓烈，时而稀薄，给这座古老的寺庙增添了几分神秘和诗意，令人仿佛置身于仙境。就是这样一座古老而宁静的心安之所，在"文革"期间差点毁于一旦。

至今浙大老师们中还有许多这件事的亲历者。据他们回忆，当年有很多中学生受人挑唆拿着榔头、铁棍等来闯寺打砸，当时红卫兵已经砸了岳庙、砸了净慈寺，准备再来砸灵隐寺。这时，浙大校园里的广播紧急响起，全校师生立即动员，无数师生赶到寺院，站成人墙护住灵隐寺，和这些"打砸抢"的中学生对峙。岑可法当时也参与了"保卫灵隐寺"，浙大的师生们站在灵隐寺前，犹如一座铁塔，显得格外魁梧，让对方不敢越雷池一步。

浙大师生为灵隐寺争取了时间，后来整个灵隐寺砌高了围墙，中学生红卫兵进不了灵隐寺，只能在灵隐寺门外喊口号。就这样，这座有着深厚文化积淀的古刹被保住了。

保卫灵隐寺的经历也让岑可法明白，在历史的风浪面前，一定要擦亮自己的双眼，关键时刻要有是非观念和正确的判断力，不做乌合之众，不随波逐流，方显英雄本色。

不褪色的决心

岑可法对祖国忠贞不渝，坚持入党的经历也是一个很好的明证。因为多种原因的影响，在到苏联留学之前，岑可法一直没有入党，但是他一直严格要求自己，积极向党组织靠拢。

在岑可法留学的莫斯科鲍曼高等技术学院（现莫斯科国立鲍曼技术大学），也活跃着一个由二三十人组成的中国留学生党支部。在岑可法眼中，他们犹如黑夜里燃烧的篝火，对他散发着炽热的吸引力。

莫斯科鲍曼高等技术学院的中国留学生党支部定期开会，后来的两院院士、系统工程专家宋健就在这个党支部工作。很多年之后，在北京造纸一厂进行的国家"七五"攻关项目水煤浆应用工程顺利验收，时任国家科委主任宋健到场视察，并与岑可法院士带领的浙大团队合影留念。岑可法记得，宋健在莫斯科鲍曼高等技术学院留学时已是解放军少校，是所有留学生中军衔最高者。

"我们都知道他是老革命，之前就为国家做过很多事了，而我当时几乎还什么事情都没做过。"岑可法回忆，当时莫斯科鲍曼高等技术学院有很多和国防军工相关的高精尖专业，留苏生很多就在航空航天系就读，但大家对于自己具体做什么研究，互相之间都不交流，这是出于保守国家秘密达成的默契。中国驻苏联大使馆曾经跟岑可法等留学生提及，到这边来，主要是让大家提高认识，并不发展入党，不然苏联会有意见。

即便如此，1958 年岑可法还是向学校的中国留学生党支部递交了生平第一份入党申请书。"当时我为什么想入党？主要是怀着感激的心理。当时国家这样艰苦、艰难，还要派我们去苏联学习，这是非常不容易的。在我的心里，爱国和爱党是一体的。"

谁也没有想到，从 1958 年递交第一份入党申请书到 1983 年正式加入中国共产党，岑可法等了整整 25 年。命运的浮沉、时代的跌宕，或许正应了《孟子》中的名言：故天将降大任于斯人也，必先苦其心志，劳其筋骨，饿其体肤，空乏其身，然后动心忍性，增益其所不能。

1960 年暑假，中苏关系紧张，苏联撤回援助中国的专家，全体留苏学生被召回北京，岑可法也随之回到国内。当时正值开展"中共中央第九次评价苏共"时期，岑可法等留学生被安排在清华大学集中学习了一个月。

为了给留苏生们"接风洗尘"，清华大学特意杀了一头猪。岑可法说，当时看到国内的领导和老师们这样艰苦，这让他和其他很多留学生心里非常难过。

随着中国和苏联两国关系的持续僵化，国内的物资供应越来越紧张，全国上下到处都缺吃的，清华大学每天的伙食也越吃越差。回家探亲时，岑可法的家人们的日子过得也很艰难，家中的粮票、布票都很紧张。

回国看到自己的祖国还这么困难，却还是勒紧裤腰带派他们出国学习，岑可法心中很不是滋味，好几个夜晚，他翻来覆去地睡不着。岑可法告诉父亲和母亲，说自己只有好好学习，尽量在苏联留学的有限时间里，掌握更多的科技知识，才能报答祖国。

由于多种因素的影响，岑可法在苏联留学时申请入党没有成功，但这一件事情一直在他心中萦绕着，一有机会他就要努力争取。

岑可法从苏联留学回到浙大后不久，"四清运动"就开始了。"四清运动"是在全国城乡开展的社会主义教育运动，简称"社教"运动。前期在农村中是"清工分、清账目、清仓库和清财物"，后期在城乡中表现为"清思想、清政治、清组织和清经济"。

运动开始不久，岑可法下乡来到杭州市余杭县（现在的余杭区）山沟里潘板桥公社，被分在百丈大队。在这里他每天参与艰苦的劳动，住在村里一个贫下中农家里，这是一个 50 多岁的单身汉。岑可法说，"四清"时提倡知识分子和农民同吃同住同劳动，他对住的地方从不计较，但这位农民家里很邋遢，学生不肯去住，他就带头去住。

单身农民自己也不煮饭，岑可法就跟学生一道两三个人一组被分到其他农户家吃饭……"单身农民对我还好，那时自己也年轻，容易适应点，生活上的困难可以慢慢克服。"

居住的地方也就一间半房，旁边是猪圈，和房子用竹篱笆隔开，岑可法就睡在离猪圈最近的那半间房里面。夜静了，猪熟睡中的鼾声声声入耳，刚开始吵得岑可法长时间无法入睡，时间长了他也就习惯了。

收割稻子的时候到了，稻田变成了一片金黄。岑可法和大家要先把稻子割好脱粒，而后挑到公社大队的晒谷场去晒。田埂路很窄，挑担得快步走，不然走得越慢越吃力，不注意还容易摔倒在稻田里。岑可法刚开始没有经验，挑着担走不快，免不了天天被走在后面的人催促，天天累得腰酸背痛。但他没有休息调整的时间，收割完这一波，就又要赶紧种二季稻了。

当地遍地河网，干活的岑可法满手都是泥，经常要蹲在河边洗手，有一次刚一蹲下，立即头晕目眩，整个人栽倒进了河里，还好别人及时把他救了上来。

就是在这么艰苦的岁月里，岑可法依旧对党和国家满怀着希望，他相信天上的乌云总有一天会过去的。

1965 年年底，岑可法在潘板桥公社再次申请入党。"四清"主要是查农村干部有没有经济问题，有没有欺负农民、违反政策。一开始，岑可法的档案被拿到新的"四清"党支部，党支部的主力是安吉县递铺镇派来的干部，他们都是老党员了。见到岑可法以后，他们对岑可法很感兴趣，因为他既是留学生，又是大学老师，所以经常问岑可法各种各样的问题，岑可法也跟他们交流得很好，他想早点解决自己的入党问题。

为了入党，岑可法什么事情都抢着干，在半年的时间里，除了工作，他就定期地写汇报给党支部。党支部终于被打动了，开始开会讨论岑可法的入党问题，在当时地方党支部也完全有权讨论岑可法的入党问题。就这样投票通过岑可法成为预备党员。

过完年，"文化大革命"开始了，原本还在各地参加"四清"的浙大师生陆续回校，校园里换了人间，到处贴满了大字报……狂热的时代拉开了大幕。此时，岑可法的档案又被转回浙大热能教研组党支部。但党支部认为，岑可法在潘板桥公社的预备党员身份不能算数。这让岑可法觉得十分委屈，可他一点办法都没有。

他决定自己静下心来自学英语、参加国家的保密军工项目。妻子沈璐婵让他尽可能保持低调，因为此时岑可法不仅仅是"臭老九"，其留学苏联的经历已经让他变得更臭，一不小心就有可能被打成"苏修分子"①"白专分子"②。

浙大燃烧、传热理论与技术教研组（简称热能教研组）中，岑可法的学问一直受到公认，但由于此时苏联和中国的关系全面交恶等多种因素的影响，热能教研组党支部却从不讨论曾经留学苏联的岑可法的入党问题，他的预备党员资格也不了了之。

1978年，浙大院系重组后，岑可法决定第三次申请入党，但当时还是没有得到批准。

直到1983年，也就是在岑可法被评为正教授的这一年，经岑可法所在的教研室集体决议，岑可法被批准成为中共预备党员。

1984年5月，岑可法终于正式入党。这中间整整经过了漫长的25年。为了入党这一天，岑可法从风华正茂等到风霜满肩。25年的坚持和等待，25年不变的初心和信仰，最终让他肩负起了为党育人、为国育才的崇高使命。

在岑可法看来，人的一生不管多么曲折和苦难，都必须有理想和

---

① "苏修"，即苏联修正主义，是指在20世纪中叶，苏联领导者赫鲁晓夫提出的与斯大林主义相对立的一系列政治理论和实践。"苏修分子"指的是那些支持苏联修正主义政策的分子。

② "白专分子"这个词汇在"文革"时期被广泛使用，用来形容那些只知道埋头钻研业务不重视政治学习的人，也被称之为"白专"或者"白专典型"。

信念，这也是一个人的精神支柱，而岑可法的理想从少年时期就已经很明确了，那就是必须为国家做点事情。岑可法一直心心念念入党，是因为他相信中国共产党能把我们这个国家建设好，跟着党走，才有组织！岑可法那时就认为，他只有入党，了解了党的纲领和路线，才能真正顺势而为地做大事情，做正确的事情。

"而且我下了决心，我要搞出科学名头。我喜欢搞大项目，搞团队，要以身作则，去一线干事情，政治上要做表率，要大公无私，不计较自己的名利。"

走过的人生历程中，人性之纯良，人性之狭隘，岑可法都有深刻的认识，但他从未怨天尤人，而是咬紧牙关、奋斗自强。后来，他成了专业的领头人，被评为"优秀共产党员"，并成为"五一劳动奖章"获得者。

岑可法识才爱才，克己奉公，对科学事业锲而不舍，无限执着，在他的身上，可以看到一名真正共产党员强大的人格魅力。

拒绝留美与国际合作

1978 年，中国科学技术大学研究生院（今中国科学院大学前身）成立后，时任副院长的中国科学院院士钱三强写信给著名美籍华裔物理学家、1957 年诺贝尔物理学奖获得者李政道，起初询问他是否愿意面向国内的研究人员，做一些"关于近代量子场论中若干问题"的报告，介绍世界物理学的前沿成果。

因为世界政治格局等一些因素，中国和以美国为首的西方世界已经隔绝了将近 30 年时间。但此时的中国面向西方世界的国门已打开，中国科学界亟须尽快了解世界前沿科学的发展动向，一直深深牵挂祖国发展的李政道被认为是最为合适的搭桥者之一。

李政道欣然应允，而后从 1979 年 4 月开始，李政道回到中国面向来自全国近百个科研单位和高等院校的教师及科研人员，包括李政道早年的老师、同学用带有上海口音的普通话讲授"统计力学"与

"场论简引和粒子物理"两门课程。李政道之后,杨振宁、李远哲、陈省身等科学大师也纷纷回国授课,对我国理论物理的研究和教学产生了深远的影响。

当时,岑可法在浙大一直忙于自己的研究项目,也没有机会与这些科学界的学术大牛们交流。不过此时中国科学界的高层管理者们已经意识到,与美国等西方发达国家加强科技交流时,光把华裔或者其他在国外工作的科学家请回来还远远不够,中国还需要把有水平的科技人才派出去考察和学习。这就是1981年新中国组织的首个7人科学家代表团——中国科学院科学家代表团到美国考察的重要背景。

因为自己的科研能力及当时中国发展能源工程的需要,岑可法进入了这次科学家代表团的名单,他也是这次代表团成员中最年轻的一个。

这次到美国的科学考察,岑可法见到了众多华裔科学家。在纽约著名的、后来在"9·11"事件中被恐怖分子摧毁的双子楼的接待空间中,岑可法和访问团的成员们见到了袁家骝。此时,袁家骝已经是一位著名的高能物理学家。

袁家骝也是享有国际声誉的物理学家,在高能物理、高能加速器和粒子探测系统研究领域都卓有成就。袁家骝1940年就获得了加州理工学院博士学位。1949年,袁家骝到布鲁克海文国家实验室担任高能物理学家从事高能物理研究工作,直到1979年退休。

袁家骝与吴健雄夫妻二人也被称为"东方的居里夫妇""中国的居里夫妇"。只是在妻子的巨大成就和光环下,袁家骝的成就显得逊色了许多。

袁家骝、吴健雄夫妻二人对自己的祖国充满了感情,他们在20世纪70年代末开始回国交流,为国内的科学界讲课讲学,推动我国高能物理少走弯路、尽快向前发展,成为中国科学界和西方科学界沟通的重要桥梁。

这次和袁家骝的见面,加上耳濡目染的一些观察,岑可法深刻意识到中国和美国在科学领域的巨大差距。

在袁家骝的安排下，岑可法和科学代表团其他成员又见到了吴健雄。在和袁家骝、吴健雄夫妇交往的过程中，岑可法深深为他们的学识和对中国的热爱而感动。而后在他们的引荐下，岑可法接触到了更多的华裔科学家和其他各个领域一些重量级的科学家。

让岑可法觉得非常高兴的是，在这次考察中，他结识了美国华裔能源科学家向哲愚博士，从此他和这位科学家之间也搭起了友谊与合作的桥梁。最开始，向哲愚是被岑可法的学识和研究能力所折服的。岑可法在美国能源部全程用英文做报告，向哲愚意识到岑可法在能源工程学界将会是一位极其重要的人物，他想把岑可法留在美国。

当时我国刚刚对美国等一些西方国家打开国门，学习西方先进的科学技术是中国科学界非常重要的任务和使命，中国也乐于派人到美国等一些发达国家学习。因此，就算岑可法决定在美国学习一段时间，也很容易得到批准。向哲愚是知道当时这种大背景的。

此前和岑可法没有交往，向哲愚并不知道岑可法内心的想法，他还是想试试。在优厚的留美条件面前，说岑可法完全没有动心那是假的，何况当时的政策也允许。但岑可法反复思考后认为，自己是搞能源工程这种应用科学研究，只有待在国内才能更好地报效祖国。即便要与国外同行交流，向国外同行学习，也可以通过其他的形式或者平台进行。岑可法的心底，他父亲20世纪初留学法国后放弃去瑞士的优厚待遇，以"苟利国家生死以，岂因祸福避趋之"的决心毅然回到正在遭受日本侵略和欺辱的祖国的经历，也像一盏明灯一样，照耀在岑可法的眼前。

岑可法的童年正值日本全面侵华期间，全家颠沛流离，他目睹生灵涂炭，深感国家强大起来的重要性。"中国共产党让中国人民站起来，也给了我这样一个普通人出国深造的机会。"打败日本侵略者以后，中国共产党又打败中国国民党反动派，建立了新中国，让中国人民从此挺直了腰杆，以昂扬的姿态屹立于世界的东方。岑可法深深感到祖国的这种变化给成千上万的中国人，包括他的家庭带来的巨大变化和影响，他的内心深处，早已树立了科技报国的决心。

作为改革开放后走出国门的第一批中国科学家，这次出访和美国科学界的交流让岑可法更加深切地认识到中国和美国等西方发达国家在科学技术领域的巨大差距，他渴盼国家富强和民族复兴的意愿变得更加强烈了。

"中国之所以落后，是因为以前西方国家对我们的奴役太厉害。"岑可法后来回忆他的抉择时说。改革开放后，中国这条东方的巨龙已经苏醒，各行各业都在摩拳擦掌如火如荼地发展，这个时候他觉得自己是不能缺位的。

科学无国界，科学家却有国籍。岑可法说他的根就在中国，国家和人民的重大需求是他的立身之本。对自己人生的这种定位决定了他事业的发展只能是在国内，而当时的情况，他在国内发展也更能够为国家做出更大贡献。

自己拒绝留美、坚持在国内发展，并不意味着就与世界脱轨。事实上，这次的科学考察让岑可法深刻地认识到和美国等西方国家相关研究机构和人员保持交往的重要性。自此以后，他一直和美国能源界保持着密切的交往和合作关系。在岑可法的建议和推动下，浙大还与美国能源领域有关机构合作，轮流召开学术会议，这种方式也让浙大能源工程学院始终走在能源工程领域的世界前沿。

后来，岑可法担任浙大机械与能源工程学院院长时，又和法国鲁昂大学在中外联合培养人才方面做了大胆的探索，法国派 30 名硕士生来到浙大热能所交换学习，学院也派 5 名博士去法国学习，进行为期 3 年的联合培养，每年有半年在中国，半年在法国，其中岑可法就是中方导师。最后 5 名博士中 4 人都拿到了中法双学位博士学位。拿到中法双学位博士学位的 4 人当中，有两位留在浙大，早已经升为教授。他们就是 2005 年博士毕业的陈玲红教授和 2007 年博士毕业的吴学成教授。陈玲红教授做博士论文答辩时，岑可法还作为中方导师，亲自飞到法国和法国教授一起给她做答辩。

在岑可法的推动下，2007 年浙大与瑞典隆德大学合作成立"浙江大学-瑞典隆德大学能源利用激光诊断中心"。2008 年，在中华人民共和国教育部和外专局的 111 引智计划项目的支持下，浙大热能所获批成为"能源清洁利用科学与技术学科创新引智基地"，瑞典隆德大学的 Marcus Aldén 教授（他也是瑞典皇家科学院、工程院两院院士，曾担任国际燃烧学会副主席）被聘为"111 计划"学术大师，并于 2011 年正式被聘为浙大客座教授。

2008～2019 年，岑可法每年都邀请 Marcus Aldén 教授带领团队核心成员到中方实验室指导工作，为中方研究生讲授"现代热物理测试理论与技术"全英文课程。2019 年底新型冠状病毒感染疫情暴发后，他们依然继续为浙大研究生进行线上授课，为浙大能源学科培养了很多人才。2020 年，Marcus Aldén 院士被浙江省授予"西湖友谊奖"。此后，他也继续为浙大授课和培养人才，他说自己要干到实在干不动为止。

怎么样培养具有国际视野、国际先进水平的人才？岑可法有着他独到的想法。二十世纪八九十年代，岑可法就开始把热能所的青年才俊分别派到国外的知名大学学习和研究能源所急需的方向，还邀请了国际上著名的教授、院士来热能所讲课，此外，他认为让热能所的老师、研究生和国外名校教授、博士联合做研究、共同发表论文，也是很好的人才培养方式。

浙大热能所办公楼大门口，有很多块国际交流与合作的机构牌子，最早的一块就是 2005 年成立的"浙江大学-瑞典皇家工学院清洁能源联合研究中心"。获批成为国家 111 引智计划项目创新引智基地后，悬挂的机构牌子又陆续增加了 7 个，它们分别是：

浙江大学—美国普林斯顿大学氢能联合研究中心

浙江大学—美国斯坦福大学燃烧化学联合实验室

浙江大学—美国伊利诺伊大学生物质能利用中心

浙江大学—英国利兹大学可持续能源国际研究中心

浙江大学—瑞典隆德大学能源利用激光诊断中心

浙江大学—法国液化空气集团富氧燃烧联合实验室

浙江大学—澳大利亚必和必拓烧结床联合实验室

这些中心或者联合实验室为浙大能源领域提供了多方面的合作研究平台，共同发表 SCI 论文百余篇。同时通过交流访问，培养了一大批有国际视野的人才，达到了双赢的目的。

中美清洁能源研究中心也非常值得一提，这是由胡锦涛主席和奥巴马总统在 2009 年 11 月联合推动建设的政府间合作研究机构，由清洁煤技术、清洁汽车技术以及节能建筑三个联盟组成，其主要目标是促进两国清洁能源技术的研究、开发和商业化。浙大作为中美清洁能源研究中心洁净煤联盟主要成员，牵头负责洁净煤转化方向的合作研究，经过持续的合作研究，在煤热解气化分级转化多联产技术、煤炭化学链气化、煤炭地下气化、煤炭生物质共转化等方向取得了较大的进展。

在岑可法的支持和倡导下，浙大热能所多年来还积极组织和参与国际性的连续会议，其中最典型的有三个。

第一个是国际动力工程会议（ICOPE），这是由中国动力工程学会（CSPE）、日本机械工程师协会（JSME）、美国机械工程师协会（ASME）三个一级学会共同发起的国际动力界学术交流会，旨在推动全球能源动力工程学术界和工程界的交流合作。20 世纪 90 年代初，中外交流才刚刚起步，网络也远没有今天便捷，在时任中国动力工程学会国际联络工作委员会副主任岑可法的推动下，1992 年 5 月 17 日至 21 日，在杭州浙江大学会议中心召开了第一届国际动力工程会议国际学术会议——92 杭州国际动力工程学术会议。本次会议代表有来自中国大陆、中国台湾地区、美国、日本、加拿大、俄罗斯等 11

个国家和地区共 148 人，取得了很好的反响，接着 1993 年在日本东京举办第二届，此后每两年在中、日、美三国轮流举办一次。该会议到 2023 年底已经持续了 30 余年，共举办了 17 届会议，只有前两年因为疫情没有举办，其中在中国已经成功举办了 6 届。该会议由中、日、美各派出一名主席负责主持，到 2023 年，岑可法总共担任了 10 届中方主席、20 年外事主席。国际动力工程会议定期轮流举办的机制，为我国构建了一个重要的国际交流平台，吸引了国内外动力界的专家、学者、企业家们齐聚一堂，大家在这个平台上分享和探讨能源动力领域中的关键科学和技术问题，大大推动了关键装备的设计与制造技术、运维控制与环保技术、可再生能源开发与利用新技术的飞速发展。

岑可法院士在 1999 年美国机械工程学会主办的
国际动力工程会议上做特邀报告

第二个是中日韩研究生学术研讨会。其设立可追溯到 10 多年前，自 2017 年起正式由浙江大学、日本京都大学及韩国亚洲大学也就是中日韩 3 所高校轮流举办。每年的会议由教授带队，研究生组队

2007 年 10 月，国际动力工程会议在杭州举办，岑可法获 ICOPE 国际会议颁发的杰出贡献奖

参加，每个组有一两位带队教授，开会时老师交流老师的观点，学生则自己组织和进行相关学术交流活动。这对提高研究生的研究能力、研究水平起到重要作用，也为从事能源科技领域研究的青年学者和学生提供了一个学术交流和沟通的平台。到 2024 年该学术研讨会已举办 13 届，参与学生 1300 余人次。参与中日韩研究生学术研讨会的人数共有 460 余位博士生（其中 170 位本实验室博士生），30 位浙大博士生受邀担任分会主席，18 位获得了最佳优秀论文奖。

第三个是大气污染控制费效与达标评估研讨会。岑可法亲自去美国环保署国际合作处和处长谈判交流两次，成功使美方同意派环境部组织专家组每两年来中国，与中国各地开展减少大气烟尘形成和排放的合作。同时，岑可法也派青年教师赴美国学习大气污染物的控制技术。2011 年 10 月，在岑可法的亲自推动下，罗坤教授和陈玲红教授访问美国环保署和田纳西大学，学习灰霾和污染物传输的数值模拟方法等技术，并在 2013 年与清华大学等单位联合发起了大气污染控制费效与达标评估研讨会，先后在杭州、上海、北京等地召开，已经是第 11 届，为中国污染物的控制做出了自己的贡献。特别是在 2016 年 G20 杭州峰会期间，浙大团队为峰会空气质量的保障提供了重要的技术支撑，受到环保部门的高度评价。

岑可法任院长时，除了让教师和研究人员广泛参与国际交流，为了让学院的干部树立创新思维和意识，他还把学院办公室干部带到韩国，参观和学习考察了多所著名大学及韩国高等科学技术研究院。"当时主要是看看他们是怎么搞创新的。"岑可法说。

通过这样的一些方式，岑可法一步步打开了热能所国际交流与合作的大门，他深知，国际学术性会议和国际交流与合作，对提高浙大在能源工程领域的研究能力、提高中国能源动力学科在国际上的知名度和学术地位，作用都是无法替代的。其不仅有助于中国的研究人员、高校教师、学生开阔眼界，提升能力，还有助于及时了解相关领域国际前沿的资讯和信息，为专业领域的发展引入源源不断的

"活水"和新思维、新视野。

2017 年中日韩研究生学术研讨会合照

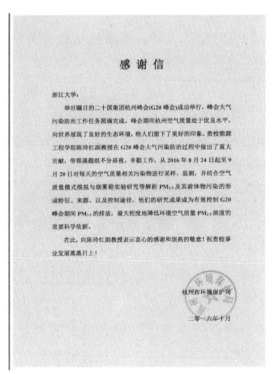

2016 年杭州市环境保护局的感谢信

岑可法的学术生涯中，许多精彩故事也都和国际学术性会议、国际交流与合作有关。他从这些会议上以及其他一些交流与合作的场景中敏锐捕捉国际前沿的新方向、新技术，带回了许多引领国内能源领域发展的金点子。浙大能源工程学院及热能所的研究者和老师以及很多学生，则沿着岑可法的足迹、通过他所搭建的桥梁，把国际交流与合作的路越走越宽。

最近几十年中，除了交换生和研究人员及老师交换、访问学习之外，岑可法也鼓励浙大能源工程学院及热能所的其他研究者和老师以及学生们积极寻找机会到国外留学、交流甚至是做上几年的研究。他说，中国现在能源工程的发展形势和 20 世纪 80 年代初相比已经有很大的不同，现在中国已经具备了很好的发展基础，但依旧要紧跟世界前沿，以浙大能源工程发展为例，派员到先进国家留学和学习更有利于自身的发展。

当然，学有所成的精英人才，岑可法也会想方设法"挖"回来。

国际索赔

弱国无外交，所有的尊严和体面都要靠自己去拼搏。国际交流与合作，也讲究实力的对等，尤其是科技实力的对等。

对科技工作者而言，在国际交往中，你来自中国，你代表的就是中国。在很多时候，就必须挺身而出维护国家利益。

1993 年 3 月 10 日，浙江省宁波市北仑港发电厂一号机组发生一起特大锅炉炉膛爆炸事故，造成 23 人死亡，8 人重伤，16 人轻伤。

事故发生以后，岑可法作为事故处理组组长带领热能所团队奔赴现场进行事故原因调查，有关部门要求 3 个月内必须找到事故原因。当时共有 3 个调查组参与这一重大事故的调查，其中浙大和浙江省电力试验研究院是一个组，上海交通大学和华东电力试验研究所是一个组，清华大学跟西安热工院是一个组，三个小组独立进行调查研究。

北仑港发电厂 1 号锅炉是美国 ABB-CE 公司(美国燃烧工程公司，简称 CE 公司)生产的亚临界一次再热强制循环汽包锅炉，额定主蒸汽压力 17.3 兆帕，主蒸汽温度 540℃，再热蒸汽温度 540℃，主蒸汽流量 2008 吨/小时。

究竟是什么原因导致了爆炸？调查组经过仔细调查和分析后得出了三个结论，即化学爆炸、蒸汽爆炸和机械失稳。浙大组的结论就是化学爆炸。当时还在浙大能源工程系任教的姚强是执笔人，这份上千页的事故调查报告，他在办公室里进行最后的整理和统筹就整整花了一个星期。姚强调到清华任教后，他将宁波市北仑港发电厂爆炸事故作为重要案例，选入了他所开设的新生研讨课《能源研究当中的失败案例分析》。

不管三个调查组得出怎样不同的结论，事故发生最初始的原因是一致的，就是严重的结渣。爆炸现场居然有 1000 多吨结渣，这是大家谁都没有想到的。调查组发现，在爆炸前出事机组的一些参数已经明显偏离了正常范围，尤其是从 1993 年 3 月 6 日起该锅炉运行情况就出现了异常，只是当时并未引起充分重视。一个重要原因是那时我们国家还是整体缺电的情况，这个电厂停炉检修一小时就要少发 60 万度电，对整个电网都会产生影响，所以发电厂就想再坚持一下。4 天之后，悲剧就发生了。

事故调查要搞清楚事故发生的来龙去脉往往十分艰难，这次的事故却给调查组留下了很多信息。"因为机组的自动化水平高，能看到温度、压力、负荷等毫秒级的数据变化，大量的数据为调查组了解时序、事件发生的先后过程都提供了依据。"姚强说，他们把爆炸的锅炉中大量的渣拿出来进行分析，看它们在炉内的分布，根据参数往回推，做热力计算，就能找出很多问题。此外，现场几十米的钢梁都弯了，这需要巨大的爆炸破坏力，通过力学分析也能了解一些情况。

在调查北仑港发电厂爆炸事故的 3 个月里，在岑可法的主导下，浙大调查组内又分成不同的小组，每个小组负责分析排除一个假设事故原因，逐一排除。

同时，各个调查小组相互协作，将分析结果汇总给岑可法。岑可法几乎每天都会和各个小组讨论，而后进行工作汇总。

最后，调查组认为，这是一起锅炉严重结渣而由落渣诱发的机械-热力破坏事故，并且大量水汽泄出，炉内压力猛烈升高，使事故扩大，而锅炉中严重结渣是不同的煤混在一起烧带来的问题，两种不结渣的煤，混在一起就可能结渣了，但以前的锅炉设计并没有充分注意到这个问题。本次悲剧的发生，有管理方面的失策，忽视安全规程是一个很重要的原因，但 CE 公司的锅炉结构不完善、设计存在缺陷和制造质量不良也是至关重要的因素，其冷灰斗设计强度低，受可能发生的外力作用会使灰斗失稳、破坏引起事故，并且在锅炉大量结渣的情况下又无法观察和进行清渣处理。

本次爆炸的机组是从 CE 公司进口的 60 万千瓦机组，炉型很小，自动化水平很高，不像国内的机组有观火孔、人孔门能去看炉内燃烧情况。这为准确了解结渣状况带来了很大的挑战。

所有的锅炉都可能结渣，适当的结渣是可以接受的，CE 公司这台机组指导书里面也有一句很重要的话，大概意思是有经验的操作者可以判断出怎么样是一个合理的结渣，并提供了一些判断指标。根据要求，这台机组的运行人员要懂英文，电厂都是选的非常年轻的 20 多岁的小伙子，他们不仅懂英文，还被送到澳大利亚培训之后才上岗，尽管这样他们依旧没有经验判断结渣是否合理，这表明 CE 公司的锅炉设计在应对结渣的风险方面的确存在问题。

事故发生后，最开始 CE 公司的态度十分傲慢，也很自负，他们坚持认为北仑港发电厂爆炸事故不是机组本身的问题，言下之意是运行人员的问题，但包括岑可法在内 3 个调查组的中国科学家们用事实说话，以大量证据以及逻辑缜密的分析，驳斥了 CE 公司的论断，CE 公司无可辩驳。

而后整个维权索赔过程历时一年，最终以北仑港发电厂胜诉，CE 公司赔偿和对锅炉设备进行改进以确保运行更加安全画上了句号。

这起事故的调查中，浙大团队在 3 个月里调查、分析、取证，在高强度、高压力的工作条件下圆满完成任务。在整个工作过程中，岑可法都是夜以继日地投入，他知道涉及国家重大利益的事情，一点儿都不能放松。他严格以身作则，带头冲锋在前，才能带动大家以更饱满的热情和精神状态投入复杂的调查工作。

姚强后来回忆说，岑可法老师和调查组的其他成员当时都是以高度的责任感和使命感要把真相弄清楚。一方面，是为了彻底了解事故发生的原因，使以后不再出现这样的情况，23 个生命的代价实在是太惨烈了！另一方面，只有真正找到问题所在，才能得到 CE 公司的赔偿，从而维护中国的国家利益、企业利益，更好地维护工人们的权益。

岑可法和他带领的调查组也知道，他们得以帮助北仑港发电厂成功维权，除了据理力争，背后也站着正在不断走向强大的祖国。正是在国家的支持下，迅速组织相关领域的专业人士组成 3 个调查组，从科学的角度彻底搞清了事故发生的真相。如果没有逐步强大的国家作为支撑，北仑港发电厂爆炸事故的国际维权恐怕要艰难得多，说不定还会对中国带来完全不利的结局。

这个调查案例也反映了我国在相应科技领域的重大发展和进步，我国科研人员能通过各种技术手段和科学定量定性分析回溯事故发生过程，分析出事故发生的原因及各种影响因素，这就是中国调查组在北仑港发电厂爆炸事故调查中能够和 CE 公司的调查组分庭抗礼的重要本钱。

北仑港发电厂爆炸事故后的调查中，意识到混配煤的问题以后，岑可法也作为负责人带领研究团队将科学合理的混配煤作为一个很重要的方向进行研究，经过多年的持续研究，他们取得了很大的突破。

2001 年，岑可法牵头的团队的研究项目《煤的优化配置、催化洁净燃烧和产业化应用》获国家科学技术进步奖二等奖，他们开发了用于配煤的催化洁净燃烧添加剂和应用非线性神经网络的优化配煤方法，可以将各种低热值、高灰分、高硫、易结渣的劣质煤加工成为易燃、低硫、不结渣的优质煤。他们还开发了实时在线检测技术优化计算机专家控制系统的生产工艺流程，并在杭州 300 万吨/年的煤场得到应用，建成了年产 80 万吨洁净优化配煤生产线。

他们的这种探索，已经出现了智慧能源的萌芽。按照岑可法的说法是，这表明浙大热能所 20 多年前就已经开始探索智慧能源了。

捐献 350 万元巨款

从苦日子中走过来的岑可法一辈子的生活都十分俭朴，为学校的教育事业发展却十分慷慨。2010 年 1 月 15 日，在 75 岁生日时，岑可法做了一个很大的决定，他拿出自己多年的积蓄，几乎是把自己的家底全掏空了，给浙大捐了 350 万元，用于学校设立奖学金。这是浙大历史上在校教职工捐赠数额最大的一笔奖学金。

2010 年 1 月 15 日，岑可法院士向浙江大学教育基金会捐赠 350 万元的捐赠仪式

捐出这笔巨款之前，岑可法思考了很久。他一直在琢磨的一个问题是：当以科技报国为使命的他，随着年龄的增长而无法继续像以

前那样为科技事业而奋战时，他该如何更好地履行科技报国的使命？培养更多的人才，让更多的人才承担起科技报国的使命！岑可法的脑海中闪出这样的念头。他很快有了主意：让自己的积蓄担当起这样的使命。岑可法觉得妻子过世之后，他用不了多少钱，孩子们自己的生活也比较富裕，应该让这些钱发挥更大的价值。

这并不是岑可法第一次给浙大捐款。浙大能源工程学院院史记载：2005 年 1 月 15 日，岑可法院士 70 岁生日，学院举办了岑可法院士 70 寿辰庆祝会，会上他把荣获的浙江省科学技术重大贡献奖的一半奖金 25 万元捐献出来，成立了浙江大学热能工程研究所岑可法教育基金，用于奖励和资助优秀的教师和学生。

当时捐出这笔钱时，很多人就觉得岑可法是个了不起的人物。谁也不会想到，5 年之后，他还会再捐出一笔更大的捐款。

有人说岑可法的这种做法有些傻，他应该给自己和孩子多留一些钱！岑可法说，他还有工资，没关系！浙大校友、步步高集团董事长段永平曾以创立"小霸王"和"步步高"两个知名品牌而闻名全国，他知道这个消息后很感动。他说，岑可法院士捐一块钱，他补一块钱，岑老师捐 350 万元，他就补 350 万元，这样，这笔奖学金总共达到了 700 万元。而后，加上其他社会企业和浙大热能所教师慷慨捐赠，使基金总额超过了 1000 万元，并更名为浙江大学岑可法教育基金，由该基金(本金 1000 万元人民币)每年的收益作为年奖励总额。

这笔基金面向全校本科生和研究生，鼓励在校学生勤奋学习、刻苦钻研，激励学生提高自身能力和素质，每年全校约有 100 位本科生与研究生获得奖励。截至 2024 年底，已经共有 1400 多名学生获得该项奖学金支持。岑可法没把这笔钱的奖励局限在热能所或者是浙大的能源研究领域，而是面向全校的本科生和研究生，他的这种胸怀深深感动了浙大的数万名学子。

2024年岑可法奖学金、奖教金颁奖仪式

岑可法说："我们至今还没有找到很好的办法来解决能源问题，学科的发展要从基础抓起，培养要从青年开始。"

而后不久，岑可法接受大家的提议，将浙江大学岑可法教育基金又用于给浙大的一些教师和科研工作者发奖。"他们虽然没有国字头、没有帽子，但多年来为集体做出了很大的贡献，大家提议设'孺子牛'奖，也每年从基金里发放，每人奖励2万到3万元。"他说，这些人长时间认真工作，是团队的重要组成部分，我们应该铭记他们的默默付出，并给予他们相应的奖励。

"孺子牛奖"的背后，闪烁的依旧是岑可法所坚持的集体主义的光辉，他认为在团队的科研中，走上科研高峰的人无疑非常重要，但是也不能忘记在背后默默"拾柴"或者"抬轿"的人，这里面贡献多和贡献大的人，应该获得关爱和尊重。

2025年1月15日，是岑可法90岁大寿。浙大能源工程学院的众多师生聚集在能源所，给岑可法过了一次令人难忘的生日。和以前一样，这一天的重头戏是给获得浙江大学岑可法教育基金的老师和学生们颁发奖金。对所有获奖者而言，这将成为他们人生道路上最为难忘的场景。90 岁的岑可法院士慈爱的目光里，闪烁的是对获奖者的关爱，也是对他们前行的勉励。他微笑中的期望，已经成为获奖者们昂首向前的巨大动力。

浙江大学岑可法教育基金是浙大全体师生一笔巨大的物质财富，更是一笔伟大的精神财富。它所体现的是岑可法对国家、对学校和学生们深深的爱心，他对国家、对民族、对我国的教育事业的赤胆忠心，以及他科技报国之心的长远考虑。

更为宽广的视野

作为一个教育家，岑可法的教育视野早已走出浙大。他深知，推动中国更多的人才涌现，中国的科技创新之路才能走得更为坚实，科技成果涌现和科技创新突破才能更快。

21 世纪初，他就一直在思考，如何构建一个平台，让全国的大学生参与科技实践和创新。他需要一个支点！几经思索，他的视野瞄准了节能减排。

随着人类社会的发展，节能减排变得越来越重要，在世界很多国家都已经成为工业和社会经济发展重要指针。和所里的老师们几经商讨以后，岑可法决定推动筹办一个节能减排的赛事活动，让全国的优秀大学生参与到节能减排的社会实践与科技竞赛中来！

在岑可法的倡导和教育部高等教育司的支持下，2008 年第一届全国大学生节能减排社会实践与科技竞赛在浙大成功举办，共有 88 所高校的 505 件作品参加了此次竞赛，参赛作品类型多、专业性强、涵盖面广，涉及了能源、机械、资源、建筑、电气、海洋、社会、经济、矿业等多个领域。如此多的高校和学生作品参加赛事活动，岑可法异常兴奋，也超出了他的预料。

因为影响力巨大，全国大学生节能减排社会实践与科技竞赛被确定为由教育部高等教育司主办、唯一由高等教育司办公室主抓的全国大学生学科竞赛。该竞赛紧密围绕国家能源与环境政策，紧密结合国家重大需求，每年轮流由全国范围内的一所高校承办。

截至 2024 年，这项赛事已经成功举办十七届，从第一届的 88 所高校的 505 件作品，到第十七届的 629 所高校以及海外 21 个国家和地区共同参与，共计 7853 件参赛作品，吸引了 53000 余名优秀学子报名参加，赛事的内容越来越多样化，发展成了一项具有导向性、示范性和群众性的全国大学生竞赛。其中，岑可法就担任了 10 届全国竞赛委员会主任，该项赛事在岑可法的指导和关怀下不断发展壮大，每年都吸引全国众多高校的学生参与，已经成为被教育部确定的全国十大大学生学科竞赛之一，也是全国高校影响力最大的大学生科创竞赛之一。

每年，一大批大学生都通过参与该项赛事得到历练和指导，很多人在自己的专业中钻得更深，探索得更远，启发了他们对科技创新的热情和兴趣，不少人的人生航向甚至因此而改变。如今，早年参与该项赛事的很多大学生，他们在继续深造或者走向就业岗位以后，已经成为中国多个领域科技创新与突破的生力军和骨干力量。

全国大学生节能减排社会实践与科技竞赛活动的筹划，是岑可法教育生涯中一个具有标志性意义的事情。通过这样的方式，他的一些教育思想、理念，以及科研思想有了更为广阔的空间和舞台，他的科技报国之梦被成千上万的人继续和延续。

"这还不够！还需要向更为宽广的范围延伸！"在岑可法看来，当今世界大变局下，带领更多的青年、青少年走上科技报国之路，已经是必然的选择，是国家赋予老一辈科技工作者的历史使命。

科技兴则民族兴，科技强则国家强。这是中华民族从最近 100 多年以来的苦难和血泪中得到的深刻教训。基于对祖国近代史和世界科技强国发展之路的深刻认知，岑可法说中国需要一代代优秀的科技精英相继接力，扛起科技报国的大旗。科技报国是一种信念，是一种信仰，能够激励更多人拼搏进取，推动中国更快、更好地自主研发和自立自强，使国家在激烈的国际竞争中掌握主动权，不受制于人。

纵观岑可法的人生轨迹，他的赤胆忠心和科技报国雄心贯穿于人生的各个阶段，深深融入他的血脉之中。他不仅仅是口头上的誓言，而是不断用自身的行动做出回答。

国家兴亡，匹夫有责；科技报国，实干作答。岑可法做了最好的诠释。

第|十六|章

晚年的"拐杖"和"眼睛"

沈珞婵的病逝，给岑可法带来了很大的打击，他的生活也完全乱了套，尤其是他的视力问题给他带来了很大的不方便。

虽然女儿、女婿搬过来和他在一起住了一段时间，但女儿忙，大部分时间都是女婿陪着他。女婿也有自己的工作，很多时候他还只能靠自己。

学院的弟子们知道老师十分不容易，就把帮他找一个合适的老伴提上了日程。也正是在这种情况下，岑可法和孙慧珍走到了一起。

结缘

认识岑可法之前，孙慧珍是一位已经退休的单亲妈妈。孙慧珍的经历也很丰富，吃了不少苦，她初中毕业后农村插队四年，读了中专，在安全教育学校工作过，动手能力很强，机械、修理都能做。因为家庭不和与老公离婚后，就含辛茹苦独自一人把儿子拉扯大。

在多年和儿子相依为命的生活中，她在家里男人的活儿也能做，女人的活儿也能做，能把铝合金门窗卸下来清洗完又装上，能修门、装锁、换灯泡，更不用说洗衣、做饭这些细活了。

为了把儿子安心带大，孙慧珍一直没有考虑个人的问题。以前同事和朋友们给她介绍的有医生，也有做生意的，她都没有动心。她觉得自己独立生活能力很强，把孩子带大就好了，带个孩子再找另一半，始终会有问题。

年轻时，孙慧珍在安全教育学校上班，为了多挣一点钱，中午还兼了一份工，同事们休息午睡了，她还在忙着干活，她只是想通过自己的努力工作，让自己和儿子的生活尽量过得好一些。

儿子长大成人后，朋友都劝她也该想想自己的事情了。就这样，经人介绍，认识了岑可法。

岑可法和孙慧珍走到一起，也是一件很有意思的事情。

沈珞婵过世两年以后，岑可法的几个弟子倪明江、骆仲泱、严建华、池涌等人商量着看能不能帮老师再找一个对象。有一次他们请岑可法吃饭，把他的女婿也叫去了。女婿当时在杭州工作，女儿孙女都在英国，平时是女婿对岑可法做一些照顾的工作。女婿的工作也很忙，有时根本照顾不过来，因为视力的原因岑可法生活中时常遇到的一些难题还是无法解决。那时，岑可法也比较孤单，找个专门看护他的人虽然能够帮助解决生活上的一些难题，还是无法排解岑老师的内心的孤独。他们说，最好的办法是大家一起努力帮岑老师再找到一个人生的伴侣。

弟子们先是帮岑可法介绍了一个医生，结果这个医生比岑可法还要忙，还得岑可法照顾她，交往了一个月以后岑可法认为不合适。而后，弟子们又给他介绍了一个退休干部，两个人交往了一年，但是两个人爱好不一致就没有再继续下去了。第三个给岑可法介绍的就是孙慧珍。

岑可法和孙慧珍认识时，正好是75周岁。如果孙慧珍在第一时间知道岑可法的真实年龄，可能就会打退堂鼓了。

不过向孙慧珍介绍的人聪明了一些，说岑可法只有70岁出头一点，大概71～72岁的样子。她身边的姐妹们也动员她去见个面。

为了给对方留个好印象，孙慧珍也收拾了一下自己，但到了预约的见面地点，让她震惊的是第一次约会，她约会的对象竟然没有来，居然是他单位的老师、助手和他家保姆来向孙慧珍做介绍，要先跟她聊一聊，这让她觉得很有一些怪异。

岑可法这边，他则有着自己的考虑。他觉得自己的年纪比孙慧珍大很多，对方是否真的介意还是一个未知数，先行让人帮着参谋更靠谱一些，另外他也不想在为找老伴儿的事情上浪费太多的时间，为了避免再次失望，他才决定出此下策，先让弟子、助手及保姆先跟孙慧珍聊。岑可法的想法是：让她知道他的为人怎么样，有什么样的生活习惯等，让她先有个了解，如果愿意做朋友，再见面。

由于对象都没有见着，孙慧珍就没有怎么上心，此时她也还不知道自己约会的对象是中国工程院院士，介绍人只是告诉他是浙大的一个老师。

由于不确定孙慧珍的想法，而后第二次预约的见面又开始了，还是第一次见面的几个人。"怎么还是你们来，他不来，我不看到他，怎么个聊法？"孙慧珍有点生气了。

第二次之所以还不见面，主要是岑可法害怕有了感情分手也痛苦，于是就托几位代聊的人跟孙慧珍讲，虽然他的学问很好，但深度近视，视力差，他是要找个终身伴侣，培养了感情后一定要堂堂正正结婚。

岑可法在骨子里还是一个很传统的人，他想的不仅仅是找一个老伴儿，他再三强调他要找的是能够结婚的人，让孙慧珍考虑清楚要不要和他谈。

孙慧珍考虑了很久，此时她已经知道，和她谈对象的不仅是浙大一位很重要的人物，而且还是中国工程院院士，她知道自己和院士在学问上的巨大鸿沟和差距，一度担心是不是能够和这样的人很好地相处。至于岑可法的视力问题，她倒没有认为是个大问题，他们又不是年轻人谈恋爱。

孙慧珍同意了岑可法提出的要求。

到了第三次预约见面时，岑可法露面了，不过依旧带着好几个浙大的老师。这次见面时，岑可法和孙慧珍聊了很多，岑可法发现孙慧珍虽然不是搞学问的人，但看起来很温柔。她椭圆的脸上，能让人感觉到一种经历过生活磨砺的过来人对人的温暖和体恤，她说话也是轻声细语、慢条斯理的，从不板着面孔，总是笑容可亲。这让岑可法感觉和她在一起聊天十分舒服。

见到岑可法之前，因为前两次见面岑可法都没有露面，孙慧珍还担心岑可法不太好相处，见面以后，她的这种成见也完全打消了。

在她眼前的岑可法，虽然身为院士，但居然也是一个完全没有任何架子的人。孙慧珍记得这次见面是在冬天，岑可法戴了个鸭舌帽，穿着羽绒服，不管是举止还是说话，岑可法都给人感觉是一个很爽朗但颇有绅士风度的老头儿，所以也给孙慧珍留下了比较好的第一印象。

由于聊得比较愉快，岑可法还请孙慧珍吃了顿饭。

岑可法也把他家里的电话号码给了孙慧珍，周围的几个老师觉得岑可法应该是喜欢上了孙慧珍，所以才愿意把电话号码给她。

而后，岑可法和孙慧珍就开始交往了。岑可法十分尊重孙慧珍，他告诉她，只要他们生活上的沟通没有障碍，学历不是问题，他也不在乎孙慧珍的学历，他们又不是为了学问结婚，而是双方有感情才结婚。孙慧珍听了也深受感动。在交往的过程中，孙慧珍也曾经有过思想方面的斗争，主要是和岑可法在一起的话，她就几乎完全失去了自由，她得一直跟随着岑可法，她原来构想的自己退休以后的生活也完全变了样，最终她还是说服了自己，这里面一个很重要的原因是她为岑可法的人格魅力所征服，她愿意和岑可法待在一起。

可和孙慧珍刚刚认识不久，岑可法的女儿就知道自己的爸爸又要找对象了。在最开始，女儿从心底是不愿意父亲再找对象的。岑可法和前面两个谈的时候，她就一直持反对态度。

知道自己的父亲和孙慧珍在一起的消息时，女儿的第一反应就是震惊，而后就是反对，当时在英国留学的她决定回国，她最初的想法是自己回国照顾父亲，不能让父亲再给自己找一个后娘。虽然她自己的爱人跟她唱反调，他也支持她的父亲再找一个可以照顾他的人。

回国以后，因为长时间待在国外，一下子回国造成的不适应，岑可法的女儿突然血小板只有3000多。岑可法担心女儿要生白血病，在得知结果后就第一时间给孙慧珍打电话。

孙慧珍知道岑可法的女儿不同意她和岑可法在一起，但思前想后，认为自己和岑可法在一起这个关无论早晚都是要过的，还是决定去照顾。于是，在岑可法女儿的丈夫照料了几天之后，孙慧珍就去照料。

对岑可法而言，有孙慧珍帮着照顾女儿，他可以更加放心。但最开始岑可法的女儿不冷不热的，孙慧珍的滋味并不好受，尽管如此孙慧珍还坚持每天都照顾岑可法的女儿，帮她打饭、洗衣服，和每天的身体擦洗。

"你就当身边多了一个朋友，需要我照顾，我帮帮你，我和岑老师以后的事就以后再说了。"孙慧珍跟她说。

我们每个人的生活就是很具体的，不管是谁，哪怕再高的职位，不管如何风光显赫，也都需要面对日常的生活。柴米油盐酱醋茶，生病了需要照料和陪伴，这谁都避免不了。

再说，人心都是肉长的，在日复一日的照料之中，岑可法的女儿慢慢感受到孙慧珍对自己发自内心的关爱，她心中的坚冰开始一点一点地融化，直至最后不再抵触孙慧珍和自己的父亲在一起。

这样，岑可法和孙慧珍交往了一年以后，就正式领了结婚证。

"拐杖"和"眼睛"

2010 年年底的一天，浙大能源工程学院在浙江宾馆举行总结大会，这天岑可法带着孙慧珍一同出席，这是孙慧珍和岑可法正式领证结婚后第一次公开亮相，岑可法走进会场后，全场起立鼓掌。

"这是我的夫人，孙慧珍老师。"岑可法笑着向大家介绍孙慧珍。岑可法一向行事磊落，内心坦荡，他觉得通过这样的场合正式介绍孙慧珍，不仅是给自己一个交代，也是给孙慧珍一个交代。他也希望自己周围的人像尊敬亡妻沈珞婵一样尊敬孙慧珍，尽管她并不是学术界中人。

掌声一浪高过一浪，大家都发自内心地为岑可法院士感到高兴。

和孙慧珍在一起后，岑可法的生活终于结束了混乱状态。岑可法的房子装修很简单，部分家具已经使用多年也没有更换。孙慧珍是个热爱生活的人，她把家里布置得井井有条，岑可法再也不用为生活的琐碎事情操心和耽误时间了。孙慧珍也是一个勤俭持家的妻子，之前没有保姆，都是她一个人搞卫生操持家务，为岑可法做好后方工作。

2010年底，岑可法和孙慧珍在浙大能源工程学院召开总结大会时的合照

岑可法时不时就要外出讲课，或者出席各种场合的活动，孙慧珍就成了岑可法的生活秘书。岑可法是个生活很随意的人，他的大部分时间都忙于工作，很少会考虑收拾自己。出门时，孙慧珍从上到下总是把岑可法收拾得非常精干、精神，她说这样岑老师才能给人留下更好的印象。

就是年纪大了，外出讲课或者做报告的事情，岑可法从来都不马虎。往往为了一个半小时的讲课或者报告不超时，岑可法都会自己在家预先演练了一遍，又提前到达会场，先熟悉会场环境，调试好话筒和随身所带的激光笔，才进贵宾室候场休息，这也是他多年形成的习惯。

岑可法心细如发，研究和讲课的事情尤其如此。在岑可法的弟子和学生们看来，老师这不仅仅是心细，而是工作态度的本色使然，不管是什么工作，他都是这样一丝不苟。搞能源工程，尤其是做项目的时候，往往最需要的就是细心和责任心，如果稍有马虎，有时就会留下安全隐患，甚至是造成设备损坏和人员伤亡。所以，从工作的第一天起，他就以身体力行的方式告诉自己和自己的学生，工作要仔细一点，一定要再仔细一点，不要留下任何安全隐患。就是到了老年，很多时候都不在实验现场和工程一线了，他依旧保持着这样的本色，讲课和做报告也不例外。

但是岑可法的视力已经相当不好，就是他曾受伤的那只眼睛，所配眼镜的度数也早已超过 1000 度了，不戴眼镜眼睛几乎看不清东西。加上上了岁数，岑可法外出的时候孙慧珍得时刻跟着，生怕他被绊倒或者摔个跟头，她得提前确认他走的路线没有问题，有时要么是她自己要么是嘱咐工作人员仔细搀扶着。时间长了，岑可法外出也对孙慧珍形成了依赖，只要她跟着，他知道自己就可以放心地讲课、做报告或者参加活动。

和岑可法结婚以后，岑可法的日程也就是孙慧珍的日程。不管岑可法去哪里，她都是形影不离。事实上，不管是在生活中还是工作中，孙慧珍事实上已经成了他的"拐杖"，甚至是他的"眼睛"。也正是孙慧珍的存在，岑可法晚年的身体健康和生活质量都得到很好的保障，这也延长了他在科学技术领域继续为国家效力的时间。

孙慧珍好像也成了浙大热能所的一员。"热能所上上下下都对我挺好。有什么事情，有什么活动也都邀请我参加，我要是不来，他们还特意打电话来问，你怎么不来？我也跟他们一样，成了这个大家庭的一分子了。"

谈吐之间，从孙慧珍心底飞出的自豪在眼神中扑闪，在岑可法的办公室中回荡。

幸福的晚年

和岑可法结婚以来，孙慧珍精心照料着岑可法的生活，一日三餐都自己在家做。身为广东人的岑可法爱喝汤，孙慧珍就隔三岔五给他煲汤，后来医生说汤喝多了嘌呤高，孙慧珍才不再频繁地煲汤了，但给岑可法做饭依旧很讲究，顿顿都是荤素搭配。只要岑可法想吃的，她就想办法给他做。西兰花、清蒸鱼、仔排等这些岑可法喜欢吃的菜，她的手艺让岑可法赞不绝口。

前妻沈珞婵虽然非常贤惠，一辈子都充当着岑可法贤内助的角色，但是她是出生于上海的大小姐，是父母的掌上明珠，少女时代父母也不让她干活，几乎没有做过什么家务。沈珞婵嫁给岑可法后才开始学习做饭等各种家务，加上他们很多时候都是在学校食堂吃饭，一年中做饭的次数也不是很多，因此不是太会做饭。孙慧珍则让岑可法在晚年享上了口福。为了让岑可法吃上新鲜的蔬菜，孙慧珍几乎每天都去菜市场或者超市买菜，她一点儿也不怕麻烦。有时甚至还带着岑可法到菜市场或者超市转上一圈儿，去感受一下当地老百姓的生活气息。这种外出岑可法也很喜欢，菜市场、超市等一些场所从某种程度上讲也是一个信息交流中心，在这里岑可法不仅可以听到、看到很多他在研究中无法观察到的见闻，也能够更加深刻地理解老百姓的喜怒哀乐，以及社会的人生百态。

其实和沈珞婵结婚以后，岑可法就非常喜欢到菜市场买菜，喜欢在这个空间和不同阶层的人交流。后来他的工作越来越忙，菜市场才去得越来越少，直到后来很长时间也难得去一次。老了以后，他不再那么忙，又有时间重新到菜市场等一些地方溜达了。

2019 年底新型冠状病毒感染疫情开始后，出于对孙慧珍和自身健康的考虑，岑可法不想让孙慧珍还每天跑出去买菜，就定下来中午这顿饭菜不要做了，就在学校食堂吃。到了中午，孙慧珍就从食堂打好两份饭菜，带到岑可法的办公室陪他一起吃。

岑可法看到孙慧珍就像见了心上人的愣小子，笑得合不拢嘴，若是心情正好，还会像个小孩子似的喊："吃饭喽！吃饭喽！"吃饭前，孙慧珍会在桌上垫好报纸，给岑可法戴好围兜。吃饭时，岑可法有时会跟孙慧珍讲起小时候妈妈做的菜、做的点心，讲起那些有特色的家乡菜。细心的孙慧珍则把岑可法说的这些默默记在心里，动手能力强的她时不时就在餐桌上给岑可法制造点惊喜。

2013 年，岑可法孙慧珍甜蜜合照

　　有时，岑可法也会和孙慧珍手拉着手逛街买衣服，孙慧珍买衣服，岑可法会帮她选，孙慧珍也帮着挑选、搭配岑可法的衣服。

　　岑可法的衣服买回来，遇到不太合身的，孙慧珍就自己踩着缝纫机把衣服改得长短合度。每天岑可法出门前，孙慧珍也都给他把里里外外的衣服搭配好，甚至岑可法睡觉时戴的毛线帽也是她亲手织的。

　　平日里，孙慧珍还能帮岑可法理发，这样岑可法连理发店都不用去了。岑可法说孙慧珍就像个百宝工具箱，生活上的事情全都难不住她，只是自从孙慧珍能帮他理发以后，理发店就再也挣不上他的钱了。

　　周围的人都知道孙慧珍非常善良，她十五年如一日无微不至、默默无闻地照顾着岑可法，不喊苦不喊累。岑可法之前腰不太好，痛起来都要在床上躺好几天，她就自学按摩手法，几个小时地给岑可法按摩。按摩的时间一长，孙慧珍自己的手都酸疼得不行，但为了让岑可法的腰早些好起来，她从不喊苦与累。在孙慧珍的调理下，岑可法腰疼的毛病终于不再犯了，后来也都没有复发过，背也挺直了。

　　"我把岑老师既是当长辈，也是当老伴。家里的琐事我不劳烦他，让他可以一心搞自己的事情，我就是尽我所能地照顾他。"孙慧珍微笑着，轻柔的声音随着岑可法办公室窗外的树叶轻轻荡漾。

岑可法则在一旁微笑着，脸上洋溢着幸福的光泽。

岑可法数十年来都是专注于科研的大事情，家里的很多小事情他的确很少操心。他的说法是，一个人的脑容量都是有限的，如果老想着小事情，大事情就装不下了，他喜欢做大事情。

不过沈珞婵去世以后岑可法也曾经反思，他觉得家里的小事情他也还是要多关注，更主要是到了晚年，他的工作任务也不像以前那样多了。其实，岑可法本来就是一个很心细的人，只要他有了空，家里很多他认为重要的事情他也是不会忽略的。

有一年孙慧珍过生日这一天，她以为岑可法不记得了，回到家一个人都没有，心里感到特别失落，突然电话响了，是热能所的王树荣教授打过来的。

为了给她过生日，岑可法已经邀请了一帮老师，菜都点好了，大家就等着孙慧珍了。原来岑可法是想给孙慧珍一个惊喜。孙慧珍哽咽了。

和孙慧珍在一起之后，生活上岑可法对孙慧珍也关心得很细，不仅经常嘘寒问暖。孙慧珍一生病，他就很着急，生怕有什么闪失。

有时孙慧珍还能体验到岑可法孩子一般温馨的时刻。譬如有时看到孙慧珍不高兴了，在孙慧珍洗漱之时，他就帮孙慧珍搭一把手，比如拧一下毛巾，这时孙慧珍的气也就没有了一大半。

岑可法对孙慧珍的儿子小敏也很关心，小敏从技校毕业，岑可法就鼓励他说，他还年轻，要多学一点知识才行，仅仅有大专文凭还不行，于是小敏又自考完成了本科的全部课程。而后，在岑可法的激励下，他又通过研究生统考的方式踏上了攻读 MBA 之路，最终获得了硕士学位。

事实上，和孙慧珍在一起之后，岑可法也一直将小敏当成自己的孩子一样对待。

毕业以后，小敏进入浙江当地的一家科技公司，事业蒸蒸日上。可以想象，要是没有岑可法作为他的引路人，他的人生可能就不会走到这样的高度。

"他觉得爸爸知识比较渊博，在人生道路上面，已经给了他很大帮助，不管是生活、工作、学习，还是为人处世，都能指点他。"孙慧珍的内心是由衷宽慰的。

结婚后，孙慧珍也慢慢感化了岑可法的女儿，跟岑可法唯一的外孙女感情也很好，外孙女小学时也去英国读了两年，但初中时又回到了杭州，刚回来的时候，文言文根本没学过，数学也不是很好，孙慧珍就把老师或者浙大的学生请到家里来辅导功课。小姑娘天资聪慧，学习也能够吃苦，后来考上了重点高中，读了半个学期以后为了学习上更好地发展又转到英国读高中。

以前工作忙，女儿的学业和发展岑可法没有怎么管，岑可法说这也影响到了女儿的发展。

到了老年，岑可法把这些补偿给了外孙女身上。每隔一段时间，岑可法就安排孙慧珍帮助给外孙女寄钱。并且爷孙俩也时常沟通学习的情况。外孙女在国外读书后，以前是每个星期，后来每半个月，爷孙俩都要视频一次，每次视频至少一个小时，外孙女学习碰到什么问题了，都会讲，比如说这一周的课程，讲的是哪些内容，都会跟岑可法探讨，岑可法也会辅导自己的外孙女应该要怎么做，到现在都有视频。

外孙女也是岑可法的骄傲，她同时收到英国好几所名校的录取通知书，最终选择了曼彻斯特大学，后来又获得了全英国 2020 年硕士优秀奖，当年她是大曼彻斯特地区的唯一获奖者，也是英国当年硕士毕业成绩最好的学生之一。后来外孙女在伦敦大学学院(UCL)继续攻读博士学位，并于 2024 年拿到了博士学位。

外孙女也一直以有这样一位院士姥爷而自豪。

岑可法也十分感激孙慧珍对家庭的付出，他说自己任务多、学生也多，孙慧珍很细致，待人接物方面都帮他处理得很好。"我们年龄相差较大，跟我生活在一起是需要奉献精神的。"

很多时候，岑可法依旧会思念起前妻沈珞婵，孙慧珍不仅一点儿都不介意，反而十分感动，除了新型冠状病毒感染疫情中断了两年，她几乎每年都要陪岑可法去给沈珞婵扫墓，她也会鼓励岑可法，有什么心愿，都跟沈珞婵说说。当岑可法想说说知心话的时候，孙慧珍就离得远远的。在沈珞婵的墓前，岑可法也会告诉她，说孙慧珍对他和孩子们都很好……时间的流逝，并没有减轻岑可法对沈珞婵的思念。

虽然岑可法并不相信灵魂的存在，但他觉得通过这样的交流，依旧是一种心灵寄托的方式，从内心来说，他也希望沈珞婵能够听到。

近几年岑可法年岁大了，有时扫墓时，走着不方便，孙慧珍就代替岑可法去给沈珞婵扫墓，也把岑可法想要和沈珞婵说的话给带过去。

孙慧珍听说过很多关于岑可法和沈珞婵的故事，她同样为他们而感动，尤其是为沈珞婵在家庭中的付出而感动。岑可法则说，在为家的付出方面，孙慧珍几乎接过了沈珞婵的担子。

人世间的感动

平日里，每天吃完晚饭，岑可法会和孙慧珍一起在院子里散散步，走到健身器材的地方做做拉伸、扭扭腰，活动活动。

岑可法的生活很有规律，每天晚上 12 点前入睡，白天 9 点半左右到热能所上班。到了晚年，岑可法没有多少繁重的科研任务，空余时间也就多了很多。没有客人到访的晚上，岑可法和孙慧珍也会像所有的老夫妻那样坐在一起看看电视。

他们家双人茶椅间的茶桌是一块能中间折叠的暗红色木板，茶椅茶桌都有了些年头，但孙慧珍用花布做了椅套，看起来依旧十分温馨。

2022 年，热播的电视剧《人世间》打动了他们，该剧以居住在北方某省会城市一户周姓人家三代人的视角，描绘了十几位平民子弟在近 50 年间所经历的跌宕起伏的人生故事。"于人间烟火处彰显道义和担当，在悲欢离合中抒写情怀和热望"，通过周家兄妹几十年的人生轨迹为切入点，逐步铺展开一张涵盖城市平民、政府官员、知识分子、国企工人、个体商户等各阶层的社会群像，同时还涵盖上山下乡、三线建设、推荐上大学等重大社会历史事件，运用多角度、多方位、多层次的表达方式，犀利勾画中国社会的巨大变迁和百姓生活的跌宕起伏。

跟着《人世间》剧情的发展，岑可法也时常想到发生在自己身上悲欢离合的故事，想到了他的父亲、母亲、哥哥、姐姐和妹妹，想到和前妻沈珞婵的艰苦岁月……他也想到了自己从孩童时代一路走过来的坎坎坷坷……

"草木会发芽　孩子会长大

岁月的列车　不为谁停下

命运的站台　悲欢离合　都是刹那

人像雪花一样　飞很高　又融化

世间的苦啊　爱要离散雨要下

……"

2022 年，这首《人世间》的主题曲也因为电视剧《人世间》的热播而火了。有时看电视剧，当主题曲响起，岑可法会从电视剧的情节走进他自己的世界。时光回到七八十年前，那个在珠江边玩耍的孩童，刚走出数年抗日战火烽烟的他，和他的哥哥、姐姐，还有妹妹，正在展开他们的人生画卷……

有一天，窗外的阳光温暖地照射在岑可法的办公室里，岑可法对来访者讲了很多心底的话，岁月如奔流的河水一路向前，但带不走回忆，有很多的欢乐，也有很多的遗憾。

半个多世纪一直奋战在能源工程领域，岑可法为中国的能源工程做出了很多贡献，也获得了很多荣誉，备受弟子和学生们的爱戴，但是他也失去了很多。

我们每个人的人生中无法掌控的事情很多，不可能在自己人生所有的事情上都能够做到完美，唯一能做的就是保持清醒和积极，将自己的使命最大化地完成，岑可法做到了。

尤为欣慰的是，岑可法也有一个幸福的晚年。

"我现在活得很有滋味。沈老师过世后我有段时间很孤单，请个保姆，家里也冷冷冰冰的，和孙老师在一起后，家里总算又比较温暖了。我和孙老师的感情一直都非常好，不亚于和沈老师的感情。"岑可法说。

言语之间，岑可法微笑着，他眼睛里，如同幽深的湖泊荡漾起了春风。

第|十七|章

院士也可以是配角

长达半个多世纪的科研生涯中，岑可法带领他的团队不断追求创新，他一直站在能源工程领域的世界前沿。数十年的光阴流转中，岑可法也完成了从"助手—带头人—助手"这三个角色的转换。

这是岑可法人生的一个轮回。1962年，他在杭州西湖边老和山下的浙江大学从助手开始做起，为他"助手—带头人—助手"的人生轨迹埋下了伏笔。经过数十年的奋斗，他站到了能源工程科研领域的高峰之上。斗转星移，岁月变幻，当他从科研的高峰开始走向老年之时，他给自己的角色定位也拐了一个大弯儿——给弟子和学生们当助手。

岑可法坚信，只要自己做好配角的角色，弟子和学生们就能够更高地飞翔或者更好地成长。

既可以做助手，也可以带团队；既可以做一根独立延展的筷子，也可以和其他筷子绑在一起使劲儿；到了英雄暮年，尽管依旧壮心不已，但主动把自己放在助手的位置上。这就是岑可法的理念。他总能在一个特定的阶段和特定的项目里，找到自己的位置。

从岑可法1962年在老和山下的"玉泉"筚路蓝缕、以启山林，到如今团队获得众多奖项期间，他经历了从"助手、学科带头人到助手"的身份转变。这既是他的生活经历的写实，也可以说是他的工作理念与信条。工作的前20年，他是老教授团队里的助手；在第二个20年里，他是团队里的学科带头人；在后20年，他又回归到了助手的角色。

"当年选择做助手，因为这就是建设团队的需要。现在又选择做助手，是因为假如所有项目都是我牵头的，那年轻人就上不去了。"所以岑可法给自己定位成助手的角色。

岑可法的研究方向非常广泛，他自己深知，如果一个领导者什么都管，那就什么都做不精。所以他提出在65岁以后当助手，他只负责三个课题，其他的课题只参与，主要提建议。

20多年的成果中，虽然很多时候项目是岑可法找的，主意或者核心点子是他出的，但在发表论文或者其他研究报告时，岑可法的名字大多数排在最后，他把前面的位置留给了年轻人。

岑可法找到国家重大需求的课题，让年轻人当课题负责人。当他们碰到困难时，就又会帮忙提出解决办法，但他也不越俎代庖，他说实验还是需要年轻人亲自去做，这样他们才能在锻炼中成长。

有人说岑可法敢于让贤，敢于给年轻人让路和铺路，才促进了浙大热能所甚至是能源工程学院人才辈出，新鲜血液不断涌出。从某种程度上讲，这是岑可法自身的修为所致。但岑可法更愿意结合自身成长、成才及培养人才的经历讲述他在人生不同的阶段"助手—带头人—助手"的角色转换。

他坚定地相信，对一个从事科研工作的人而言，在其整个科研生涯中，选择"助手—带头人—助手"这样的角色转换才是符合客观规律、传承规律和团队规律的，如果一个人成长起来可以担当大任了，也不能永远做学科和团队的带头人，那随着身体衰退，整个团队都不会有活力。

现实中，一些研究团队并没有很好地解决人才培养和传承的问题，一个学术大拿长期充当中流砥柱的作用，但这种局面也容易导致青黄不接的现象。岑可法通过自己的实践和制度建设，很好地解决了这一问题。

同时他也认为，当一个人在某个领域被长期视为权威之后，对自己角色的转化，一定要有自知之明。就是院士，也应该如此。

值得注意的一个细节是，自 20 世纪 90 年代以来，岑可法很少成为奖项的第一获奖人，虽然获奖项目他都参与了，而且在不少项目中还是主要负责人，可他总把自己的名字放在后面。长江后浪推前浪，他这样做，为的是让更多的青年人走到舞台中央。

高翔、吴国潮、朱松强、郑成航、胡达清、岑可法等人共同完成的"燃煤机组超低排放关键技术研发及应用"项目获得 2017 年度国家技术发明奖一等奖，虽然该项研究不是岑可法主导，高翔等人也正是站在他的肩膀上，在他的指导下持续开展攻关，才取得突出的成就的。

虽然该项获得国家级一等奖的奖项中也有岑可法的名字，但他的名字只排在整个研究团队 6 名完成人的最后一名。根据研究团队的说法，在报奖之前，岑可法是自己主动要求把自己的名字排到最后的，岑可法说他都已经转到做助手的角色了，他的主要作用就是帮助弟子和学生们继续攀登高峰，而不是和他们抢功。

所长不抢功、不争荣誉，下面的科研或教学精英就都变成了嗷嗷叫的尖兵。浙大热能所整个团队也是硕果累累，他们不仅将热能所打造成了"能源高效清洁利用全国重点实验室""2011 协同创新中心"等多个国家级教学科研基地，成为国内能源领域各级基地最全的研究单位，团队还先后荣获国家"三大奖"18 项、国家科学技术进步创新团队奖 1 项、国家级教学成果奖 5 项，多次被评为浙江省模范集体。

这些众多奖项中，早年岑可法大部分都居于主角的位置，后面就多是配角了，就是他挑头推动的科研项目，他也把自己放在配角的位置。正是岑可法坚持这样的理念，浙大热能所的青年教师和研究人员只要肯干，只要有才气，就有很多担当大任的机会。所以浙大热能所里出现了青年科研才俊特别多的现象，而这正是岑可法早年推进团队建设时所期待的。

岑可法对自己老年之后的定位有着清晰的认知，既然他决定了要做配角，那就要做好配角，要做到只帮忙不添乱，这也是岑可法对自己的要求。

能源工程领域的科学和工程技术应用一直在不停地发展，做一个不添乱的配角并不容易，搞不好，还会导致大家的反感。岑可法的做法是时刻与时代保持同步，与科技发展前沿保持同步。为此，岑可法也一直在坚持不停地学习新知识。

大家最佩服的是岑可法对新知识的吸收能力，不管是能源领域之类的，还是与能源工程相关的，他都积极学习，并让自己的思想意识始终站在能源工程领域的前沿。

他经常说，知识的世界学无止境，掌握更多的知识，他自己也很享受，想问题、看问题也会更加深入和透彻。跟年轻人交谈时，人家也才会尊敬他。

岑可法为浙大能源工程学院的青年人树立了一面旗帜。多年来，岑可法不断学习、不断接受新事物的姿态让能源工程学院他的弟子和学生们在和他们相关的一些领域的学习上丝毫不敢松懈，并且如同鲇鱼效应一样推着他们向前走。因为岑可法会经常找他们问问题，或者让他们回答一些问题，要是他们完全不知道是怎么回事，那就有些尴尬了。

89岁的岑可法院士指导学生做实验

尽管如此，热能所的一些老师还是坦言，他们在很多时候还是无法跟上岑老师，因为岑老师站得高，看得远。往往在学习新东西时，他的一些新的想法就跳出来了，而后大家跟着他的想法或者点子去看，很多时候还真能搞出"大事情"。最近一二十年中，他们不少取得重大科技成果的项目，就是这样干成的，这让所里的人不得不服。

夫人孙慧珍自和岑可法成婚以后，在家里时常也感到"学习的压力"，因为岑可法的一些事情除了秘书负责，偶尔也要交给她处理，岑可法总是督促她多学习。

"他总是说，你多学一点，我说我都70岁了，学不进去了呀！岑老师就说，你要有信心，不要觉得上年纪了，这里有问题，那里有问题，老不想学习，要想到明天会更美好，一切都会过去的。"时间长了，孙慧珍也就习惯了，而对岑可法来说，有了孙慧珍这个好帮手，他就可以更好地履行院士助手的这个角色了。

年近八旬的时候，岑可法这个院士助手依旧还是一个勤奋、不服老的助手，他依旧和以往一样，时常与年轻人一起出差，一起熬夜，一起在科研一线"燃烧"。他的自我评价是"客观上年纪大，但心态上年轻化"。

岑可法一直干到83岁才正式退休，就算是退休以后，他依旧每天保持着正常的工作状态，依然活跃在教学科研第一线，每天经常工作4～6小时以上。在他的意识中，他这辈子就是为中国能源工程的发展而生的，只要他还能动，他就还得为能源工程事业发光发热。

"我精神好，脑袋瓜还能想很多，为什么要退缩？为什么不做些事情呢？"当别人劝岑可法好好颐养天年的时候，他说。

岑可法是一个崇尚科研实践的人，他的整个科研人生就是这样一路走过来的。浙大热能所新建成的一些科研条件平台，尽管岑可法已经没有办法亲自操作使用了，他依旧充满了浓厚的兴趣，总是会去探个究竟。

2022年6月7日，浙江省目前唯一由省属国企牵头、高校共建和各创新主体相互协同的能源领域高能级科创平台——白马湖实验室(能源与碳中和浙江省实验室)揭牌成立。白马湖实验室坐落于杭州高新区(滨江)物联网小镇，于2022年5月正式纳入浙江省第三批省实验室，由浙江省能源集团牵头，联合浙江大学、西湖大学共建，其中代表浙江大学的科研主力就来自浙大热能所，由高翔院士任实验室主任。虽然岑可法已经不再是主角，但看到先进的实验平台，他的满眼都充满着骄傲和自豪。有时，他也会想起自己年轻时在条件艰苦的试验台爬上爬下的情形。现在的科研条件"鸟枪换炮"，时代显然不同了。他也告诫弟子和学生们，有了好的实验平台，并不等于就一定会出好的原创性研究成果，最为关键的还是要发挥人的作用。

岑可法尤其喜欢和弟子们讨论学术问题。只要一聊起科研来，他就从没有感到疲倦的时候。王树荣教授说，每次开会前，岑老师都会提前规划好，可以叫哪几位老师参会，好叫他们就互相交叉的领域展开讨论，碰撞出一些好的想法。晚上，岑老师家里也总有弟子来找他交流、讨论科研进展。王树荣老师说，他几乎每次都是和岑院士从晚上 8 点开始讨论，到 11 点多了还有说不完的话。孙慧珍怕太晚岑可法熬不住，就劝他们结束讨论，第二天再继续。常常得到的都是还要继续的回答。有时孙慧珍熬夜也熬不住了，岑可法就劝孙慧珍先去休息。

孙慧珍哪里能放心先去睡觉，她隔段时间就要给岑可法和客人端些水果和点心上来，并给岑可法再重新灌个热水袋。"他们一探讨起来，真的是滔滔不绝，没完没了。最主要的是岑老师他也喜欢，这时候他非常兴奋，也完全不觉得累。"孙老师有时候哭笑不得。

杭州属于南方，冬天城市基础设施并不提供暖气供应，但是实际上冬天有时候也很冷，尤其是湿冷湿冷的感觉也常常让人受不了。弟子们冬天的夜里在岑可法家里讨论问题的时候，大家更是明显地感受到了这个问题。没有暖气的客厅，夜越深越寒，坐在冷飕飕的客厅里，有时冷得让人受不了。

岑可法和弟子们凭着对学术的一腔热爱，在寒冷的冬夜讨论问题时常常都是浑然忘我的境界。但弟子们想着，岑老师的年纪越来越大，体质不能和年轻人相比，他们应该帮着岑老师装个暖气系统。前几年，这个想法变成了现实，解海龙教授为岑可法设计了新型系统暖气，这样他们冬天的夜里讨论问题再也不怕受冻了。

当岑可法到了 90 岁的时候，他其实已经完全可以休息了。在能源工程领域的研究中，他攀上了一座又一座的高峰，他的很多研究成果和科研思想，将会永远闪烁着智慧的光芒。在他的门下，桃李满天下，不少弟子和学生都已经成为各个领域的精英人才，一些依旧在从事能源工程研究的人接过他的接力棒，正在多个方向开花结果。

岑可法却闲不住，在他的人生轨迹中，一直伴随着能源工程，他自然舍不得这个领域。

浙大也依旧让岑可法担任着所长的担子，其中一个最为重要的原因是在整个研究所，岑可法依旧是最具有凝聚力的人，他能够把大家聚在一起开展大项目的研究或者工程项目实施，而这一点，也是全所绝大多数研究人员和老师们的共识。

虽然已经将自身定位为助手的角色，但在浙大热能所教授周昊等一些老师的眼中，他们的岑老师依旧是一个大团队的组织者、管理者、启蒙者，他在科研创新、带领团队完成国家项目方面，一直都在做巨大的贡献。

更重要的是，岑可法能以自己的人格魅力把大家都团结起来，他在这里依旧发挥着主心骨的作用。大家担心，他不在这个位置上了，如果大家各干各的，会导致研究所凝聚力的下降，这样时间长了，研究所的实力也会下降。

岑可法本人倒并不很担心这个问题，他曾经意味深长地说了这么一句话："只要我们好好组织，大家在团队里有时候当头，有时候当助手，有时候当主角，有时候当配角，都愿意做，那什么事情都能做出来，全国领先的都能做出来。"

只要身体状况允许，岑可法依旧会去自己的办公室，虽然没有多少硬性的工作任务，他还是有很多事情要做。作为浙大热能所的所长，有许多要干的事情依旧还要他来决定，尤其是涉及一些关系到方向性的研究课题或者工程项目，弟子或者其他研究者和老师们很多时候都会过来找他商量，或者听听他的意见。

89 岁的岑可法在实验室

没见过岑可法的人，也许会想，快 90 岁的人了，脑子还清楚吗？但只要见了他，跟他聊过，就会发现他的思维和心态却始终年轻。弟子们说，虽然很多科研项目他自己干不动了，但他智慧的大脑依旧活跃。

"脑子是越用越活的。"岑可法指着自己的脑袋说，他常挂在嘴边的话也是"要开动脑筋想办法""要用脑袋瓜想问题"。他自己的脑袋瓜里，思维活动永远都在高速运转。他不让自己停下在能源科学前沿思考的脚步，是因为他想给更多的年轻人做好铺路石，帮助他们成长。

扶持年轻人前进岑可法自己是这样看的，他说在能源工程的科研道路上，需要一代又一代地接力向上攀登，而人才培养要从青年开始。

岑可法常说，"只有那些不怕艰苦，时刻保持探索探知的理想信念，敢于创新敢于攀登的人，才有希望到达科学的高峰，并从一座高峰又向新的高峰不断迈进。"但是年轻人在发展的关键时期，往往需要有人推一把或者扶一把，他希望自己在晚年多做做这样的事情。他的办公室一直向所有的研究者、老师和学生们开放，谁都可以来找他谈论问题。只要他在办公室的时候，不时就有人来找他讨论问题，或者是请教，让他就一些事情提意见。

不了解浙大热能所的人在初次来到岑可法的房间时可能都有一些惊讶，为何这个已经90岁的老人在年轻人面前依旧有着这么大的吸引力，愿意和岑可法沟通交流。

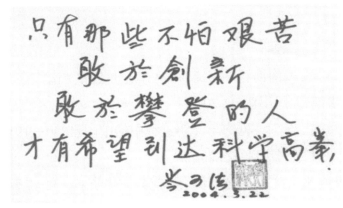

只有那些不怕艰苦
敢于创新
敢于攀登的人
才有希望到达科学高峰！

岑可法
2004. 3. 22

岑可法激励年轻人勇攀高峰

这里面的奥秘就在于岑可法数十年的待人接物，他为人真诚，工作认真，浙大热能所的很多老师和学生已经将与岑老师的沟通交流当成了研究和学习的一部分。并且，岑可法人老心不老，他一直关注国际国内科技发展的前沿，思维极其活跃，创新性想法总在不停地闪现，和他头脑风暴一下，听他当面指导一下，有时比自己琢磨好长时间都管用。

微风吹过，窗外的叶子沙沙作响。没有人的时候，岑可法有时也会陷入沉思，数十年在这里奋斗的场景就像放电影一样，一幕幕在他的眼前闪过，他早已将他自己和浙大热能所融为一体，看着这个从他这里开始诞生的研究机构已经发展成一棵参天大树时，他有时也会会心地微笑。

他近些年指导或者点拨的一些学术研究中的苗子，有的还是正在发育的花蕾，有的已经开花绽放吐露芬芳，虽然还没有迎来硕果累累的时刻，但他的心底知道，这已经是必然的，只是时间早晚的问题。

参 考 文 献

[1] 广东省佛山市南海区人民政府地方志办公室. 南海院士风采录. 广州: 广东人民出版社, 2014.

[2] 马勇. 叠变: 鸦片、枪炮与文明进程中的中国(1840—1915). 北京: 中国大百科全书出版社, 2022.

[3] 广东省连州市政协文史委员会. 连县文史资料. 第 17 辑, 32-49.

[4] 林伟忠. 从"本其职志, 学以成之"到"德能兼备, 学以成之"——广东轻工职业技术学院办学 85 年回眸. 化工职业技术教育, 2018 年第 4 期.

[5] 广东省连县县志编写委员会. 连县志. 1985.

[6] 广东省政府秘书处. 广东地政. 1940 年 6 月, 23-24.

[7] 崔守军. 能源大外交—中国崛起的战略支轴. 北京: 石油工业出版社, 2012.

[8] 郭苏建, 方恺, 周云亨. 新时代中国清洁能源与可持续发展. 杭州: 浙江大学出版社, 2019.

[9] 谢克昌. "乌金"产业绿色转型. 中国煤炭工业, 2016, (2): 6-7.

[10] 宦建新, 单冷, 周炜. 岑可法. "燃烧"在一线. 科技日报, 2007-12-26(008).

[11] 郑亚丽. 岑可法: 科技解锁"双碳"共促人与自然和谐共生. 今日科技, 2022, (4): 25-28.

[12] 余靖静, 高楚清. 岑可法. 让生命充分燃烧. 成才之路, 2011,

(31): 10-11.

[13] 童奚. 工程热物理学和环境工程学专家岑可法. 初中生世界(初三物理版), 2009, (Z2): 48.

[14] 岑可法. 国际动力工程会议回顾//中国动力工程学会. 中国动力工程学会成立四十周年文集. 2002: 3.

[15] 严建培. 加快水煤浆替代燃油进程赢占可持续发展战略优势——访中国工程院院士岑可法. 今日科技, 2001, (1): 38-40.

[16] 孙平, 解海龙, 樊建人, 等. 炉内冷态流场数值模拟算法讨论及验证. 热能动力工程, 1998, (1): 50-53, 80.

[17] 池涌, 岑可法, 倪明江. 燃煤循环流化床燃烧脱硫的模型预测. 工程热物理学报, 1994, (4): 449-452.

[18] 岑可法, 樊建人. 数值试验(CAT)在大型电站锅炉设计及调试中应用的前景——(Ⅱ)应用实例. 浙江大学学报(自然科学版), 1992, (2): 111-119.

[19] 岑可法, 方梦祥, 骆仲泱, 等. 循环流化床热电气三联产装置研究. 工程热物理学报, 1995, (4): 499-502.

[20] 李飞, 李拓宇, 陆国栋. 以科教融合、学科交叉提升工科人才培养质量——中国工程院岑可法院士访谈录. 高等工程教育研究, 2015, (4): 5-9, 26.

[21] 张冬素. 浙江大学能源新技术成功出口. 中国建设报, 2007-03-20(3).

[22] 郭勇刚, 毛燕飞. 专家预测美国页岩气产量将下降[J]. 北京石油管理干部学院学报, 2011(5): 14-16.

附　　录

附录一　岑可法大事年表

1935 年 1 月 15 日

出生于广东省南海县九江镇南方乡(今佛山市南海区九江镇南方社区和儒林社区)。父亲岑藻芬,早年留学法国,是放眼看世界的有识学者,归国后曾先后在广东省立第一职业学校(后来简称"省广职",广东轻工职业技术大学前身)、广东省立海事专科学校、中山大学、华南工学院(华南理工大学前身)任教,曾担任"省广职"与广东省立海事专科学校教务长;母亲曾琼仙,家庭妇女。共有兄弟二人、姐妹二人。

1937 年

抗日战争全面爆发后,全家不得不和学校师生一起逃难。

1938 年

在广州沦陷前逃难到澳门。

1941～1945 年

1941 年逃难至广东省韶关市,后又逃难至广东省乐昌、连县(现为广东省连州市,邻接湖南省)、广西梧州市,1944 年在广东省肇庆市读完小学六年级毕业,1945 年日本投降后回到广州市。

1945 年 8 月～1949 年 7 月

全家于 1945 年 8 月日本投降时,随父亲任职的新学校回到广州,初中就读于广州私立圣心中学校本部(今为广州市第三中学),1949 年 7 月从广州私立圣心中学校初中毕业。

1949 年 9 月～1952 年 7 月

广州解放，考入高中。

1952 年 9 月

以优异的成绩考入中山大学(经院系调整至华南理工大学)。

1953 年 8 月

经院系调整至华中工学院，先借读于长沙在湖南大学一年。

1954 年 9 月～1956 年 7 月

毕业于华中工学院(华中科技大学)动力系，毕业时通过了国家派遣留学苏联研究生考试。

1956 年 8 月～1958 年 11 月

按教育部规定工作实习两年，分别在华中工学院动力系和浙江大学电机系实习和工作，在此期间也赴北京外国语学院留苏预备部进修俄语。

1958 年 12 月

被分配到苏联莫斯科动力学院，随后打报告给大使馆申请转到莫斯科鲍曼高等技术学院读研究生，师从国际著名燃烧学专家 г·ф·КНoppe 教授。

1959 年

进行基础燃烧学理论考试，经过努力学习后，成绩合格，在苏联开展旋风炉燃烧流体力学的理论研究。

第一次向党组织递交了申请书申请入党。

1962 年 4 月

通过了副博士学位论文答辩，论文《旋风炉内湍流结构的理论和试验研究》获得了评阅人及答辩委员会的好评。

1962 年 7 月

被授予副博士学位，选择回国，回到浙江大学热工教研室任教，开始了煤的燃烧与利用技术的研究工作，作为陈运铣先生助手开展工作。

1963 年 10 月

和沈珞婵老师结婚。

1963 年

发表《旋风燃烧室内气流紊流结构的研究》《自由射流、圆柱及管镞后尾迹结构的试验研究》和《气流紊流结构的研究方法（（热电风计的应用））》三篇论文，首次把流体力学理论引入锅炉炉内过程及射流、管束尾迹的分析，从而建立了燃烧流体力学，在锅炉及换热器的设计、优化运行中得到广泛的引证与应用。

1970 年

与康齐福、张学宏和陈运铣等提出采用溢流式沸腾炉燃烧低热值石煤、煤矸石等劣质燃料，取得良好效果。

1976 年

担任燃烧理论与技术教研室主任。

1978 年

浙江大学成立热物理工程系，担任燃烧理论与技术教研室主任，在实验室实验研究的基础上，岑可法等率先在国际上提出了煤多联产技术思想，想方设法让煤得到最充分的利用。

1978 年 9 月

晋升为副教授。

1978 年

第一次全国科技大会召开，"石煤沸腾燃烧技术及提高效率的研究"获全国科学大会奖。

1978 年

与上海硅酸盐研究所、上海有机化学研究所等单位共同组成"油煤混合燃料（简称 COM）的制备与小型燃烧试验研究"课题组进行油煤浆技术的项目攻关。

1979 年

获"浙江省先进科技工作者"荣誉称号。

1981 年

由中国科学院组织浙江大学、鞍山钢铁厂、中国科学院力学所、化学所等 7 个单位近 100 人参加攻关，任总体技术组组长，带领进行的油煤混合燃料工业性(中间)实验，在鞍钢 100 吨/时锅炉上取得成功，可节油 35%。以煤代油新技术取得了突破性进展。

1981 年

岑可法等在国内率先向国家科委提出开展煤水混合物——水煤浆燃烧技术研究的建议，以廉价水取代煤油混合燃料中的油，实现全部以煤代油。

1981 年

所在的浙江大学工程热物理专业成为全国首批博士学位授予点，首次开始自主招收博士生。

1981 年

中美首次通航,作为中国科学院代表团年轻的成员去美国考察能源、煤浆研究。

1982 年

"油煤混合燃料制备输送燃烧小型试验研究"获中国科学院科技成果奖一等奖。

1983 年

和倪明江前往美国，在国内外首次提出脉冲沸腾燃烧技术新思想，论文《燃煤脉冲流化床基础研究》在第 4 届国际流化床燃烧会议上宣读。

1983 年

与四川永荣矿务局发电厂、煤炭部煤科院煤炭化学研究所共同承担洗选煤泥流化床燃烧技术攻关项目，采用高位给料、结团燃烧、异比重床料和无溢流运行的燃烧新技术，取得成功，这一成果为国内首创，达到国际先进水平。

1983 年

前往四川参加煤泥实验，碰撞致左眼眼球出血，左眼受伤，终身受到影响。

1983 年

承担研制 35t/h 洗煤泥流化床锅炉，作为向坑口电站推广示范项目，成为国际上第一个大型煤泥热电厂。

1983 年 3 月

教学科研成绩突出，晋升教授。

1984 年

任热物理工程学系系主任。

1984 年 5 月

加入中国共产党。

1984 年

在国内外首次运用气固多相流、燃烧流体力学及计算机等理论与技术，提出计算机辅助优化数值计算试验方法（简称 CAT）。

1985 年

所在的燃烧教研组获"浙江省劳动模范集体"称号。

1985 年

带领团队在水煤浆燃烧与制备的"六五"国家科技攻关中成绩显著，受到表彰。

1986 年

获国家级有突出贡献的中青年科技工作者、浙江省优秀教师称号。

1986 年

与袁振福前往瑞士谈判，浙大热能所首次与瑞士苏尔寿公司签订四年水煤浆流化床燃烧技术（LowCost Slurry Fluidized Bed Combustion Technology）的有偿国际科研项目协议，并取得成功。

1986 年

以突出的教学科研成果首批获评通过，获教育部博士生导师资格。

1987 年

与樊建人提出了新的描述气固多相流动数学模型——脉动频谱随机颗粒轨道模型。该模型在气固多相流中得到广泛应用。

1987 年

主编的《锅炉燃烧试验研究方法与测量技术》出版，在华南 5 省、华北 7 省和华东 5 省(市)作为全国电力部门工程师培训讲座的主要教材(1991 年获能源部优秀教材奖一等奖，1992 年获全国优秀教材奖)。

1987 年

获全国五一劳动奖章、全国先进科技工作者、浙江省劳动模范。

1987 年

"双床沸腾炉"获国家发明奖三等奖。

1988 年

主持组织北京造纸一厂，兵器工业部 52 所等 6 个单位进行 50t/h 燃油工业锅炉应用水煤浆代油燃烧技术联合攻关，并列入国家"七五攻关项目"。江泽民、朱镕基、吴邦国、邹家华等先后到北京造纸一厂考察水煤浆应用技术情况，并给予高度评价。

1988 年

开展工业锅炉、窑炉节能智能化专家系统研究。

1989 年

与樊建人等合著了《工程气固多相流动的理论和计算》，这是全国第一本百万字级关于气固多相流计算的学术专著，浙大由此开全国气固多相流之先河。

1989 年

担任浙大热能所所长。

1990 年 12 月

荣获全国高等学校先进科技工作者称号。

1990 年 12 月

"低热值石煤的预热层燃技术及装置"获国家发明奖四等奖。

1991 年

国家"七五"攻关项目"50T/H 燃油工业锅炉应用水煤浆代油燃烧技术"获国家科委、计委、财政部联合颁发的"七五"重大科技成果奖。

1991 年

代表中国动力工程学会与 ASME、JSME 商定，由三家联合主办每两年一次的国际动力工程会议。

1992 年

成立国家水煤浆工程技术中心浙江大学燃烧技术研究所，任所长。

1992 年 10 月

与樊建人合著《工程气固多相流动的理论及计算》一书，获华东地区自然科学图书优秀专著奖一等奖及全国优秀专著奖。

1992 年 11 月

《锅炉燃烧试验研究方法及测量技术》获第二届普通高等学校优秀教材——全国优秀奖。

1992 年

由中国动力工程学会、美国机械工程师学会和日本机械工程师学会联合主办(Sponsors)、由浙江大学和美国 Syracuse 大学组织的国际动力工程会议(International Power Engineering Conference，简称92 杭州国际动力工程会议)在杭州浙江大学举行，担任会议主席，截至目前已举办 17 届。

1993 年 2 月

获工科十强研究所评比工科十强研究所之首。

1993 年

带领研究团队在国内率先研究提出了"城市生活垃圾废弃物焚烧发电处理技术",研究了从垃圾预处理到焚烧炉设计、最优化燃烧、发电、尾气处理等一整套集成技术,经过多年实验研究和工程实践,开发成功了适合我国国情的、具有自主知识产权从 150～500T/D 的城市生活垃圾焚烧集成技术与装备,并成功应用。

1993 年 11 月

获光华科技基金奖一等奖。

1993 年

"计算机辅助优化数值试验(CAT)理论及在工程气固多相流动研究中的应用"获国家教委科技进步奖一等奖。

1993 年

"用 CAT 解决韶关电厂 8#炉锅炉结渣"获广东省科技进步奖一等奖。

1993 年

针对我国电厂煤种多变带来的锅炉安全问题,提出优化配煤的设想。

1994 年 6 月

撰写的《锅炉受热面及换热器结渣磨损腐蚀预防措施及计算原理》由科学出版社出版,是中国第一部系统介绍有关锅炉受热面及换热面结渣、磨损、腐蚀的机理、预防措施及计算原理专著。

1995 年

当选为中国工程院院士,属能源与矿业工程学部。

1995 年 9 月

获全国优秀教师荣誉称号。

1995 年

"用 CAT 解决大型电站锅炉结渣问题"获国家科学技术进步奖三等奖。

1996 年 12 月

获第二届"孺子牛金球奖"。

1997 年

"培养高水平工学博士的新机制"获国家级教学成果奖二等奖。

1997 年

"博士研究生梯队式培养机制"获浙江省教学成果奖一等奖。

1997 年 12 月

"煤水混合物异重床结团燃烧技术"获国家技术发明奖二等奖。

1998 年 6 月

"煤浆燃烧、流动、传热和气化的理论与应用技术"获浙江省科学技术进步奖一等奖。

1998 年 10 月

获何梁何利基金会"何梁何利科学技术奖"。

1998 年

煤泥发电锅炉技术向国际跨国集团苏尔寿公司、美国 TJNGSMAN 公司、韩国 JINDO 公司输出。

1999 年

指导的博士生首次获全国优秀博士学位论文,至今共获得全国优秀博士学位论文 7 篇,提名 4 篇。

1999 年

浙大机械与能源工程学院成立,任学院院长。

1999 年

组织团队,开展的国家高技术产业化示范项目"800 吨/日大规模清洁焚烧处理城市生活垃圾""洁净煤添加剂产业化示范工程"获得批准。

2000 年

和杭州锦江集团商谈合作,捐建热能所洁净燃烧实验楼。

2000 年

"35t/h 煤矸石流化床锅炉混烧洗煤泥技术"获国家煤炭工业科技进步奖一等奖。

2001 年 8 月

在杭州召开"第一届中美 CO_2 控制技术研讨会",任会议主席。

2001 年

任 2001～2005 年教育部高等学校能源动力学科教学指导委员会副主任委员,以及热能与动力工程专业教学指导分委员会主任委员。

2001 年 12 月

"煤的优化配制、催化洁净燃烧及产业化应用"获 2001 年国家科学技术进步奖二等奖。

2001 年

提出了将能源系的本科专业进行改革的设想,提出:"要培养既懂能源又懂环保的复合型创新型人才,这才符合国家战略发展的重大需求。"

2003 年

提出建议,浙江大学创建了全国第一个能源与环境系统工程专业。

2003 年

全国一级学科评估中,"动力工程及工程热物理"学科获综合排名第二,其中人才队伍和人才培养两项指标均名列第一。

2003 年

获浙江省科学技术重大贡献奖。

2003 年

主编的教材《高等燃烧学》出版。

2003 年

"煤粉浓淡稳燃及低 NO_x 燃烧技术"获浙江省科学技术奖一等奖。

2004 年

主编教材《高等燃烧学》获第十四届中国图书奖。

2004 年

热能所废弃物研究室负责建设的二噁英分析检测实验室正式投入运行，任实验室学术委员会主任，实验室于 2006 年获国家计量认证资质。

2004 年 10 月

在杭州召开"The 3rd International Conference on Combustion, Incineration /Pyrolysis and Emission Control（3rd i- CIPEC）"任会议主席；在杭州召开"中法废弃物管理研讨会"，任会议主席。

2004 年 11 月

在杭州召开"第一届中日能源合作战略学术研讨会"，任会议主席。

2004 年

"热能工程中气固两相流动的理论和实验研究"获浙江省科学技术奖一等奖。

2005 年 1 月

"煤粉浓淡稳燃及低 NO_x 燃烧技术"获国家科学技术进步奖二等奖。

2005 年 1 月 15 日

将荣获的浙江省科学技术重大贡献奖的一半奖金 25 万元捐献出来，成立浙江大学热能工程研究所岑可法教育基金，用于奖励和资助优秀的教师和学生。

2005 年 4 月

获国务院颁发的"全国先进工作者"称号。

2005 年 5 月

在杭州召开"The 8th International Conference on Circulating Fluidized Bed-2005"，任会议主席。

2005 年

"浙江大学-瑞典皇家工学院清洁能源研究中心"在浙江大学正

式挂牌成立。

2005 年 9 月

"瞄准能源学科前沿，构建一流导师群体，培养一流创新人才"获国家级教学成果奖二等奖。

2005 年 10 月

在法国召开 "The 2nd seminar on Waste management within a sustainable development policy"，担任大会共同主席。

2005 年 11 月

"工程气固多相两相流动中若干关键基础问题的研究"获国家自然科学奖二等奖。

2005 年

任 2006～2010 年教育部高等学校能源动力学科教学指导委员会及热能与动力工程专业教学指导分委员会的主任委员。

2006 年 1 月

"城市生活垃圾异重流化床焚烧集成处理装置"获中国专利优秀奖；"循环悬浮式半干法烟气净化装置"获中国专利优秀奖。

2006 年 10 月 2 日

夫人沈珞婵老师在浙二医院病逝。

2006 年

"生活垃圾循环流化床清洁焚烧发电集成技术"获国家科学技术进步奖二等奖。

2006 年

能源清洁利用国家重点实验室通过科技部建设验收,任学术委员会主任。

2007 年

倡导发起全国大学生节能减排大赛,并任竞赛委员会主任,任期 2007～2017 年。

2007 年 10 月

在杭州召开 "International Conference on Power Engineering-2007"，

任会议中方主席。

2007 年

被任命为国家重点基础研究发展计划(973 计划)第四届专家顾问组成员(任期:2007～2012 年)。

2007 年

"质子交换膜燃料电池内传递现象的基础理论研究"获浙江省科学技术奖一等奖。

2007 年

"水煤浆代油洁净燃烧技术及产业化应用"获浙江省科学技术奖一等奖。

2008 年 11 月

浙江大学工学部成立,任工学部学术委员会主任。

2008 年 12 月

"电厂锅炉多种污染物协同脱除半干法烟气净化技术"获国家技术发明奖二等奖。

2008 年

中华人民共和国教育部和外专局批准的 111 引智计划项目"能源清洁利用科学与技术学科创新引智基地"获得批准,引进了 6 名欧美著名院士和 10 多名教授组成的团队,开展联合研究,热能工程研究所的国际交流与合作开始了新的篇章。

2009 年 6 月

担任国家水煤浆工程技术研究中心所长。

2009 年

"水煤浆代油洁净燃烧技术及产业化应用"获国家科学技术进步奖二等奖。

2009 年

"生物质热化学转化制取高品位燃料的基础研究"获浙江省科学技术奖一等奖。

2009 年

"结合国家重大需求，创建能源与环境复合型人才培养新体系"获国家级教学成果奖二等奖。

2009 年 11 月 16 日~20 日

在日本神户召开的"International Conference on Power Engineering-2009"任会议中方主席。会上，日本机械工程学会（JSME）特别向国际合作工作委员会主任委员、ICOPE-2009 共同主席——岑可法院士颁发了特别贡献奖，以表彰他为国际动力工程会议的成功连续举办所做出的杰出贡献。

2010 年 1 月 15 日

出资 350 万元建立"浙江大学岑可法教育基金"，该基金接受社会各界的捐赠，以及段永平校友的配比投入，"浙江大学岑可法教育基金"总额达到 1000 万元，这是浙大历史上在校教职工捐赠的数额最大的一笔款项。

2010 年 6 月 25 日

温家宝总理考察浙江大学，与岑可法院士亲切握手。温总理在回答学生关于做官和学问时，对周边师生们说："岑可法教授，就是要做实事，而不做官的典型，同样受到了我们师生以至人民的爱戴。"

2010 年 7 月 26 日~29 日

在马来西亚首都吉隆坡召开的 The 6th International Conference on Combustion, Incineration /Pyrolysis and Emission Control, i-CIPEC 会议上，为表彰岑可法院士在学术上取得的杰出成就和在推动国际合作和交流方面做出的突出贡献，会议组委会特向其授予"杰出贡献奖"（Outstanding Performance Award）。本次授奖是该系列学术会议举办十年来的首次。

2010 年 11 月 8 日

和孙慧珍女士正式结婚。

2011 年 6 月

当选浙江省"十大之江先锋"，获浙江省优秀共产党员。

2011 年

"燃煤锅炉钙基湿法烟气多种污染物协同脱除关键技术及其应用"获浙江省科学技术奖一等奖。

2011 年

"低 NO_x 的冷灰斗及炉底送风双椭圆布置的 W 型火焰锅炉"获中国专利优秀奖；"颗粒场紧凑式数字全息装置及方法"获中国专利优秀奖。

2012 年 12 月

"湿法高效脱硫剂硝汞控制一体化关键技术与应用"获国家科学技术进步奖二等奖。

2012 年

"污泥热干化与燃煤锅炉协同焚烧处置技术的集成和应用"获华夏建设科学技术奖一等奖。

2012 年

"危险废物回转式多段热解焚烧集成处置技术"获浙江省科学技术奖一等奖。

2013 年

"石灰石-石膏湿法多种污染物同时脱除装置及方法"获中国专利优秀奖。

2014 年 9 月

"强化节能减排意识，提升创新实践能力，创建与推进全国大学生节能减排竞赛"获国家级教学成果奖二等奖。

2014 年 12 月

"面向能源学科前沿与国家重大需求，团队式国际化培养创新人才的实践"获中国学位与研究生教育成果奖一等奖。

2014 年

"构建一流国际合作与交流基地,培养具有国际视野的创新型能源人才"获浙江省教学成果奖一等奖。

2014 年

"复合载体烟气选择性催化还原法脱硝催化剂及制备方法"获中国专利优秀奖。

2015 年

"燃烧过程的场参数实时检测、在线诊断和优化控制技术"获浙江省科学技术进步奖一等奖。2015 年"一种用于 SCR 烟气脱硝装置的 V 型喷氨混合系统"获中国专利优秀奖。

2016 年 12 月

"浙江大学能源清洁利用创新团队"获国家科技进步(创新团队)奖。

2016 年

"生物质热化学定向转化分级制取高品位液体燃料"获中华人民共和国教育部自然科学奖一等奖。

2016 年

"燃煤机组超低排放关键技术研发及产业化"获浙江省科技进步奖一等奖。

2016 年

"全过程、多层次、多方位能源领域研究生创新人才培养体系探索与实践"获浙江省教学成果奖一等奖。

2016 年

"立足能源学科发展前沿,建设'三位一体'能源与动力专业实践教学体系"获浙江省教学成果奖一等奖。

2016 年

"危险废物回转式流化冷渣三段焚烧炉"获中国专利优秀奖。

2017 年 9 月

获浙江省杰出人才创新奖。

2017 年 12 月

"燃煤机组超低排放关键技术研发与应用"获国家技术发明一等奖。

2017 年

"微生物转化生物质制油气燃料的能质传递强化机理"获浙江省自然科学奖一等奖。

"锅炉烟气臭氧氧化脱硝方法"获中国专利优秀奖。

"大型油气锅炉燃烧振动控制技术"获高等学校科技进步奖一等奖。

2018 年

获聘全国大学生节能减排社会实践与科技竞赛委员会荣誉主任。

"面向国家重大需求，多方位全过程培养能源领域一流创新人才"获国家级教学成果奖二等奖。

"深度脱除燃煤烟气硫氧化物的系统及方法"获浙江省专利金奖。

2019 年

"深度脱除燃煤烟气硫氧化物的系统及方法"获中国专利优秀奖。

"可调谐激光光谱结合飞行时间质谱在线监测二噁英的方法"获浙江省专利金奖。

2020 年 5 月

组织撰写热能丛书两套，共 24 本，并任丛书主编。

2022 年

"可调谐激光光谱结合飞行时间质谱在线监测二噁英的方法"获中国专利金奖。

2023 年

获中国工程热物理学会终身成就奖。

附录二　岑可法主要著作和部分论文目录

著 作 目 录

1. 岑可法. 锅炉燃烧试验研究方法及测量技术. 水利电力出版社. 1981.

2. 岑可法, 樊建人. 工程气固多相流动的理论和计算. 浙江大学出版社. 1989.

3. 岑可法, 樊建人. 燃烧流体力学. 水利电力出版社. 1990.

4. 岑可法, 倪明江, 骆仲泱, 等. 译. 循环流化床锅炉的设计与运行. 水利电力出版社. 1994.

5. 岑可法, 樊建人, 沈珞婵、池作和. 锅炉受热面及换热器结渣磨损腐蚀预防措施及计算原理. 科学出版社. 1994.

6. 岑可法, 姚强, 曹欣玉, 赵翔, 黄镇宇, 周俊虎, 刘建忠, 任建兴, 方梦祥. 煤浆流动、传热、燃烧与气化的理论与应用技术. 浙江大学出版社. 1997.

7. 岑可法, 倪明江, 骆仲泱, 严建华, 池涌, 方梦祥, 李绚天, 程乐鸣. 循环流化床锅炉理论、设计与运行. 中国电力出版社. 1998.

8. 岑可法, 倪明江, 严建华, 骆仲泱, 李晓东, 方梦祥, 李炫天, 池涌, 高翔, 蒋旭光, 程乐鸣. 气固分离理论及技术. 浙江大学出版社. 1999.

9. P. Basu, 岑可法, L·Jestin. Boilers and Burners. Springer. 1999.

10. 岑可法, 周昊, 池作和. 大型电站锅炉安全及优化运行技术. 中国电力出版社. 2002.

11. 岑可法, 姚强, 骆仲泱, 李绚天. 高等燃烧学. 浙江大学出版社. 2002.

12. 骆仲泱, 王勤辉, 方梦祥, 岑可法. 煤的热电气多联产技术及工程实例.化学工业出版社. 2004.

13. 岑可法, 姚强, 骆仲泱, 高翔. 燃烧理论与污染控制. 机械工业出版社. 2004.

14. 池涌, 李晓东, 严建华, 倪明江, 岑可法. 洗煤泥与污泥处理焚烧技术及工程实例. 化学工业出版社. 2006.

15. 程乐鸣, 岑可法, 周昊, 骆仲泱. 多孔介质燃烧理论与技术. 化学工业出版社. 2013.

16. 王智化, 岑可法, 周俊虎, 樊建人. Simultaneous Multi-Pollutants Removal in Flue Gas by Ozone. Springer&浙江大学出版社. 2014.

17. 岑可法, 等. 先进清洁煤燃烧与气化技术. 科学出版社. 2014.

18. 郝吉明, 尹伟伦, 岑可法, 等. 中国大气 PM2.5 污染防治策略与技术途径. 科学出版社. 2016.

19. 高翔, 岑可法, 陆胜勇, 等. 2014-2015 环境科学技术学科发展报告(大气环境). 中国科学技术出版社. 2016.

20. 岑可法, 倪明江, 严建华, 李晓东, 池涌, 等. 可燃固体废弃物能源化利用技术. 化学工业出版社. 2016.

21. 岑可法, 等. 推动能源生产和消费革命的支撑与保障. 科学出版社. 2017.

22. 周昊, 岑可法. Combustion Optimization Based On Computational

Intelligence. Springer&浙江大学出版社. 2018.

23. 周昊, 岑可法. 科学出版社. 燃烧过程的在线场参数测量. 2019.

24. 肖刚, 倪明江, 岑可法, 骆仲泱, 程乐鸣. 太阳能. 中国电力出版社. 2019.

25. 倪明江, 肖刚, 岑可法. 斯特林循环分析与发动机设计. 科学出版社. 2019.

26. 周昊, 周明熙, 岑可法. 烧结过程清洁燃烧和污染物控制. 科学出版社. 2020.

27. 吴学成, 吴迎春, 岑可法. 颗粒全息测量技术. 科学出版社. 2021.

28. 高翔, 郑成航, Pen-Chi Chiang, 岑可法. Multi-Pollutant Control for FlueGases: Principles and Applications. Springer&浙江大学出版社. 2021.

29. 程乐鸣, 岑可法. 循环流化床锅炉数值优化设计与运行. 化工出版社. 2023.

论 文 目 录

1. 岑可法. 自由射流, 圆柱及管簇后尾迹紊流结构的试验研究[J]. 浙江大学学报, 1963, (2): 63-84.

2. 岑可法. 旋风燃烧室内气流紊流结构的研究[J]. 浙江大学学报, 1963, (2): 129-164.

3. 岑可法. 气流紊流结构的研究方法 (热电风计的应用)[J]. 浙江大学学报, 1963, (2): 165-225.

4. 陈运铣, 岑可法, 张鹤声, 等. 劣质煤沸腾燃烧过程动力特性和双床并联运行沸腾炉提高燃烧效率的试验研究[J]. 工程热物理学报, 1981, (4): 366-372.

5. 陈运铣, 岑可法, 张鹤声, 等. 劣质煤沸腾燃烧过程动力特性和双床并联运行沸腾炉提高燃烧效率的试验研究[J]. 工程热物理学报, 1981, (4): 366-372.

6. 岑可法, 曹欣玉, 倪明江, 等. 水煤浆在沸腾床内燃烧过程的初步研究[J]. 工程热物理学报, 1983, (2): 177-182.

7. 岑可法, 倪明江, 曹欣玉, 等. 水煤浆滴燃烧过程的简化数学模型[J]. 工程热物理学报, 1984, (3): 312-315.

8. 岑可法, 袁镇福, 曹欣玉, 等. 煤及水煤浆燃烧过程中 NO_x 和 SO_2 生成的研究[J]. 燃料化学学报, 1984, (1): 33-40.

9. 岑可法, 康齐福, 严建华, 等. 脉冲沸腾床流体动力特性的试验研究[J]. 工程热物理学报, 1985, (3): 287-290.

10. 岑可法, 康齐福, 严建华, 等. 应用脉冲鼓风来提高沸腾炉燃烧效率的研究(基础试验部分)[J]. 浙江大学学报, 1985, (4): 37-46.

11. 岑可法, 康齐福, 严建华, 等. 应用脉冲鼓风来提高沸腾炉燃烧效率的研究(基础试验部分)[J]. 浙江大学学报, 1985, (4): 37-46.

12. 岑可法, 黄国权, 倪明江. 洗选煤泥沸腾燃烧技术的研究[J]. 科技通报, 1987, (4): 18-20.

13. 岑可法, 谢名湖, 吕德寿, 等. 水煤浆燃烧技术的研究[J]. 科技通报, 1988, (1): 10-13.

14. Cen K F, Fan J R. A numerical model for the turbulent fluctuation and diffusion of gas-particle flows and its application in the freeboard of a fluidized bed. Particulate. Science and Technology. 1988.

15. 岑可法, 樊建人, 骆仲泱, 等. 循环流化床内颗粒运动的预测与测量[J]. 化学反应工程与工艺, 1989, (4): 24-31.

16. 岑可法, 骆仲泱, 倪明江, 等. 低倍率中温分离型循环流化床锅炉的设计[J]. 动力工程, 1991, (5): 1-11, 64.

17. 岑可法, 樊建人. 数值试验(CAT)在大型电站锅炉设计及调试中应用的前景——（Ⅰ）基础理论[J]. 浙江大学学报（自然科学版），1992，(1)：115-123.

18. 岑可法，池涌，倪明江，等. 煤炭洁净综合利用技术的研究与前景[J]. 煤炭转化，1994，(3)：16-22.

19. 岑可法，方梦祥，骆仲泱，等. 循环流化床热电气三联产装置研究[J]. 工程热物理学报，1995，(4)：499-502.

20. 岑可法，方建华，倪明江，等. 流化床锅炉床下热烟气点火启动的理论及试验研究——理论模型[J]. 燃烧科学与技术，1995，(1)：34-42.

21. Cen K F, Li X D, Li Y X, et al. Experimental study of a finned tubes impact gas-solid separator for CFB boilers[J]. Chemical Engineering Journal, 1997, 66(3)：159-169.

22. 程乐鸣，岑可法，倪明江，等. 循环流化床锅炉炉膛热力计算[J]. 中国电机工程学报，2002，(12)：147-152.

23. Luo K, Fan J R, Cen K F. Modulations on turbulent characteristics by dispersed particles in gas-solid jets[J]. Proceedings of the Royal Society A: Mathematical, Physical and Engineering Sciences, 2005.

24. 岑可法，程军，池涌，等. 高效低污染燃烧及气化技术的最新研究进展[J]. 动力工程，2005，(2)：153-159.

25. Wang Z H, Zhou J H, Zhu Y Q, et al. Simultaneous removal of NO_x, SO_2 and Hg in nitrogen flow in a narrow reactor by ozone injection: Experimental results[J]. Fuel Processing Technology, 2007, 88(8)：817-823.

26. Luo K, Yan J, Fan J R, Cen K F. On coherent structures in a three-dimensional transitional plane jet[J]. 中国科学：技术科学英文版，2008(4)：11.

27. Zhang L, Wang W J, Yu Z T, et al. An experimental investigation of a natural circulation heat pipe system applied to a parabolic trough solar collector steam generation system[J]. Solar Energy, 2012, 86(3): 911-919.

28. Zheng C H, Xu C R, Zhang Y Q, et al. Nitrogen oxide absorption and nitrite/nitrate formation in limestone slurry for WFGD system[J]. Applied Energy, 2014, 129(sep.15): 187-194.

29. Liu J Z, Wang R K, Xi J F, et al. Pilot-scale investigation on slurrying, combustion, and slagging characteristics of coal slurry fuel prepared using industrial wasteliquid[J]. Applied Energy, 2014, 115(feb.15): 309-319.

30. 岑可法, 倪明江, 骆仲泱, 等. 基于煤炭分级转化的发电技术前景[J]. 中国工程科学, 2015, 17(9): 118-122, 34.

31. 岑可法, 倪明江, 高翔, 等. 煤炭清洁发电技术进展与前景[J]. 中国工程科学, 2015, 17(9): 49-55.

32. Bo Z, Mao S, Han Z J, et al. Emerging energy and environmental applications of vertically-oriented graphenes[J]. Chemical Society Reviews, 44[2024-11-24].

33. Yu J H, Chen L H, Zhang J F, Wu J, Wu X C, Zeng Q M, Cen K F. Influences of Coal Type and Particle Size on Soot Measurement by Laser-Induced Incandescence and Soot Formation Characteristics in Laminar Pulverized Coal Flames[J]. Energy And Fuels, 2020, 34(11): 13740-13749.

34. Xiao G, Chen J l, Ni M J, Cen K F. A solar micro gas turbine system combined with steam injection and ORC bottoming cycle[J]. Energy Conversion and Management, 243[2024-11-24].

35. Zhou H, Tao C F, Meng S, et al. Nonlinear Dynamic Characteristics of Turbulent Non-Premixed Acoustically Perturbed Swirling Flames[J]. Journal of Thermal Science, 2022, 31 (3): 882-894.

附

录

后　记

在浙大玉泉校区第一次见到岑可法院士时，就被岑院士感动了！都已经是 90 岁的老人了，还在坚持上班。

夫人孙慧珍老师说，2019 年底新型冠状病毒感染疫情暴发以后的几年中，所里老师们出于对岑院士健康的考虑，封控时间之外也建议岑院士少到办公室，自此后，他的大部分时间都是待在家里，但他的心始终都还在学校。

2023 年我国疫情形势完全好转以后，只要不是身体不舒服，岑院士工作日经常都会去办公室，与家里相比，很多时候他更愿意待在办公室中，他喜欢弟子们或其他研究者、老师或学生来这里和他交流或探讨。岑院士说他虽然年纪大了，但是脑袋还好使，给弟子和年轻的学生们出些点子还是可以的！事实上，他发挥的作用远不止如此，在他的案头，还摆着博士的答辩论文需要他看。

就是完全没有什么事情，他静静地在办公室中待上几个小时，心情也是极好的。并且有了夫人孙慧珍这个"拐杖"或者"眼睛"，他来去都很方便。

刚开始和岑院士接触时，我叫 cén 老师，这也是现在"岑"这个汉字的唯一发音，却很快就发现一个让自己十分诧异的现象，周围的老师都称呼岑院士为 qín 老师，这究竟是怎么一回事？心里一直犯嘀咕。后来一问，才明白原因，在岑院士的老家，"岑"的读音就是 qín。

而后一查有关资料，发现读 qín 老师也是颇有些渊源的，许多地方的人都念作 qín。查看古代韵书，譬如《平水韵》中，"岑"的古音可能发类似 cin 的音，这是一个现代拼音中没有的音。这个音既靠近 qín（秦），也靠近 cen。民国以后国语规范化，统作 cén。但是很多地方的人按照习惯，还是念作 qín，这也是岑可法周围的很多人都叫 qín 老师的重要原因。其实大家都叫 qín 老师还有一个更深层次的理由，大家都是以这样的方式以示对岑院士的尊重，用他的家乡话来称呼他也能让岑院士感到更加亲切，数十年来这在浙大已经几乎形成了一个约定俗成的约定，只是像我这样刚开始不明就里的人不知道是怎么回事而已。

岑院士位于浙大热能所 3 楼 34 平方米的办公室，是个极为普通、已经使用了 20 多年的小套间，办公室的陈设极为简单，始终保持着 2000 年这栋大楼建好时搬进来的样子。他的办公室除了使用面积比所里的其他部分老师大一些之外，完全看不出身为中国工程院院士和热能所所长的他有何特殊之处。

这里会客的外间最为主要的陈设只有一个小茶几，一个双人沙发，两个单人沙发；茶几和沙发已经 20 多年都没有换过，看上去已经很有一些陈旧了。浙大热能所科研实力雄厚，除了来自国家和浙江省的科研经费，研究所还会承接大量的横向课题或者工程项目，每年收入都很可观。作为热能所的所长，岑院士完全可以给自己换新的，毕竟这也是他会客的脸面。但他没有这样做，也拒绝所里给他特殊待遇。花钱要花在刀刃上，岑院士更愿意所里把钱花在更有价值的地方。

用了解岑院士的老师们的话说，岑院士对物质生活并没有太大的追求，他向来对自己节约，已经形成了习惯。岑院士的弟子们都知道，岑院士出差坐高铁只订二等座的票，坐飞机一般也只坐经济舱，而且他会特意叮嘱代办人员能省则省。1981 年出生的朱燕群老师，是浙江大学能源与环境工程实验室副主任，高级实验师。2000 年至 2011 年，她是岑可法的助理。朱老师曾经去岑老师家吃过饭，她说，岑老师、沈珞婵老师吃得都很简单，一看就知道是习惯了以前过清苦生活的人。后来嫁给岑老师的孙慧珍说，岑院士自己的生活一向都很节俭，从来都不浪费。

坐在岑院士简陋的办公室里，我怎么都很难想象得出，在10多年之前，他就能够给浙大捐出自己多年的积蓄350万元作为奖学金，成立总额达1000万的岑可法教育基金。

岑院士办公室的里间被书柜分成了休息间和工作间，书柜里除了书籍，都是密密麻麻的各种能源工程领域的文件资料袋。尤其是他工作间的写字台更是令人感动，我发现除了伏案工作的区域，四周都堆着将近一尺高，或者更高的各种文件资料。这里面不是能源工程各个领域的资料或者报告，就是已经答辩或者等待答辩的博士论文。这就是一位年纪已经将近90岁的老人的工作状态！虽然除了个别的博士论文答辩，他已经没有硬性的工作任务和指标，他依旧把自己的生活用工作填得满满的。

休息间只有一把午睡椅，然后就是可以进行简单洗漱的地方，工作累了或者困倦了，岑院士只在里面简单地休息一下就又投入工作中。

虽然已经90岁的年纪了，岑院士依旧清爽而矍铄，他的牙齿和胃口也很好，中午在办公室的时候，还能和年轻人吃一样的盒饭。岑院士的哥哥、姐姐和妹妹前些年已经先后过世，很难得岑院士依旧还有一个健康的好身体。

新型冠状病毒感染疫情时，尽管小心翼翼地防范，岑院士还是感染了两回。夫人和他身边的人说，经历两次感染以后，岑院士的身体明显要差了一些。但他的身体状态总体上依然不错，因此只要没有什么其他的事情，身体没有什么异样，他时常依旧会到他的办公室处理一些事情。

岑院士比较随和，老师们说他年轻时一点架子都没有，年纪大了更是如此。但他用自己的魅力一直影响着这里所有的老师、研究人员和学生。有人说，好老师应该是智慧型的老师，具备学习、处世、育人和生活的智慧，岑院士就是这样的一个人，他从各个方面塑造自己，尤其是他对年轻科研人员、教师及学生的爱护、提携和栽培，让浙大热能所代有才人出，在各自的领域独领风骚，这也是他在众多学生当中有很高的威望的重要原因，只是如果不融入岑院士的团队之中，不深入了解背后的一些故事，很难明白其中的缘故。

岁月沧桑，时光如刀，岑院士满是风霜的脸上，刻了几道岁月留下的皱纹，但他那标志性的大脑门，总是闪耀着奇思妙想的光辉，他那双温和的眼睛，总是闪烁着有力而且智慧的光芒。在谈到自己的成就时，他说"拼命干，努力的人，运气会比较好。"虽然总结很简单，但是富有哲理。和岑可法院士交谈时，他的敏锐同样令人印象深刻，交谈中，他只要抓住感兴趣的点，嘴角便泛起含蓄的笑意，眼睛忽地亮了，就像湖面突然泛起粼粼波光。

写作的过程中，一次又一次地和岑院士沟通，也是极为愉快的，有时我们是通过打电话的方式，有时直接视频沟通，孙老师在一旁做些协助。

岑院士是一个"数据控"，虽然高龄了，但能源领域的很多数据他记得很牢，引用数据通常也是信手拈来。但因为年代久远的原因，他在记忆上也有自己的很多盲区，譬如少年时代很多经历或者故事的细节岑院士已经不太记得了，我就想方设法用提示的方式让他做些回忆，这极大地丰富了传记的一些细节。

因为水平所限和时间紧张，传记依旧还存在很多不足之处，岑可法院士科研生涯中的一些精彩或者动人细节应该还有一些遗漏，以后有机会再予以补充完善。

在传记完成之时，首先要对岑院士及其夫人孙慧珍老师予以真诚的感谢。在当面访谈和电话沟通中，岑院士不仅为我口述了大量的历史，还抽出宝贵的时间对全部书稿进行审核，并为本传记提出了许多宝贵的修改建议；因为岑院士浓厚的广东话口音，他说的话有时我不太理解，或者听得不是很清楚，孙老师就在一旁充当翻译，为了帮助我更多地了解岑院士少年时代的一些信息，孙老师不仅自己积极查阅相关资料，还发动岑老师的亲友一起帮着回忆，寻找相关历史文献，帮我解决了很多写作中的难题，着实令人感动。

特别感谢浙大骆仲泱教授，是他不辞辛苦，在百忙之中抽出时间来促成本传记的完成，包括传记撰写的前期准备、中期写作过程中的帮助以及后期预备出版等工作，骆仲泱老师都花费了大量的心血。

感谢倪明江、周劲松、邱坤赞、施正伦等多位老师接受关于传记的有关访谈。感谢骆仲泱、施正伦、陆重庆、薄拯、肖刚、王智化、何勇、王诗依等老师参与传记的审核校对并提出十分具有价值的修改建议。感谢浙江日报社记者石天星老师为本传记的前期采访和资料整理所付出的努力和汗水。感谢浙大热能所为本传记的出版提供的协助。也感谢其他所有为本传记的创作提供过帮助和建议的热心朋友！

传记创作完工之际，我衷心祝愿岑可法院士健康长寿！在继续为中国能源工程事业的发展做贡献时，也有一个舒心的晚年！

李　鹏

2024 年 9 月 25 日于北京

作 者 简 介

　　李鹏，笔名奎鹏、海风等，1978年出生，湖北省秭归县屈原镇人，文化学者、科普作家、智库研究专家，西安交通大学经济学学士。北京科技报社原首席记者、评论员、策划总监。现为瑶光柯文（北京）科技发展有限责任公司、北京探客纪科技传媒有限公司和科学探索平台探客社创始人。从事媒体工作20年，专职从事科学传播报道15年以上，累计发表各类作品超过400万字，曾经获得北京新闻奖一等奖和三等奖、科技报系统优秀作品奖二等奖、北京专业报刊新闻奖一等奖、北京市优秀科普作品奖最佳奖、科技新闻类优秀奖等各种奖项。

　　汪晓彤，女，1993年8月生，安徽省黟县人，中共党员，浙江科技大学经济学学士，现为浙江大学能源工程学院热能工程研究所科研助理，负责协助岑可法院士开展科研、教学及财务管理等方面的工作。曾获浙江大学2016年、2018年年度院级先进工作者。